我们都是俗人
世界是我们的创作

俗人的壮举

当我们『遭遇』工业革命

金木水 著

江苏凤凰文艺出版社
JIANGSU PHOENIX LITERATURE AND ART PUBLISHING

图书在版编目（CIP）数据

俗人的壮举：当我们"遭遇"工业革命 / 金木水著.
南京：江苏凤凰文艺出版社，2025.3. -- ISBN 978-7
-5594-9211-1
Ⅰ. F419
中国国家版本馆CIP数据核字第2024GB4911号

俗人的壮举：当我们"遭遇"工业革命

金木水 著

出 版 人	张在健
责任编辑	张　婷
装帧设计	赤　徉
出版发行	江苏凤凰文艺出版社
	南京市中央路165号，邮编：210009
网　　址	http://www.jswenyi.com
印　　刷	江苏扬中印刷有限公司
开　　本	787毫米×1092毫米　1/16
印　　张	16.25
字　　数	210千字
版　　次	2025年3月第1版
印　　次	2025年3月第1次印刷
书　　号	ISBN 978-7-5594-9211-1
定　　价	58.00元

江苏凤凰文艺版图书凡印刷、装订错误，可向出版社调换，联系电话025-83280257

目 录

吴国盛教授 序	001
自序一　俗人与现代	003
自序二　工业革命之谜	007
自序三　历史不是一堆砂子	014

第一部分：壮举——究竟什么发生了革命？

第一章　人是追求财富与技术的动物	021
第二章　贫穷与落后的定律	036
第三章　现代人一夜暴富	047
第四章　大分流与大合流	054
第五章　人没变，速度变了	060

第二部分：俗人——什么引发了革命？

第六章　工业革命背后不止一条线	071
第七章　蒸汽机背后不止一位发明者	089
第八章　天才是怎么升起的？	097
第九章　人没变，人数变了	105

第三部分：时代——为何在那时、那地？

第十章　动机乃发明之母　　　　　　　　　　　　114
第十一章　小店主之国——让钱流通　　　　　　　120
第十二章　农业先行——让地流通　　　　　　　　131
第十三章　行会解体——让人流动　　　　　　　　141
第十四章　君主立宪，让国王退休　　　　　　　　148
第十五章　权利是如何下沉的　　　　　　　　　　161
第十六章　人没变，激励变了　　　　　　　　　　168

第四部分：潜能——为何没能更早或在别处？

第十七章　明君、盛世、天才、重奖　　　　　　　178
第十八章　为什么欧洲大陆起步较晚　　　　　　　187
第十九章　来自阿拉伯、奥斯曼、印度帝国的启示　200
第二十章　四大发明何以可能　　　　　　　　　　206
第二十一章　四大发明之后发生了什么　　　　　　221

不妨读的附录：科学魅影　　　　　　　　　　　　230

（可不读的）附录：关于工业革命为何发生的太多答案　　241

致谢　　　　　　　　　　　　　　　　　　　　　253

吴国盛教授 序

我的北京大学校友金木水的新作《俗人的壮举——当我们"遭遇"工业革命》出版，希望我写几句话。改革开放四十多年来，有越来越多的中国人走出国门，不仅睁眼看世界了，而且还亲身经历、体会了现代世界和现代社会，因此都有一种越来越强烈的感受，那就是人类文明的确经历了从前现代到现代的转变。了解了这个"现代性"的转变，就能了解我们中国人的历史处境，不了解这个"现代性"的转变，就经常误解我们的历史处境。我认为，一部中国近现代史就是一部中华文明的转型史，即从"前现代"转型成为"现代"。这就是为什么"现代化"成为现代中国人深层共识的原因。

如何标定"前现代"与"现代"的分野呢？有不同的看法。有人认为是15、16世纪的文艺复兴，有人认为是16、17世纪的科学革命，有人认为是17、18世纪的启蒙运动，有人认为是18世纪的工业革命。本书的作者持最后一种观点，我认为值得倾听和关注。

简单说来，现代中国的文化转型就是农耕文明向工业文明的转型，因此理解工业文明的本质、农耕文明与工业文明的差异，对于中华文明的成功转型至关重要。正像农业文明无法精确断定年代的开端一样，工业文明也很难说是从18世纪英国开始的，但是，18世纪的英国工业革命的确展示了工业文明的第一种成熟状态，以之为标准，是一种比较方便的叙事。

本书理路清晰。第一部分讲"什么是"工业革命，第二和第三部分讲"为什么"发生工业革命，第四部分讲中国"为什么没有"发生工业革命。本书作者是理科出身的史学爱好者，在逻辑清晰的前提下，也旁征博引历史资料和史学著作，使本书拥有比较坚实的基础和依据。作者有近三十年的工业制造业经历，对于现代工业和现代技术的"系统性"有切身的了解，因此对工业革命的多线索和复杂性有很好的认知。另外，本书语言通俗易懂，说理简明扼要，也是一个很大的优点。我读完这本书受益良多，因此也愿意推荐给更多的读者朋友。

是为序。

吴国盛

清华大学科学史系教授

自序一　俗人与现代

一直希望写一本关于"俗人"的书，初衷如扉页所示：我们都是俗人，世界是我们的创作。先厘清下本书标题中的两个关键词：俗人与壮举。

● 俗人

本书中的"俗人"，指的是追求世俗利益的普通人，因为"俗"字本来就含有两层含义：一是身份上出身于平民阶层的"俗"，二是精神上追求世俗利益的"俗"。按说这两个范畴有差异才对，但奇怪的是，在历史上的大部分时间里，它们都是重合的。

在原始时代，人沿着既有的传统追求世俗利益，那时还没有等级之分，每个原始人都是追求世俗利益的普通人。这样的传统可以追溯到更早的动物祖先那里：物质是每个物种生存的基础，而物质只能靠物种自己去争取，细菌如此，植物、动物、人类也如此。

进入古代文明后，社会通常被分为（至少）三个等级：贵族阶层负责战争，被认为是高贵的人；僧侣阶层负责祈祷，被认为是高尚的人；平民阶层负责劳作，被认为是既不高贵也不高尚的、追逐世俗利益的普通人。这是俗人不等于所有人的唯一阶段，但即使在此时，俗人也占据社会总人口的绝大多数。

到现代，社会结构再次出现颠覆：房子、食物、衣服、车票等都变成了商品，凡人与圣贤都要用货币去购买，前者的一块钱与后者的一块钱等值，我们在抨击市场经济俗不可耐的同时，也无法否认其平等。另一层平等来自现代法治，法律面前平等，凡人与权贵享有相同的权利，如果大家觉得这太过理想，那只说明我们仍在现代化的过程中。

人类历史在"俗"的特性上体现出惊人的连续性，因为人性本俗。而现代人更俗，因为我们都是俗人的后代，且现代体制把生在、活在这个时代的人都变成了现代利益体系中平等的一分子，包括我自己、各位读者、周围的人。区别只在于意识或者没意识到罢了。纵使那些不承认自己"俗"的人，也在抱怨老师俗、同学俗、亲戚俗、同事俗、仇人俗、路人俗、无人不俗，这让我想起一个故事：从煤矿中出来的矿工们，看到别的工友的脸黑觉得好笑，只是因为看不到自己脸的缘故……

有没有例外呢？在古代，出身高贵或精神高雅的人被视为"不俗"，而今天，人们称政治家、科学家、企业家、艺术家、作家、教育家为"精英"，这难免引发对号入座的联想。我不反对精英的存在，并且以他为学习与奋斗的榜样。但想想看，我们以这些"家"为榜样，前提是差距可以通过后天努力缩小，否则的话，大众的学习与奋斗岂不变得毫无意义？！因此确切地讲，我反对的是一种精英主义的幻觉，即以为精英与大众间，仍然像古代的贵族与平民间，存在着不可逾越的鸿沟。这样的幻觉所有人都可能有，与是否精英无关，此处仅举两例：

比如，鉴于张三现在成功、李四现在失败，就推论张三"天资"卓越、李四"天资"愚笨；既然"天资"已经注定，那张三必然继续成功、李四只能继续失败。这样的推论基于一种试图把当下固定化到未来的心理倾向，而非基于事实，所以我称之为幻觉。

再比如，鉴于张三从事的职业或职位在古代是贵族所为，就推论张三今天仍然是"上等人"；鉴于李四从事的职业或职位在古代是平民所为，就推论李四今天是"下等人"。这同样基于一种试图把当下固化到过去的心理倾向/幻觉。

事实是，今天生物学已经反复证实，所有人都属于智人这同一物种。没错，生理机能存在微小差异，但总在一定区间之内，否则的话，该物种就无须存在了。比如百米赛跑，没有任何人能在9秒之内完成，而飞鸟能轻易完成；大多数人能在一分钟内跑完百米，而乌龟需要爬一个小时以上。不仅每个现代人的先天潜力差不多，而且，现代体制又在很大程度消除了后天实现潜力的障碍，结果暂时不同，但绝非永恒：今天被称为各种"家"的人，过去与未来可能平庸；今天被视为凡人的人，过去与未来可能优异。套用革命导师的话讲，就是"人所具有我皆具"，这里的"皆具"不仅指生理属性，更指社会权利。本书希望发出的信息是：既然现代人都是俗人，精英也不例外，那就没理由忽视自己乃至周围任何人的潜力！

● **壮举**

我们无须以"俗人"的身份为耻，还不妨以此为荣，这就涉及另一个关键词"壮举"。把俗人与壮举放在一起，听起来有些不搭："俗人"似乎是追求利益的市井小民，而"壮举"理应是英雄或天才所为，但这正是本书的用意：我希望指向一座名为"现代"的丰碑，作为有史以来最伟大的"俗人的壮举"的见证。如果不加说明的话，各位难免以为标题中的"壮举"二字指的是工业革命，从狭义上讲也没错，因为工业革命也是一场普通人为追求自身利益而开始的革命，但从更完整意义上讲，"俗人"创造了自工业革命以来的整个现代！

要证明"俗人创造着现代"不难，既然现代人都是俗人，而现代生活日新月异，那么自然，俗人创造着现代的一切，环视周围即可为证。但要证明"俗人创造了现代"，就需写一本历史书了，因为现在时变成了过去时，而过去无法观察、只能追溯。注意，"追溯"当然从现在往前，但不等于要到古代那么远。我们仅仅需要追溯古、今之交，以便回答"是谁把人类社会从古代送入了现代？"

这意味着，下面两种说法都与本书的关注点不同。

一种是"人民群众创造了历史"，这无疑正确，人民群众始终在创造，但创造的方式不同，唯有把古、今区分开来审视，我们才能理解从古代到现代的转型。

还有一种说法是"精英创造了历史"，这听起来与本书对立，但其实也是没有区分古、今的缘故。晚至19世纪，著名的精英主义者托马斯·卡莱尔还宣称：

"只要有人类存在，就会有英雄崇拜"。[序1-1]对这类"英雄传奇""天才传奇"，史学界早有警觉，梁启超在《新史学》中就指出，"历史愈低度，则历史的人格者愈为少数所垄断，愈进化则数量愈扩大……愈古代则愈适用，愈近代则愈不适用"。[序1-2]本书认同这样的批评，只是希望澄清"进化"一词：依照今天的科学，人种并没有进化，那什么进化了？——社会。本书的主旨在于，所谓"古代"与"现代"，不仅仅是时间概念，更是社会概念。古代之所以被称为古代，不仅仅因为时间早，更因为那是等级分明的社会，现代之所以被称为现代，不仅仅因为时间晚，更因为这是普通人为平等权益而组成的社会。既然时代演变与社会进步是同步的，那么自然，是俗人而非精英开启了现代！

显然，不管精英主义者还是作者，要证明自己的信仰，都要从历史中寻找依据。精英主义者以英雄、天才为荣，依据的是"英雄传奇、天才传奇"，正是这样的历史，让少数精英陶醉于自我崇拜之中、让大众陷入精英崇拜，媒体更是推波助澜地呼唤下一位救世主的出现，仿佛国家与民族的命运与希望仍然寄托于少数人身上似的。而作者以俗人为荣，依据的是俗人创造了近代的历史，希望传递与精英主义相反的信息：既然现代乃俗人所创，那么，未来的希望就寄托在我们——身份最普通、目的最世俗的——每个人身上！

【序1-1】托马斯·卡莱尔.论历史上的英雄、英雄崇拜和英雄业绩[M].周祖达，译.北京：商务印书馆，2010：15.

【序1-2】梁启超.中国历史研究法[M].北京：人民出版社，2008：141-142.

自序二　工业革命之谜

要追溯"谁创造了现代",就要追溯现代的起源,而要追溯现代的起源,就绕不过工业革命的话题。[序2-1]这里又有两个关键词需要限定下范围,现代与工业革命。

现代当然是相对于古代而言,但本书对它们的划分,不仅仅基于时间,更基于性质——不同的学者曾从不同角度总结过他们眼中的现代性转变,大致包括如下:文化转型、社会转型、财富增长、技术进步。[序2-2]前两类属于精神层面,不在本书讨论范围之内。本书关注的是以财富增长与技术进步为标志的、物质层面的"现代性"。[序2-3]基于此并从整个人类历史的角度来看,本书中的"现代"大致对应的是1800年之后到今天,而"古代"大致对应的是1800年之前的人类历史。漫长的"古代"又包含了头与尾两个特殊时期:"原始时代"指文字出现前的古代早期;"近代"指的是约从1500年到1800年间、从古代到现代过渡的古代晚期。

至于另一关键词"工业革命",理论上它发生过很多次、至今仍在持续。但万事开头难、从无到有难,当本书追问"工业革命为何发生"时,关注的只是开头:十八世纪中叶到十九世纪早期英国的、以动力机械为标志的第一次工业革命。[序2-4]

从上述定义中,我们已经可以看出两个关键词之间的关联:技术是工业的过程,财富是工业的结果,那么,一场以"工业"为名的"革命"当然与财富增长、技术进步、物质层面的现代性有关。更直接的证明来自历史:第一次工业革命的发生导致了第二次工业革命,及一波接一波的工业化、城镇化、科技化浪潮、大分流与大合流,现代生活及现代世界由此形成。

● **为何发生之谜**

对第一次工业革命，我们并不陌生，因为中学课本已经将它印入所有人的脑海中，可见其意义重大。但奇怪的是，对意义如此重大的革命，我们的大脑又有种疏离感。在提笔前，作者不得不稍作反思。

首先，"工业"一词就令人敬而远之。今天，我们在享用着新材料、新产品、新应用的同时，很少关心背后的技术。这也不能怪谁，当水、电、气、化工制品、金属制品、食品、服装等制品奇迹般地出现在我们家中时，水厂、电厂、气厂、石化厂、冶金厂、食品加工厂、服装厂等正离我们远去，它们并没有消失，只是被转移到城市之外。世界正向后工业化时代转变，而最好的提醒来自历史。人是健忘的、现代人很容易忘记自己的好日子开始没多久，工业革命距今只有两百多年的光景，在此前的两百多万年间里，我们的祖先都生活在贫穷与落后中；没有工业革命就没有工业化，就谈不上后工业化；今天的卫星、互联网、基因科技等，何尝不建立在工业化的基础上？今天的清洁能源，何尝不是旧能源的延伸？

继"工业"之后，"革命"一词也加分不多。因为相比起法国大革命、美国大革命、辛亥革命等有标志性的开始、人物、趣闻，为人津津乐道，工业革命有几个奇怪的特点：无硝烟、无领袖、无明确开始时间，加起来，它实在不像一场正常的"革命"。以至于几十年后，从四散而去的弹片中，后人才意识到曾经发生过一场"爆炸"。[序2-4]直至第一次工业革命已经结束的1840年，恩格斯才在《英国工人阶级状况报告》中使用了"Industrial Revolution"一词。[序2-5]再晚至第二次工业革命时期的1884年，经济学家阿诺德·汤恩比才在《产业革命》一书中回顾了第一次工业革命的发生。[序2-6]

话说回来，从过程看最不像革命的"工业"革命，从结果看却最配得上"革命"的称谓，因为不管在英文中还是中文的释义中，"革命"都意味着"深刻而迅猛的改变方向"，[序2-7]而经济学家格里高利·克拉克则宣称，人类历史中仅发生了一件事，那就是工业革命，依据就是，把人类社会从古代送入现代的这一壮举，之前的任何革命都未能完成，而工业革命完成了。[序2-8]对如此深刻改变人类历史走向的革命，我们当然要追问其发生的原因。事实上，每当听到媒体激情地呼唤"工业3.0、工业4.0、工业N.0"时，作者总忍不住在想：是否有必要先搞清楚工业1.0的发生机制？

但这时，各位会听到一些"和稀泥"的说法，说历史复杂到无法用单一原因来解释的程度。这么一"和"，就无须回答"为何发生？"了；即使把政治、经济、技术、文化、宗教、地理、生态等因素简单罗列出来，也跟没回答差不多。好在，著名史学家卡尔在其名著《历史是什么？》中做过回应：历史分析的大致要求是，在考虑所有可能因素后，筛选出单一而统一的答案，[序2-9]因为唯有此，才有助于读者理解历史，乃至从过去的经验中提取对当下或未来的启迪！

● **为何没发生之谜**

"为什么发生？"仅仅是工业革命之谜的一半，另一半是"它为什么没更早或在别处发生？"。今天，我们终于可以以一种全新的、综合的视野来回首人类历史，不同时段、不同区域的人写成了一部历史教科书，能阅读它是我们的幸运，也引发我们的思考。如果（本书书名中的）"我们"站在人类视角，当然要追问：为什么工业革命没能更早出现、现代没能更早来临？如果"我们"站在不同文明的角度，则还要追问：为什么工业革命没能率先出现在英国之外的其他地区？

对中国读者来说，更有充分的理由关心"为什么工业革命没能率先发生在古代中国？"，如果说全人类幸会了它，那么我们祖先则"遭遇"了它。众所周知，古代早期的中国曾出现改变世界的四大发明，但在1840年的鸦片战争中，清政府的大门又被列强的坚船利炮打开。虽说今天风水再次流转，"世界工厂"的桂冠已从工业革命时的英国回到中国头上，但这中间延迟的两百多年让中华民族付出了惨痛代价。痛定思痛，我们当然要追问上述逆转、延迟背后的原因：这恐怕不是腐朽的清政府能解释的，因为它并不比其他王朝额外腐朽。这也不是坚船利炮能简单解释的，因为它在某种程度上来自四大发明的基础，应该先出现在东方才对……唯有理解过去，我们才能继往开来。马克思写道："中国这个一千多年来一直抗拒任何发展和历史运动的国家现在怎样被英国人、被机器翻转过来，卷入文明之中。"【序2-10】

这时，各位又会听到一些"和稀泥"的说法，说已发生的历史都已经复杂到无法用单一答案解释的程度，那么，没发生的历史可能性更多、更无法用单一答案解释。但其实，对这两类问题的回答，我们有不同的预期。对已发生历史事实的追问，的确，单一与统一的答案才算破案；但对未发生的虚拟情景的追问，任何合理的可能性都有启发意义。比如，我们看到前方路牌写着"触电危险"，会不会因为"没发生的触电不需要解释"，就昂首挺胸地继续前进呢？但愿不会。

更进一步地试图取消问题的说法是"不同文明无法比较、无须比较、不能比较"、这么一"和"，连提问都不妥了。本人当然反对西方中心论，不仅作为非西方人士，更因为"中心"主义者相信民族间存在不可跨越的鸿沟，就像精英主义者相信现代人之间存在不可跨越的鸿沟。但如何才算摆脱"某某中心论"，是让黑人、白人一起比赛算歧视，还是种族隔离算歧视？是把不同文明并列比较糟，还是宣布它们无法比较更糟？正是由于这样的混淆，最终，以"反西方中心论"起家的历史学者李约瑟、弗兰克等也被扣上了"西方中心论"的帽子，何其讽刺！

在我看来，"以人为中心"大概是走出"某某中心论"的唯一出路，即共通的人性奠定了文明比较的基础：由于人性相通，所有文明的发展路径都以追求更高的物质文明为目标、最终都走上了工业化之路；但由于人性对不同环境的反应不同，各文明的发展路径不同、开始工业革命的时间也不同。

在驳斥了上述取消问题的种种企图后，工业革命之谜才算成立。有读者说，请回答我最关心的问题，"为什么工业革命没发生在古代中国？"，且慢，那是本书第四部分的内容，因为要回答"为什么没发生"，前提是要先搞清楚它"为什么发生"。读者可能继续追问，那请回答我"工业革命为什么发生？"，那是本书第二、三部分的任务，因为要回答"为什么"，前提是要先搞清楚"它是什么"，这是本书第一章的内容。有读者说，工业革命已经过去了两百多年，上述问题均有答案，没错，要说本书有何不同，还请各位再读一章序言——关于解谜的方法。

【序2-1】这是一般历史学著作的共识，仅举两例：
A、历史学家帕尔默指出，文化上的现代化从1500年开始就开始了，经济上也开始准备了，但真正的现代化、物质层面的现代化，是以工业化为起点的。（帕尔默. 现代世界史[M]. 孙福生、陈敦全、周鸿临，等，译. 北京：世界图书出版公司，2013：13.）
B、大卫·兰德斯指出：工业革命"在不到两百年的时间里改变了西方人的生活，改变了西方社会的性质以及它同世界其他民族的关系"。（大卫·兰德斯. 解除束缚的普罗米修斯[M]. 谢怀筑，译. 北京：华夏出版社，2007：395.）
【序2-2】认为现代化转型在于文化转型的学者包括马克斯·韦伯、亨利·梅因、赫伯特·巴特菲尔德等；认为现代化转型在于社会转型的学者包括马克斯·韦伯、阿诺德·汤恩比、格奥尔格·西美尔、埃米尔·涂尔干、维尔纳·桑巴特、斐迪南·滕尼斯等；认为现代化转型在于财富增长的学者包括沃尔特·罗斯托、T. S. 阿什顿、卡尔·波兰尼等；认为现代化转型在于技术进步的学者包括阿尔贝·芒图、保罗·莫里斯等。
【序2-3】A、马克思主义认为，物质是精神的基础，物质基础决定上层建筑。B、天津师范大学李学智老师也曾提出过类似观点。C、此外，人类学家莱斯利·怀特用来描述人类历史的公式$C = E \times T$，也可以做类似的解读，其中的E即能量大致对应着作为财富指标的收入，T即技术，两者作用的结果对应着C及文化。D、另参考《现代性的五副面孔》。

【序2-4】经济学家T. S. 阿什顿在其名著《产业革命》中以1760年为工业革命开始的依据是，在接下来的十年中发生了一系列标志性事件：1764年哈格里弗斯发明了珍妮纺纱机，1768年阿克莱特采用了水力纺纱机，1769年瓦特蒸汽机专利获得批准，同年，亚当·斯密发表了《国富论》。以1830年为工业革命结束的依据是，那时，利物浦至曼彻斯特的铁路正式开通，动力革命的力量得到证明，英国作为世界工业龙头的地位得到确立。

关于工业革命的时间界定，以下学者略有不同。

卡尔·波兰尼与戈德斯通的界定是1750-1850年。

熊彼特界定的时间是1787-1842年。

兰德斯认为开始的时间是1760年。

沃尔特·罗斯托将工业革命作为"经济起飞"的时间界定为1783年。

罗伯特·艾伦将工业革命结束的时间划定在1830—1850年。

皮尔·弗里斯：1700-1850年。

乔尔·莫基尔：1750-1830年。

【序2-5】I. 伯纳德·科恩. 科学中的革命[M]. 鲁旭东，赵培杰，译. 北京：商务印书馆，2017：第四章.

【序2-6】恩格斯在《英国状况十八世纪》中写道："初看起来，革命的世纪并没有使英国发生多大变化便过去了。在欧洲大陆上，整个旧世界被摧毁，历时25年的战争净化了空气，而在英国，一切依然风平浪静，无论是国家还是教会，都没有受到任何威胁。但是，英国自上世纪中叶以来经历了一场比其他任何国家经历的变革意义更重大的变革；这种变革越是不声不响地进行，它的影响也就越大……英国的革命是社会革命，因任何其他一种革命都更广泛，更有深远影响自然，这场社会革命就是工业革命"。（中共中央马克思恩格斯列宁斯大林著作编译局编译. 马克思恩格斯文集：第1卷[M]. 北京：人民出版社，2009：97.）

【序2-7】关于"革命"一词：

A、牛津词典：巨大变革, a great change in conditions, ways of working, beliefs, etc.

B、布罗代尔（Fernand Braudel）则强调"两类"革命的不同："（革命）应专指猛烈而迅速的变革。但是一涉及社会现象，迅速与缓慢不可分离的。任何一个社会无不始终处在维护社会和颠覆社会这双重力量的作用之下。颠覆性力量自觉或不自觉地努力于粉碎这个社会，革命的爆发不过是这一长时段的潜在冲突如火山喷发一般短促而剧烈的表现。我们研究一个革命过程，总要进行长时段的和短时段的比较，确认它们的亲像关系以及不可分离的依存关系。英国十八世纪末发生的工业革命没有违反这条规律。它既是一系列急剧的事件，也是一个显然设定的过程。是一支乐曲在两个音符的同时演奏"。（费尔南·布罗代尔. 15至18世纪的物质文明、经济和资本主义：第3卷[M]. 顾良，施康强，译. 北京：生活·读书·新知三联书店，2002：622.）

C、卡洛·奇波拉称"在1780年到1850年期间，一场空前深远的革命使英国的面貌得到改变。从那时以来，世界就再不是从前的模样。历史学家经常使用或滥用'革命'一词，用其指代彻底的变化，但是没有任何革命像工业革命那样具有一种剧烈的革命性。"（卡洛·M. 奇波拉. 工业革命前的欧洲社会与经济[M]. 苏世军, 译. 北京: 社会科学文献出版社, 2020: 前言. 393.)

D、霍尔斯鲍姆指出: 如果"18世纪80年代的那场本质的、基础性的、突然的变化都不算一场革命的话, 那么, '革命'一词就失去了常识上的意义"。艾瑞克·霍布斯鲍姆. 革命的年代: 1789-1848[M]. 王章辉, 译. 北京: 中信出版社, 2017: 35.

【序2-8】格里高利·克拉克. 告别施舍: 世界经济简史[M]. 洪世民, 译. 桂林: 广西师范大学出版社, 2020: 1-3.

【序2-9】历史学家E. H. 卡尔给了个历史教学中的例子: "如果只满足于就俄国革命提出十几个原因而止于此, 可能得个二等, 却很难得到一等, '见识广博, 但缺乏想象', 这可能会是主考人所下的评语。一个真正的历史学家, 面对着他自己拟定的这张罗列原因的单子, 会感到一种出于本人职责方面的压力, 一定得把它按次第排定, 一定得建立起原因的等级制以确定它们彼此之间的关系, 也许还得决定哪一个原因, 或者哪些原因的范畴, 应当'穷究到底'或'归根结蒂'看成最终的原因, 即一切原因之原因。"(E. H. 卡尔. 历史是什么? [M]. 陈恒, 译. 北京: 商务印书馆, 2007: 96.)

【序2-10】中共中央马克思恩格斯列宁斯大林著作编译局编译. 马克思恩格斯论中国[M]北京: 人民出版社, 2018: 131-132.

自序三　历史不是一堆砂子

在破解"工业革命之谜"之前，一个有益的心理准备，是先来破解"答案太多之谜"。工业革命已经过去了两百多年，其发生的原因已有答案太正常，但答案太多则对普通读者是种困扰，而答案都"对"则挑战了所有人的逻辑底线，因为顾名思义，工业革命发生的直接原因是机制与时间都最直接的那一个，不可能都"对"！历史学界也知道这是乱象但无解，所以才给出了"工业革命之谜"的说法。"谜"不仅指历史问题，更指史学界的答案！

如果把之前的关于"工业革命为何发生"的答案整理下，大致可以分为偶然因素类、综合因素类、路径依赖类、自然地理决定类、技术决定类、制度决定类、经济决定类、文化决定类、科学决定类，等等。每大类因素还可以分出若干要素：经济决定论可以细分为贸易、金融、价格、人口、教育等要素决定说；制度决定论可以细分为政治、法律、军事等要素决定说；文化决定论可以细分为宗教、科学、资本主义精神等要素决定说；自然环境决定论可以细分为资源、气候、地理等要素决定说，等等。感兴趣的读者可以阅读下之前的历史卷宗，由于卷宗太厚重，我把它们集中到书后的附录中。

如果各位试图从答案中筛选，就会发现这绝非易事，因为每种原因都有自己的证据与数据支持，这些证据和数据不仅显示该原因正确，还显示其他选择错误。再查看这些答案的出处，更奇怪了，它们大都出自严谨的学术著作、学术大师之手，也就是说，每位大师的专著都证明了自己的论点，又为同样权威的其他大师的著作所证伪！如果各位只读一本关于工业革命为何发生的书还好，如果读太多的话，必然陷入头脑分裂的状态。如何帮助自己及读者的头脑恢复自洽，也算本书的又一初衷。

● **向学术规范致敬**

出于对学术的尊敬，普通读者首先会问：以专业的学术视角、专业的学术流程，何以出现上述状况？恕我直言，根源恰恰出在"专业"二字。敢如此直言，我有充足的理由：本人出身于学术之家，在科学、工业界都工作过，对学者们有十二分的尊重，但就事论事地讲，现代科学的建制就决定了任何学者，哪怕再广博的学者都必须立足于某个专业。大学教授们先隶属于某院系，如历史学系、经济学系、社会学系、宗教学系、政治学系、物理学系、化学系等，进而隶属于某领域，如历史学包含世界史、古代史、近代史、经济史、文化史、科技史、史学史等领域。于是，任何学者，哪怕再博学的学者都要立足于本专业发言或看问题，否则就有越界之嫌：经济学家基于经济学视角与证据，人文学者基于文化视角与证据，宗教学者基于宗教视角与证据，政治学家基于政治视角与证据……具体到工业革命，有多少学科、多少下属专业，就有多少种视角与子视角。这就解释了答案之多。

现代学术体制不仅限定了专业，还限定了方法。具体到历史学就要"言之有据"，即对特定的历史事件的特定史料进行严格考证；严格意味着，考察层面越专越好，考察对象越细越好，否则就有学术不严谨之嫌。这也意味着学者们虽然也在倡导"跨学科"，但跨度不可能太大，否则就有"越界"与"不端"两顶帽子的风险。具体到工业革命这一历史事件，学术界通常分解它到经济、技术、军事、地理、文化、科学、社会、制度等某一侧面再做考证，唯有针对性这么强，才能做到证据、数据、结论"言之有据"。这就解释了答案都对。

显微镜的视角加上显微镜的方法，呈现出显微镜式的图像。经济学家、技术史家、文化学家、宗教学家、社会学家……分别基于各自学科的证据与视角，得出了经济学、文化学、宗教学、社会学……的答案。很遗憾，不同学科间的视角与证据并不通约，镜头一换、图像就变，这就解释了答案矛盾。

历史学家当然懂逻辑分析，但本着"有几分证据说几分话"的原则，考据必要且无风险、逻辑额外且有风险；再加上精力有限；再加上对历史学本身而言，毫无提取意义的必要，于是在史学文章中，考据通常占据了90%以上的篇幅，最后草草引出若干"推论"了事。如果被拉到一起对峙，学者们很可能说这是学术争论正常现象，云云。这并不意味着他们的做法是错误的，因为离开了专业与严谨，那就不叫做学术了；即使作者本人做学术，也别无蹊径。

总之，现状之"谜"是学术界可以接受的，但遗憾，普通读者却不能：想想看，普通人对历史的兴趣，大约在于理解历史事件之间的关联；有些还希望进而从历史中提取对自己、今天及未来的意义，但矛盾的答案等于没有答案、矛盾的意义等于没有意义！

● **从"人"出发**

本书要想得出令读者信服的、有意义的结论，只能从方法上开始改变。各位都听过盲人摸象的故事：第一个盲人摸到了鼻子就说是管子，这没错。第二个盲人摸到了耳朵就说是扇子，也没错。第三个盲人摸到了尾巴就说是绳子，还没错。第四个盲人摸到了腿就说是柱子，更没错。第五个盲人摸到了肚子就说是水桶，同样没错。实证局部的结论多、对，但矛盾！现在想象有第六个盲人，他没有花太多时间"摸象"，而是综合分析前面五个的信息：大象是柱子、大象是扇子、大象是绳子、大象是管子、大象是大桶，能否勾勒出大象的整体形象呢？作者自愧于忽视历史枝节的不良偏好，因此只好自比为这第六个盲人。

首先，本书以"俗人的壮举"为标题，已经在出发点上与一般的学术书籍不同：历史学家写工业革命是为了考察这一历史事件本身，而本书写工业革命是为了考察其背后的——"人"。如果要考据单一的历史事件，学术方法是将其大卸八块、审视其方方面面，但要了解"俗人"的历史，我们就要审视一个漫长的过程：人性本俗，在古代被压抑，在工业革命中得到释放，到今天，"俗人"已经变成了现代人的代名词。在人类追逐财富与技术的历程中，工业革命是关键的节点之一，但仅仅是"之一"，之后还有工业革命的结果，之前还有工业革命的短时间促成因素、中时段结构原因、长时段根本原因。加起来，这条完整的因果链，才是本书审视的对象。

本书的主要精力将放到对因果关系的分析上，分析当然必须依据史料，但在这方面历史大师们已经做得很好，我们引用其成果即可。谨此真诚地建议，想了解最新考据成果的朋友可以去读史学期刊、想知道历史上某年某月发生什么的朋友可以去读史学汇编（见书后参考目录），而本书中的年代标注，如无特殊说明，均出自辛格、霍姆雅德、霍尔所著的七卷本的《技术史》。[序3-1]基于上述史实，根据休谟对因果性的定义，[序3-2]两件事情一先一后出现并且有促进作用，才称得上因与果的关系。这意味着，我们寻找的工业革命发生的直接原因应该在时间上与机制上都直接：它应该出现在工业革命稍早之前，太晚出现的只能算其本身或结果，太早出现的又顶多算其间接原因；并且，它应该能解释工业革命率先发生在18世纪英国的独特性，还能解释工业化浪潮迅速波及世界各民族的共通性。

从人出发、过程的视角、分析的方法，能否指向"单一而统一"的答案呢？道路是曲折的，前途是光明的。过程的视角会告诉我们，人类追逐更好物质生活的历程中时空在变，贯穿始终而相对不变的是人性。分析的方法会告诉我们，经济、技术、文化、宗教、科学、制度等环境要素都要通过"人"来发挥作用。于是，我们从哪里出发，还会回到那里："人"是历史过程的主角，作为重大历史悬案的工业革命，其始作俑者自然离不开"人"！

部分学者可能会对本书的方法进行如下批评，作者虚心倾听，但先谦恭说明如下：

一种可能的批评是说本书的视角落入了"宏大叙事的陷阱"。窃以为，宏大叙事本身不是陷阱，对它的简单化处理才是：人类从财富匮乏与技术落后的原始时代，到新石器农业—城邦革命，到工业革命，到财富极大丰富与技术快速进步的现代，这容易给人以"注定胜利"甚至"直线般胜利"的错觉，但人类世界不同于物理世界与神圣世界之处，就在于不存在绝对规律或终极目标！这与宏大叙事本身无关，后者正是普通读者所需要的，而我们要做的，只是要对其中的因果关系，具体关系、具体分析！

另一种可能的学术批评是说本书的方法不够严谨，不仅因为本书的分析多于考据，还因为本书的分析已有预设立场。其实，考据与分析、归纳与演绎，都是现代科学承认的逻辑范式，只不过史学界习惯于前者、不习惯于后者罢了。在科学实验中，不也先假设命题、演绎结果、设计实验、用实验结果来验证假设的结果吗？本书的方法并无二致：假设人性本俗而俗人创造了现代，那么，工业革命的"发生"就与人性的释放有关，而"没发生"与人性的压抑有关。人类历史为我们的假设搭建了各种实验场景，实验的结果将证实或证伪我们的假设。

最严重的学术质疑可能针对本书的立足点：是否存在一种普遍而相对恒定的人性？而这，正是我们在第一章中就要讨论的话题！

好在，上述不同仅仅是方法上的，在方向上，民族复兴、科技兴国是我们这一代知识分子的共同期望。这样的目标取决于更宽松的社会环境，而这样的社会环境取决于包括学者与大众在内的所有人的努力。如果能以各自不同的方式尽微薄之力，那也算没辜负我们共同成长的、改革开放的时代！

【序3-1】查尔斯·辛格.技术史：第Ⅱ卷：地中海文明与中世纪[M].潜伟，译.上海：上海科技教育出版社，2004.

【序3-2】大卫·休谟.人性论：第1卷[M].贺江，译.北京：台海出版社，2016：80-81.

第一部分 ｜ 壮举——究竟什么发生了革命？

我在留学时，曾经与韩国的室友有过一次讨论。他是学文科的环保主义者，认为现代应该回归自然。我是学理工科的现实主义者，认为"现代"与"自然"近似于"反义词"：人类已经生活在自己创造的家中，自然之家一去不复返了。为了说明自己的观点，我请室友指认下，宿舍里有哪个物品是纯天然的？

客厅里的冰箱、电话、电视、吸尘器、台灯、插座等就不用提了，"电"是人造的。厨房的锅碗瓢盆、茶杯餐具等也不用讲了，用的材料是人造的。

室友指着桌子说：这是木头的，木头是天然的吧？我回答：桌子、床、地板大多是用化学胶水和压缩板制成的，即使以"原木"为材料，也要通过机械加工成型。

室友又指向床上的毯子说，这是天然的吧？我回答，毯子、被子、地毯、衣服等大多是化纤的；所谓"纯棉"也只是棉花，而梳棉、纺纱、编织、印染工序都是机械化的。

室友又打开了龙头说：水总是天然的吧？我说，真正的纯的湖水，放到显微镜下，不知道有多少细菌甚至粪便，而我们用的自来水是在自来水厂中经过泵送、过滤、沉淀、杀菌才达标，再经过水泵、阀门、管道才输送到家中。

室友打开冰箱门说，牛肉总是自然的吧？我说，今天的牛、猪、鸡吃人工饲料、加营养剂、打防疫针，就连牛、猪、鸡的品种都是人工培育的，根本就是人工猪、人工牛、人工鸡。

室友指向花盆里说：花，活生生的花，总归是天然的了吧？我回答说，天然的植物、动物、人体，在自然界中会招来多少虫咬，幸好一百多年前化学消杀剂的出现……

那次谈话的背景是，如今出现了一股去工业化的浪潮，环保主义者是其中的重要力量。我支持环保，但反对空想：今天几乎所有的现代用品都来自工业，几乎所有工业都有或多或少的污染，即使所谓环保产品也难免生产过程中的污染，空想者只是眼不见为净罢了。我们有理由要求现代工业更清洁，但不可能取消，因为取消了工业，也就等于取消了现代。[1-1]在本书中，我想与地球村的室友们继续之前的讨论：这一切是怎么开始的？

【1-1】丹尼·罗德里克.贸易的真相[M].卓贤，译.北京：中信出版社，2018：90-94. "迄今为止，工业化可以说是通向高生产力社会的唯一道路"。

第一章　人是追求财富与技术的动物

各位喜欢读侦探小说吗？某时、某地、某公寓发现一具尸体，福尔摩斯接到报警后来到现场，发现躺着的死者已经去世多时，首要任务先判断死亡的性质——自杀？他杀？还是意外？——才谈得上破"案"，福尔摩斯的方法很简单，他从目击者那里了解死者生前的状况，再从法医或华生那里了解尸体的状况，从过程的对比中，得出答案……

与虚构的侦探小说相比，我更喜欢历史案件，因为它们更真实、影响也更深刻，难怪很多电影都以"根据真人真事改编"开头。一桩真实到影响至今的历史悬疑案件，就是工业革命的发生。参照福尔摩斯的方法，我们也要先搞清楚它的核心：究竟什么发生了革命？

这么简单的问题，我以为，从来就没搞清楚过。如果我们问学者，有说在于市场扩大的，有说发明创造的，有说现代精神的，有说社会革新的，有说蒸汽机的，有说工厂制度的，如此等等。[1-2]请算算看，如果工业革命的核心已十几种之多，每种背后又能衍生出几种可能的原因，那么不奇怪，工业革命的原因总数必然高达几十种之多！我们希望将答案减少到唯一，就要先把核心聚焦到一点。好在，学科的视角是分散的，但过程视角统一得多。因此在这一部分中，我们先把镜头拉得很远、宏观审视下人类追寻财富与技术的历程：古代什么情况、现代什么情况，找到了古、今转折的关键，我们也就逼近了工业革命的核心！

● **人是财富与技术的动物**

让我们从"头"开始：人类追逐财富与技术的历程，源头在哪里？如前所述，现代的财富增长与技术进步可以追溯到工业革命，进而可以追溯到近代欧洲的一系列复兴事件，16世纪的科学革命、宗教改革，14、15世纪的文艺复兴运动、地理大发现，12、13世纪的商业革命等，它们奠定了近代财富与技术的基础。再往前，中世纪欧洲的教堂、中国的长城、伊斯兰的清真寺、印度的泰姬陵、罗马的市政工程、埃及的金字塔等，也显示出惊人的财富积累与技术实力。再往前，原始社会的墓葬、小麦、编织、石器、火的出现也标志着财富与技术的开始。但究竟有多早？

继续下去，怕就给不出定论了，倒不是说考古缺乏证据，恰恰相反，由于新的考古证据不断涌现，最早的时间点不断前移。比如，考古学家发现定居人群储存粮食、衣物、墓葬等财富，但不笃定更早之前就没有，直到新的发掘成果出现。再如考古学家找到了新的石器与火等技术，从来不敢断定"第一件"，因为不出几年就会变为"第N件"……说实话，永无止境地追溯是研究者的乐趣，只是，作者与读者的快乐等不了那么久。

但我们仍然有最好的老师可以参照，想想看，福尔摩斯没有亲自目击、没有亲自解剖、按说"没有实证就没有发言权"，但他破案了，依据的是对人性的了解及逻辑推理。没听说有谁指责福尔摩斯的推理不严谨，因为人性是共同的，而其中已经包含了逻辑的成分。

这就回到序言中遗留的问题：是否存在普遍而相对稳定的人性？作者认为，只要把它限制在极小、极小的范围内，即人之为人的基本生物属性，那么答案就是肯定的，也必须肯定，否则的话，物种就不成为物种了。今天的生理学与心理学都证实，其实不需要实验室，各位自己就能证实，人之为人的基本生物属性至少包括趋利避害的本能与抽象思维的能力。[1-3] 它们不仅存在，而且来源也为进化论所解释：

趋利避害的本能是人类从动物那里继承下来的，而动物是从生物链的更底端继承来的。继承的方式简单而残酷：具有这样本能的生物才能在自然选择中生存下来，反之"趋害避利"的物种在亿万年间都灭绝了。

抽象思维的能力则是人类特有的。作为生物链的顶端，人类能把感觉与本能深加工为符号、命题、语言、推理等，从而能超越眼前去想象看不到的景象、超越当下去想象未发生的可能。有了抽象思维的加持，人类才成为万物之王，反之则会成为万物的手下败将。

这两种最基本的生物属性保障了人类在自然竞争中的延续，而人类的延续也意味着它们融入了"人性的基因"中。

在把人性限制在基本生物属性后，我们就好理解古人关于人性的争论基本与我们无关。比如中世纪的基督教认为人的欲望有罪，到文艺复兴后，欧洲人又开始赞美人性伟大，乃至人的欲望也伟大。再如中国的儒家认为人性本善，法家认为人性本恶。这些争论不出什么结果，因为（在今天看来）道德是主观的，而人性是自然的。

到了科学的时代，人性才被当作像原子、分子、山水、河流那样来看待，这无疑要理性许多，但又面临更理性的质疑。同样，只要我们把人性限制在基本生物属性的范围内，就不难回答下面的质疑：

比如，17世纪的哲学家洛克曾列举智力障碍者、婴儿等极端例子来说明"心灵是一张白纸"。首先方法就有问题，因为任何生物学分类都经不起极端列举。如果定义鸟有翅膀，那可以反驳说，鸡蛋就不是鸟了吗、被砍掉翅膀的鸟就不是鸟了吗？如果定义人有语言，那哑巴就不是人了吗、昏迷者就不是人了吗？特殊情况永远存在，而物种分类指大概率、正常发育下的情况，而大概率、正常发育的人具备趋利避害的本能与抽象思维的能力。在方法之外，"心灵是白纸"的结论也有待说明：婴儿的心灵内容空白不假，但它具备先天的能力，能很快把白纸写满文字。

稍晚出现的另一种质疑是，人性可否被简化为动物本能，用弗洛伊德的话来说，是潜意识而非意识支配着人的行为。但其实，当我打下这行字、当各位看到这行字时，大概都想不到"该用本能，还是思维？"我们的大脑自动协调了这两种能力！按照《格列佛游记》作者斯威夫特的说法，人不是理性的动物，人是会用理性的动物。而《快思慢想》一书则给出了基于科学的解释：动物祖先遗赠了本能的基础，而人脑进化出来思维的补充，既然是补充，那就可用、可不用。

在确定了人性存在后，我们就能理解财富与技术的源头：人性中天然包含趋利避害的目的及抽象思维的手段，所以，也被称为人类特有的"逐利本性"。它把利与害"量化"了，能权衡回报与付出之间的差额，并在不同目标中选择净值更高的那个。它还把利与害"效益化"了，能权衡回报与付出间的转换效率，并在不同手段中选择效益更好的那种。比如常常听说某小孩很"笨"，但再"笨"的小孩也会用玩具来自娱自乐、玩后也会将玩具藏好，对他或她来说，玩具就是技术，玩具的储存就是财富。比如我们常听某人很"圣洁"，但再"圣洁"的人也要穿衣服，也不会穿了随手扔掉，对他或她来说，衣服就是技术，衣服的储存就是财富。既然财富是逐利的目标、技术是逐利的手段，那么，只要是人，就会先天地渴望更多的财富、向往更好的技术——这个源头，考据无法确定，但逻辑必然如此。

从这个源头出发，我们就可以确定人类追逐财富与技术历程的起点：它从"人之为人"的那一天起就开始了。再从这个起点出发，人类的早期乃至整个历史都将更易理解。

● *技术何用？*

一般认为，人类（Homo Sapiens）这个物种出现于距今约两百万年前，最早出现的是直立人（Homo Erectus）。称呼如斯，但"直立行走"本身并不能作为任何动物的标志，因为动物的移动方式太多样，鸟类、昆虫、恐龙也可以直立行走，此外还有爬行的、飞行的、两栖的、多栖的，任何一种移动方式都很难为某一物种所独具。但有一个举动，把人类与所有其他生物物种都区分了开来，那就是工具的发明。想想看，恐龙、鲸鱼等从未发明过任何工具，即使水獭、黑猩猩等能使用工具，也无法制造新的工具。而原始人发明了石器这样的硬技术，作为采集、狩猎、防身、制作之用；又发明了火这样的软技术，作为照明、驱赶、御寒、烹饪之用。原始人还在持续改进，从最初的天然石头，逐渐变为敲打而成的锋利石器，再逐渐出现了磨制而成的光滑石器；最早的天然火，逐渐变为山洞中保存的火种，再逐渐演变出钻木取火的方法。对石器与火的改进持续而间断的一百多万年，被称为旧石器时期。

终于，在距今大约十万年前到六千年前之间，出现了一波前所未有的技术浪潮。它被认为是人类生产力水平在工业革命前的另一次飞跃，尽管本书无法像对工业革命那样深究其发生的原因。[1-4] 在不同的书中，它有不同的叫法，有的称之为新石器革命，有的称之为农业革命，有的称之为城邦革命，这些名称间有怎样的关联呢？

再一次，考据无法确定次序，因为那时还没有文字记录，比如在欧亚非大陆上，我们见到穿孔的石针、重达几吨重的巨石、泥土雕塑、农业、畜牧业、城邦等，大致都对应这一时期，但这几片大陆是相连的，只要一个地方发展出某种技术，就很容易复制到其他地区，因此很难说清楚先后。在东方，三皇五帝的传说似乎也对应这段时期：伏羲发明了结网、狩猎、制衣、针灸；神农氏发明了草药与农业；燧人氏钻木取火；有巢氏发明了住所等，但同样分不清谁先谁后。令人惊讶的是，在远隔重洋的美洲，公元前约三千年，[1-5] 美洲文明培育出玉米、南瓜，驯化了火鸡，并发明了陶器等，比欧亚大陆在时间上晚很多，但可以确定是独立完成的。

好在，考据无法确定的次序，逻辑可以给出：首先人性是相通的，所以才有上述不约而同地发生。其次，人性中的逻辑是相通的：先有各种新工具出现的背景，才有农业与畜牧业出现的可能；才让人类从移动生活向定居生活的转变成为可能。即，新石器革命—农业革命—城邦革命加起来，才构成一波相对连续的技术高潮。

新石器革命是这波技术浪潮的序曲。从距今约十万年前到一万年前，出现了一批磨制更光滑的石器，然后是石头与木棍绑在一起的矛与弓箭等复合工具，再后来是编织、陶器、麻布、渔网等"非"石器技术。就像很多以"新"字开头的革命那样，"新"石器革命最终演变为对旧石器的否定及超越。

农业革命是这波技术浪潮的高峰，也最普遍地被当作这波技术浪潮的代名词。承接新石器时期的新工具浪潮，在距今约一万年前后，先后出现了农业与畜牧业。农业需要耕种、牲畜需要育种、食物需要储存及烹饪，于是，镰刀、陶罐、炉子等硬工具，以及灌溉、耕种、育种、冶炼等软工艺，都发展出来了。

城邦革命是这波技术浪潮的延伸。生产方式的改变促成了生活方式的改变：流动部落定居下来成为村落，这让建筑、沟渠等技术发展出来了。再随着人口增加、村落扩张、争斗与兼并，在距今六千多年前，在埃及与美索不达米亚地区出现了城邦，于是，宫殿、城市、道路，乃至文字技术发展出来……

这个技术历程的开始其实有待解释。如果问一个幼稚的问题，人为什么渴求技术？今天我们生活在"科技是第一生产力"的时代，想当然地把技术当作好事，但我们的祖先并没有这样的先见之明，为什么也会有发明的欲望？

关于人类社会技术的起源及动力，学术界有如下解释：灵感、需求、欲望、实践、知识、顿悟、演进、累计等，[1-6] 大致可以归为三类：内因说、外因说与过程说。但各有各的缺憾。——有头脑、天赋、追求、快乐等内在心理，就一定有发明吗？未必，原始人有洞穴的灵感，并没发明房子。——有生活、生产、战争等外在需求，就一定有发明吗？未必，原始人有藏身的需求，也没发明房子。——有劳动、实践的过程，就一定有发明吗？更未必，动物总在筑巢，从未搭建房子。——不仅发明的出现，石器技术、火的技术、御寒技术的持续改进更成谜，都不是内因、外因、过程能独立解释的。

本书认为，"人的逐利本性"解释了发明的动机，而动机贯穿了发明的各个环节：内因、外因与过程。原始人发明了石斧、钻木取火等尚未发生的功能，因为具备这样的内在想象力。动机还取决于对外在条件的权衡，原始人很早就发明了石斧，因为回报大于付出；同期的原始人没有建造房屋，因为在流动状态下这样做不值得；定居下来后的人类开始建造房屋，因为那时固定房屋变得划算。

动机的实现更离不开过程：磨制石器比敲打石器切割更省力、钻木取火比天然火更稳定、兽皮比树皮更御寒、岩洞比树洞更安全，这些都需要反复尝试。由于人的逐利性始终在那里，所以早期人类的技术持续进步，但又由于环境与过程不确定，所以早期进步极其缓慢。于是不奇怪，在今天关于人的定义中有一种称人为"制造工具的动物"。[1-7]

该如何评价原始时代的技术水平呢？首先我们要定义"技术水平"。不同的学术书籍用不同的指标如新产品数量、转化自然能源的方式、工具材料的种类、单位土地养活人口的数量、新发明的数量等来衡量。本书审视的是一个漫长的过程，因此更关心动态而非静态指标，即本书所说的技术水平其实指技术进步。进而，严格地讲，技术进步又包括新发明的出现与旧技术的推广，[1-8]本书更关心的是以重大发明的新增为代表的前者，原因会在后面的章节讲到。于是，本书中的"技术"可视为"重大发明"的同义词，而"技术水平、技术进步"则以单位时间内重大发明的新增为衡量标准。

其实，对原始社会时期技术水平的评价，尚且不需要这么复杂，因为不管从哪个角度看，都只能被冠以"原始"二字。首先，体现在人类转化自然能源的方式上，狩猎与采集仅仅靠人的体能；即使在定居早期，牲畜也还只能被当作食物，还没有被驯化到可以出力的程度。"原始"还体现在基础材料上：顾名思义，旧石器时期与新石器时期的工具材料仅限于天然的石头；尽管在新石器革命的晚期出现了提炼黄金与铜的尝试，但硬度太低，还达不到工具的要求，仅仅适合装饰。"原始"更体现在重大发明出现的频率极低，没错，早期人类发明了石器、敲打石器、磨制石器、天然火、火种、钻木取火、弓箭、衣服、农业、畜牧业、建筑等，但这些是在两百万年间实现的，平均到单位时间，增量少得可怜。

● **财富何用？**

早期人类以打猎与采集为生、以部落为行动单位，游走于草丛与树林之中，通常的说法是，没有储存食物与私人财产。但注意，流动部落不储存食物，不表示不向往财富。猎物与果实显然是财富，原始人始终在获取、消耗。至于不储存，只是受条件所限罢了：想想看，你每天扛一头鹿走几十公里消耗的体力值不值得；更何况，这头鹿在路上还可能被其他猛兽抢走或腐烂变质，于是，理性经济的方式是能吃多少吃多少、吃不掉的宁可共享、共享不了的宁可扔掉。

另外，流动部落中没有私人财产，这种说法并不完全绝对。今天的人类学家发现，原始部落中无条件分享的仅限于食物；藏身处分享是有条件的，自己部落离开后才会允许别的部落进入；工具则对应着固定的使用者；而巫师的咒语则是完全专有的。[1-9]

进一步的证据显示，条件一旦允许，储蓄与私产就无缝衔接般地出现了。在距今一万两千年前发生的农业与畜牧业革命中，剩余的保存意味着储蓄的出现，剩余的保管意味着私有制的出现。今天的考古学家在人类早期定居点的墓葬中发现了工具、饰品、武器、种子、牲畜的残骸等陪葬品，显然为死者在世时专用。接下来，私人物品交换产生了贸易；私人物品的继承则固化了等级的雏形。

上述"财富历程的开始"同样有待解释。如果问另一个幼稚的问题，人为什么向往财富？在今天花花世界中，我们想当然地把拥有财富当成好事，但我们的原始祖先还没有见过花花世界，为什么也有对财富积累的冲动？

关于人类社会财富的起源与动力，常见的说法是私有制的出现。但从前面的追溯我们已经看出，人类对财富的渴望远远早于私有制的起源，甚至可以往前追溯到很远、很远。[1-10]退一步讲，就算财富因私有制开始，私有制又为何开始呢？

按照卢梭的说法，好像某人冲动之下竖起块牌子、大喊一声"是我的"就行。[1-11]卢梭是一个冲动行事的人，如果他活在那时的话，肯定会首创私有制，但该如何解释连远隔大洋的美洲在内的全世界都不约而同地出现了私有制？在普遍现象的背后应该有更必然的原因。

于是我们见到另一种解释，即，从原始社会到农业社会的转变，是生产力发展的必然。从集体看，没错。但从原始个人看，则要补充：他或她每天打打猎、采采果子就满足了，大概不会想到生产力发展这般大事？更合理的解释是人性使然。人性中对财富的渴望原本就在那里，像海边的礁石在退潮时那样，自动显现出来，而无须其他任何理由。所以，在今天关于"人"的定义中，有一种称"人是创造财富的动物"。[1-12]

该如何评价原始时代的财富水平呢？我们还是首先要定义这个词。好在，经济学家相对一致地用人均收入作为衡量财富水平的指标，或者换算成能量单位，或者换算成与现代货币等值的"工资"。[1-8] 本书沿用这样的定义，但会综合参考收入最高值、收入最低值、健康、寿命等辅助指标。如果非要严格深究，那么可以这样理解：本书中的财富水平即单位时间内的人均收入，而财富增长即单位时间内人均收入的提升。

综合评判下，原始时代的财富水平也只能被冠以"原始"二字。先看代表人均收入的能量指标，"典型的狩猎—采集社会只能获取每人每天2000千卡的非食物能量，但到早期农业社会时便提高到8000千卡。"[1-13] 在收入平均值外，还不妨参考下最高值与最低值，在移动状态的两百万年中，除了灰烬和石器，没留下什么遗迹，即使在新石器—农业—城邦革命中的村落、防御、祭祀等设施，也十分简陋；移动生活的艰辛及部落间的争斗，导致原始人在健康、寿命、人口等方面指标极低。最"原始"的当数原始部落的抗风险能力：遇到气候恶劣的年景，或出现生态灾难时，以采集狩猎为生的人群连一两年都熬不过去，如不整体迁徙，就面临灭绝。假如所有部落都流动还好，而只要有部落定居下来，定居文明就因为食物储存、住所固定而形成了"守"的优势，又因人口增加、建筑外延而形成"攻"的优势，这些都让继续保持流动的原始部落难逃被排挤出局的命运。[1-14]

● **我们该如何衡量人类早期的物质成就？**

人的逐利性，不仅解释了人类追逐财富与技术历程的早期，还预言了其后续。想想看，开始不等于持续。假如人对财富与技术的渴望稍纵即逝的话，那么人对财富与技术的追逐即使开始了，也无法持续。但如果它来自人性，我们可以推测：只要人类这一物种存在，那么其对财富与技术的追逐就会继续下去，这样的本性将伴随着人类社会走过原始时代、古代、工业革命、现代……

这里要对本书的"人性推动历史说"做下简单说明，相对于两种反面的极端：一种是否定人性的作用，古人相信人性的存在但宁愿迷信神定或命定，也不愿意相信自己的力量；而科学时代也有对人性存在的质疑，那更谈不上"推动"了，对此序言中已经回应过：人类的基本生物属性决定了人类的某些共同倾向，这些倾向必然贯穿并影响人类历史。[1-15]另一种极端则认为人性像自然规律那样决定着历史，对此序言中也回应了：人类历史不存在被决定的目标或轨迹。本书的模式介于两者之间：人性推动着人类追逐财富与技术的历程前行，但无法决定具体的轨迹，表现为，在不同的环境中，该历程时而进步、时而停顿、时而倒退！

工业革命的发生是最好例证：由于所有人都有财富增长与技术进步的梦想，今天全世界的所有地区都走上了或正在走上工业化的道路；假如背后没有一种共通的人性，这将难以解释！但另一方面，各民族进入革命的时间有早有晚、工业化的进程也有快有慢，假如共通的人性决定一切，将同样难以解释！

说来难以置信，我们在第一章中就找到了工业革命发生的根本原因：人的逐利本性。这样看来，工业革命的发生、现代的到来似乎指日可待——历史当然不会那么简单！

理性经济人

一个可以借鉴的概念是亚当·斯密在《道德情操论》中提出的、被约翰·斯图亚特·穆勒等后来的古典经济学派总结为现代经济学的基本假设，即理性经济人。顾名思义，"理性"基于抽象思维的能力，"经济"基于趋利避害的本能，因此，它与"人逐利性本性"都来源于人之为人的基本生物属性。区别只是在于，亚当·斯密从前者出发演绎经济学，而本书从后者出发演绎人类追逐财富与技术的历程。这对本书来讲不奇怪，因为人的历程当然要追溯到人性，但亚当·斯密讲经济学，为什么不从经济要素讲起，而要立足于"人性"？

要知道，任何学科都需要一个原点。从那里出发，才能演绎出一整套体系；唯有这个原点是坚实的，其演绎的体系才是坚实的。[1-16]事实证明，亚当·斯密的学说占据了现代经济学界的主流，在两百多年间历久弥坚，证明它的"原点"是坚实的，否则的话，现代经济学的大厦早就坍塌了。借鉴同样的思路，我们追溯人类追逐财富与技术的历程，同样要从一个坚实的原点出发，即人的逐利本性。

亚当·斯密的学说长期占据现代经济学界的主流的事实，也带来一个副作用，那就是两百年间的诠释数不胜数，已经分不清哪些来自亚当·斯密本人，哪些来自其学生的学生的学生。作者作为"第六个盲人"，只能依据原文理解。

让我们看看亚当·斯密逻辑的开始：他从理性经济人出发，引出了贸易、私利、公益之间的关系，并且，第一次提到了"无形的手"的比喻。亚当·斯密指出：

——"人类有一种交换与交易的倾向，这种倾向是人类独有而其他动物没有的"。[1-17]显然，动物也有交换的行为，但缺乏人类那样的想象力；而人能想象出尚未发生的交换的意义的原因，在于其"理性经济"的

大脑。【1-18】

——贸易的意义在于协调公益与私利。每个人将自己的利益最大化，是合理的经济选择，也是私利。但这样的出发点不意味着道德的反面，因为人要先自助，才能助人，而在自助之后，人往往会助人；最常见的互助方式就是贸易：交换双方原本是为了各自的利益，却也满足了对方的需求，这就是公益。【1-19】

——不是所有贸易都必然能实现上述功能。要发挥上述神奇功能，前提是市场中的竞争与互惠。【1-20】如果卖方只照顾自己的利益则没人买，被其他卖家所淘汰；如果买方只顾自己的利益也没人卖，被其他买家所淘汰。这样的机制迫使私利适应公益，又迫使公益适应私利，就好似一双无形的手在操作。

让我们回顾一下亚当·斯密在《道德情操论》中的原文："一只看不见的手引导他对生活必需品做出几乎同土地在平均分配给全体居民的情况下所能做出的一样的分配，从而不知不觉地增进了社会利益并为不断增多的人口提供生活资料"。

至此，亚当·斯密已经演绎出了人的层面上的市场机制的意义，至于它在物的层面上的作用，还请待继续演绎。

【1-2】关于工业革命的本质，下面是部分学者的观点：
阿诺德·汤因比："工业革命的本质在于以竞争取代了中世纪的各种规章条例"。
芒图：大工业的兴起。
哈特威尔，罗斯托：经济增长。
兰德斯：技术进步，包括机器、动力、矿物能源。
R. R. 帕尔默，乔·科尔顿，劳埃德·克莱默. 工业革命：变革世界的引擎[M]. 苏中友，周鸿临，范丽萍，译. 北京：世界图书出版公司，2010：4. "从手工工具向动力机械转换的这一过程，这是工业革命的含义"。
里格利："从有机经济到矿物经济"，即，动力取代人畜力。
阿什顿："一批小工具发明潮席卷了整个英国。"

卡尔·奇波拉：机器取代手工工具。

麦克洛斯基："现代"思想取代旧思想。

《牛津词典》："指18,19世纪，欧美使用机器、工业迅速发展的阶段"。

需要说明的是，如果用定义来说明工业革命性质，属于循环论证。我们知道，所有关于工业革命的定义都是在几十年后追问的，因此，不可能把分析的结果当成分析的证据，再来作为支持分析结果的依据。比如《牛津词典》对工业革命的定义是"18,19世纪，欧美使用机器、工业迅速发展的阶段"。我们并不能说使用机器就是工业革命的核心，因为这是编写《牛津词典》的专家从众多的分析中选择了一个答案作为词条。用定义来说明工业革命性质的另一个错误在于，权威定义的来源不只有一家，比如，本书在第五章第二段中列举的不同领域的学术大师，其学术专业性谁也不比谁差，而不同版本的词典与教科书的定义只是选择了其中某一种罢了。

【1-3】https://wap.sciencenet.cn/blog-2371919-1399652.html?mobile=1 理论上，思维可以细分为形象思维、抽象思维与逻辑思维。此处统称为"抽象思维"。

【1-4】《人类简史》中猜测的机制是，距今20万年左右智人大脑结构升级带来了更复杂的语言、交流、想象的能力，由此引发了认知上的革命。

【1-5】贾雷德·戴蒙德.枪炮、病菌与钢铁：人类社会的命运[M].王道还，廖月娟，译.北京：中信出版社，2022：390.

【1-6】可参考莫基尔、厄舍尔、巴萨拉、勃特勒、皮特·里弗斯、奥格本、吉尔菲兰、厄舍尔等学者的技术演进论。

【1-7】关于"人是制造工具的动物"：

A、马克思说，"最蹩脚的建筑师从一开始就比最灵巧的蜜蜂高明的地方，是他在用蜂蜡建筑蜂房以前，已经在自己的头脑中把它建成了"。

B、詹姆斯·E·麦克莱伦第三，哈罗德·多恩.世界科学技术通史[M].3版.王鸣阳，陈多雨，译.上海：上海科技教育出版社，2020：8."人类似乎是能用工具来制造工具的唯一生物"。

【1-8】关于经济水平与财富水平的定义，仅举几例：

A、格里高利·克拉克.告别施舍：世界经济简史[M].洪世民，译.桂林：广西师范大学出版社，2020：39.133.

B、西奥多·W.舒尔茨.改造传统农业[M].梁小民，译.北京：商务印书馆，2006：64.

C、伊恩·莫里斯.文明的度量：社会发展如何决定国家命运[M].李阳，译.北京：中信出版社，2014：7.39.138.社会达成目标的各项能力"终究只是使用能量的方式"。

D、关于技术进步大家都能感到难以具体衡量的说明，见丹尼尔·贝尔.后工业社会的来临[M].高铦，王宏周，魏章玲，译.南昌：江西人民出版社，2018：179-185.

【1-9】伊恩·莫里斯.人类的演变：采集者、农夫与大工业时代[M].马睿，译.北京：中信出版社，2016：42."生活的每一件物品均有一个单独的所有者来决定其用途及去向"。"每一件工具，石斧、鱼叉、弓箭都是有主的，世代相传"。生态学家贾雷德·戴蒙德补充了一个更生动的例子：咒语。原始部落很看重咒语，从巫师那里获得的咒语都是专有的，甚至作为

自己家族的护身符而相传下去。

【1-10】马克斯·韦伯. 世界经济简史[M]. 李慧泉, 译. 上海: 立信会计出版社, 2018: 4.

【1-11】卢梭. 论人类不平等的起源[M]. 高修娟, 译. 上海: 上海三联书店, 2009: 49.

【1-12】关于人是创造财富的动物:

A、恩格斯. 家庭、私有制和国家的起源[M]. 中共中央马克思恩格斯列宁斯大林著作编译局, 译. 北京: 人民出版社, 1999: 184. "财富, 财富, 第三还是财富, 不是社会, 而是这个微不足道的单个的个人的财富, 这就是文明时代唯一的具有决定意义的目的"。

B、马克思, 恩格斯. 马克思恩格斯全集[M]. 北京: 人民出版社, 1972: 82. "人们奋斗所争取的一切, 都同他们的利益有关"。

【1-13】库克提出, 转自: 伊恩·莫里斯. 文明的度量: 社会发展如何决定国家命运[M]. 李阳, 译. 北京: 中信出版社, 2014: 57.

【1-14】伊恩·莫里斯. 人类的演变: 采集者、农夫与大工业时代[M]. 马睿, 译. 北京: 中信出版社, 2016: 31. 采集狩猎者的数量从两百万年前的100%, 缩减到500年前的10%, 缩减到今天的不到1%。

【1-15】人类的普遍愿望包括权力欲、性冲动、物质欲等。但对普通人而言, 权力欲无法企及; 性欲或多或少都可以实现; 唯有物质欲望, 是普通人都能企及但需要努力实现的。关于人类的共同欲望, 亦可参考:

A、伊恩·莫里斯. 人类的演变: 采集者、农夫与大工业时代[M]. 马睿, 译. 北京: 中信出版社, 2016: 253. "人类发展的动力在于恐惧, 懒惰, 贪婪"。

B、弗雷德里克·巴斯夏. 经济学诡辩[M]. 麻勇爱, 译. 北京: 机械工业出版社, 2010: 116. "每个人都希望面包越多越好, 而付出的汗水越少越好。翔实的历史证明了这一点"。

【1-16】亚当·斯密的概念之间存在推演关系, 但为了证明其观点, 他常常列举很多事例作为证明。由于现在经济学中普遍采用数学演绎, 经济学家常常把亚当·斯密的理论当作归纳。而本书所指的"演绎"是逻辑演绎, 这是本书与部分经济学著作对"演绎"一词的不同理解。

【1-17】亚当·斯密. 国富论[M]. 郭大力, 王亚南, 译. 南京: 译林出版社, 2011: 1. 这里的逻辑是, 如果双方不能自主决定、自愿进入、自愿退出、自愿交易, 那就可能出现强行受益或强行垄断的情况。因此, 只有在自由的情况下, 市场中的互惠与竞争才发挥作用。

【1-18】亚当·斯密开创的学说虽然占据着现代经济学界的主流, 但非主流学派也对"理性经济人"假设提出挑战。贝克尔在《人类行为的经济分析》第一篇中解释道, "理性经济人"有三个前提条件: A. 经济, 即效用最大化; B. 偏好, 即个人选择稳定; C. 竞争, 即社会选择趋于均衡。在大多数情况下, 这些条件均成立, 于是理性经济人也成立。但如果某个条件不成立, 则会表现出非理性的偏离。

【1-19】亚当·斯密. 道德情操论[M]. 李嘉俊, 译. 北京: 台海出版社, 2016: 3. "无论我们认为人类是多么自私, 仍然有证据表明在人类的天性里有一些准则, 在这些准则的引导下, 个体开始关注他人的命运"。

【1-20】亚当·斯密. 国富论[M]. 郭大力, 王亚南, 译. 南京: 译林出版社, 2011: 184-185. 该书强调了自主决策的必要性: "每一个人处在他自己的角度来判断其经济利益, 显然能比政治家或立法者可以为他作的判断好得多"。经济学家麦克米兰在《重新发现市场》中诠释了自主决策的反面, "存在权力关系的任何情况下, 比如一方管辖着另一方, 或者双方都受另一个更高的权力机构管辖时, 所发生的交易都将是其他形式的交易, 绝不是市场交易"。(麦克米兰. 重新发现市场: 一部市场的自然史[M]. 余江, 译. 北京: 中信出版社, 2014: 6.)

第二章　贫穷与落后的定律

人性中对财富与技术的渴望始终在那里，但愿望是一回事，实现是另一回事。在人类早期，我们的原始祖先用低水平的工具、维持低水平的生活水准，这不奇怪；奇怪的是，在城邦文明出现后的数千年中，人类社会仍然在贫穷与落后的泥潭中打转！好在，今天的学者们对此已有解释：全因两条规律的诅咒，一为马尔萨斯循环，一为卡德维尔定律！

● 古代世界的断裂

我知道，将漫长的古代文明形容为"在贫穷与落后的泥潭打转"，亟待说明，因为各位脑海中会涌现出相反的印象：世界七大奇迹代表着巨大的财富，宏伟建筑背后蕴含着精湛的技艺，更不用说古代中国的四大发明代表了古代技术的高峰……

让我们先从古代的财富水平讲起。最直观的指标是以能量为单位的人均收入之低，"典型的狩猎—采集社会只能获取每人每天2000千卡的非食物能量，但到早期农业社会时便提高到8000千卡，而工业革命前先进的农民所获取的达到了每人每天20000千卡"。[2-1]注意，这里的"8000千卡"指农业社会的早期与稳定期，即使这个数值也与现代水平相差甚远，而战乱时的数值更要低很多，低到比狩猎采集社会还不如的地步。这是因为，农业社会的战争远比原始社会更残酷，原始社会的战败方可以逃走，继续生活，而农业社会无处可逃，于是战争中常常血流成河、白骨遍野。

辅助指标更能说明问题：农业文明社会的平均寿命低于30岁，1岁前的死亡率达25%，12岁前的死亡率达50%，[2-2]不仅与现代相差甚远，更"低"到与原始时代类似的程度。

在低水平之外,古代文明的财富水平还存在剧烈的波动。首先是阶层间的断裂。相比起原始时代的部落与部落间、村落与村落间如一盘散沙,城邦文明建立在等级秩序基础上,由此形成的社会金字塔远比埃及的金字塔还要失衡:在欧亚大陆的主要文明中,统治阶层的国王、贵族、僧侣加起来只占总人口的百分之几,被统治的平民阶层则占据了总人口的90%以上。国王的生活是奢华的,贵族与僧侣稍差,平民则只能勉强维持生计,奴隶的收入则完全为零。本书考察的是"人类追寻财富与技术的历程",自然关注大多数人的物质生活水平,这个统计对象要明确。

更明显的波动体现在时间上:王朝总陷于繁荣、停滞、衰退、崩溃的周期性循环。战争、饥荒、疾病、死亡隔一段时间就出现。它们在《圣经》中被称为"天启四骑士",但其实还应该加上气候变化与生态灾难,再加上,王朝的昏君与奸臣也频繁出现。天灾与人祸构成了古代文明周期性循环的直观原因,但还有更隐蔽的原因马上讲到。古埃及与古中国是两个典型例子,按说相对封闭的地理优势有利于形成统一帝国,但即便如此,它们也处于繁荣、停滞、衰败、崩溃的循环中。

阶层间与时间上的断裂,解释了古代财富水平的波峰与波谷。金字塔、长城、泰姬陵等建筑很宏伟,但那是帝王的专属,与普通人无关。盛世中普通人的财富水平会提升,但提升有限,而且会随着人口爆炸而回落。(原因很快讲到)。盛世之后是漫长的停滞、败坏、崩溃期。到了崩溃的谷底,建筑能保留下来,但普通人的收入近乎归零,活下来都难。于是,古代大多数时段、大多数人的财富水平,只能用"低水平波动"描述。

一种可能的猜测是,早期固然如此,但随着时间推移,会不会出现"螺旋式上升"呢?从结果看没发生,因为在古代最发达的欧亚大陆上,直到很晚很晚,普通人也只能勉强维持温饱,有目击者的描述为证:[2-3]

1766年记载的《法国和意大利游记》这样描述,"在农民的膳食中已经找不到肉食的踪影"。1700年左右法国人口统计显示,贫穷的人占90%,其中非常贫穷的占50%,近乎乞丐的30%,乞丐10%。

17世纪一位当时的法国旅行者描述印度德里的生活,"当地人的膳食几乎没有什么种类可言,因为当地人只能千篇一律地吃一种青豆和米的烩饭,而且一顿只能吃一小碗。"

另一种猜测是,盛世固然短,但长期和平下能不能走出"低水平波动"呢?从结果看也没有。在古代世界中,长期和平的时段很少,最引人注目的是自1066年到1760年间的英国,其间也有波澜,但从总体看,王室还算连续、秩序还算稳定、贸易还算繁荣、人民还算安居。经济学家诧异地发现,在这"长"达七百年间,英国经济仍处于低水平波动中。经济学家艾伦用数据考证了其间的两次循环:从1000年到1350年是第一波,工资从低到高再回落;从1350年到1750年是第二波,工资从低到高再回落。而整个时期的人均工资的平均值,始终没变![2-4]

上述都显示,在18世纪前,财富的"低水平波动"一以贯之。

● 所谓马尔萨斯陷阱

英国的教士马尔萨斯(Thomas Malthus)注意到了上述现象,并更重要的,解释了其必然性。今天人们已经不太记得马尔萨斯的名字,但他在那个时代的诸多方面,都具有开创意义。

之前,"社会周期"往往被归因于天灾人祸、天道循环、帝王变化、战争爆发等因素,不是神秘,就是偶然。神秘因素不符合理性,偶然因素则难以解释几千年的循环。马尔萨斯在1798年出版的《人口论》中给出了一个纯自然的解释:人口因素,且不说对不对,方向变了。

并且之前,"人口因素"即使被提及也象征相反的意义:在阿拉伯文明、中华文明、印度文明、欧洲大陆的帝国中,人多都被当作王朝兴盛的征兆——税源多与兵源多。少数异议倒来自古代中国,[2-5]尽管很快被压制下去了。其实不管古代的正方、还是反方,都基于直觉地猜测。而马尔萨斯指出人口过多可能对经济产生负面影响，基于完整的逻辑演绎，且不说对不对，方法也变了。

今天，社会科学在学术界占据举足轻重的地位，最初的灵感大概来自马尔萨斯的尝试：如果以自然规律来解释自然世界算科学，那么以自然规律来解释人类社会也算！这样的思维方式影响了当时及后来的许多人，包括经济学家亚当·斯密、大卫·李嘉图，生物学家达尔文等。当达尔文登上贝格尔号进行远洋考察时，随身携带了马尔萨斯的《人口论》，并在考察过程中逐渐形成了自然选择理论的基础，前者讲的是环境对人口的制约，后者讲的是环境对物种的制约，不同但也不无关联。

让我们来看看马尔萨斯的逻辑演绎：

首先在《政治经济学原理》中，他阐述了土地对产业发展的制约：人类生存离不开食物、衣服、住房和燃料，这些产品来自农业、畜牧业、手工业和林业，这些产业都建立在土地上。如果按照行业细分，手工业、皮革业、纺织业的原料来自牧业和农业；建筑业、机械业、燃料来自林业；牧业、农业、林业都直接在土地上。于是，土地成了各行各业的根本制约。

接着在《人口论》中，马尔萨斯指出：土地制约了产业，就等于制约了人口。人的繁衍本能造成人口呈自然增长的趋势，再加上社会文化可能鼓励生育。更多的人口需要更多产品，但土地限制了产业发展。马尔萨斯设想了两种情况：一种是土地无限供给的情况，当时的美洲新大陆土地开阔，其实人类早期也如此，据马尔萨斯测算："人类将以1、2、4、8、16、32、64、128、256、512那样的增加率增加。"按照几何级数加倍，就好像细胞分裂，每分裂一次就会加倍、加倍、加倍。当然人口增长也会增加劳动力，但马尔萨斯测算，劳动力增加只能让食物产量按照1、2、3、4、5、6、7、8、9、10的算术级数增长，就像向储蓄罐里投币加一、加一、加一。[2-6]在今天看来，马尔萨斯的"算术级数"与"几何级数"也仅仅只能被当作比喻，但内涵是清楚的：人口增长的速度将远高于粮食增长的速度。马尔萨斯用这个例子来警示：即使在最乐观的情况下，人口危机也不遥远！"225年内，人口对生活资料即将成512对10之比。300年内，将

成4096对13之比。2000年内，生产物虽有极大量的增加，差额亦会弄到几乎不可计算。"【2-7】

更常见的是土地有限，即当时主要欧亚大陆上古老文明所面临的窘况。马尔萨斯指出，人和土地关系紧张造成经济呈周期性循环：当经济繁荣时，人们的生育率提升、人口数量增长，使得固定土地中的人均土地量下降、劳动回报率减少，从而把经济送入下行周期；当经济萧条时，人们的生育率降低、人口数量减少，又使固定土地上的人均土地量提升、劳动回报率增长，从而将经济送入上行周期。循环往复。

经济好 → 人口增加 → 收入降级 → 经济差 → 人口减少 → 收入增加 →（循环图）

既然上述演绎中的经济、人口、土地、收入等要素与逻辑是通用的，那么结论就是必然的。这样的原因比"天灾人祸"更隐蔽，但更致命，因为即使统治者再仁政，劳动者再勤劳，人口原因都会造成周期性循环的出现！由于其必然性，马尔萨斯循环也被称为"马尔萨斯陷阱"！

马尔萨斯用自己的理论解释在他之前两百年间的经济走势：从1500年到1750年间，欧亚大陆的人口都在增长、都试图缓解人口压力，但都没走出波动循环。区别只是在于人口控制的好坏罢了。英国的人口控制较好，缓解了经济下行期，并通过扩大市场，延长了经济上行期。同期的欧亚大陆其他经济体的人口控制糟糕很多，马尔萨斯虽然没到过东方，但非常关注那时的中国与印度，并根据传教士带回的信息进行了预测。事实证明，其预测与当时当地的情形很接近，即，在人口无节制的爆炸下，普通人的生活十分困苦。【2-8】

在更长的时间范围内，今天的经济史学用马尔萨斯的理论解释了自文明以来，到1800年前的世界经济走势：总人口始终在加速增长，但在有限的地球资源下，财富平均水平只能围绕很低水准波动。据统计，从距今一万年前到两百年前之间，世界人口总数从五百万增加到了五亿，【2-9】而人均产值与收入维持在同一水平，不变！【2-10】

马尔萨斯认为，陷阱无法走出，顶多缓解。他提出的建议是控制人口，或者通过战争与灾荒提高死亡率，或者通过节育降低出生率；曾经身为教士的他强烈推荐主动节育。而在马尔萨斯的建议之外，海外移民、劳动分工、精耕细作等措施也被证明可以缓解人口压力。但注意，所有这些都是暂时性的，因为节育、移民、精耕、分工都有限度，最终都会被人口的增长速度赶上，马尔萨斯循环又会重演！

● 卡德维尔定律

以今天的后见之明，我们知道"马尔萨斯陷阱"其实存在一个漏洞，那就是它建立在技术水平不变的假设上。【2-11】如果妥善利用该漏洞，陷阱是可以走出的。遗憾的是，在18世纪前的所有时空中，上述假设都成立，于是唯一的出路也被堵死了！这就涉及财富之外的另一话题：技术。

原始时代的流动部落一般不会超过几十人，早期定居村落一般也不会超过数百人，劳动力及交流都有限。相比之下，城邦帝国的人口快速增长为几十万、几百万人，易于推广技术，也易于大兴土木，于是，在它们留下的宏伟建筑背后，我们见到了古代工匠的精湛技艺及新工艺：在农业技术方面，犁、马具、磨坊、重育种、杂交等方法被发明出来。在建筑技术方面，分散冲力的楔形、减少重力的斜坡、减少摩擦力的滑轮与车轮、使用杠杆力的吊车等被发明出来。在纺织技术方面，丝绸及纺织机等开始普及。在交通技术方面，车、帆船、指南针、火器、三角帆、尾舵、密封舱等获得使用。在军事技术方面，抛石机、盔甲、火药、战车等被发明出来。在书写技术方面，符号、纸、笔、印刷术等被发明出来，文字的历史从此开始。

古代技术在数量上的提高不假，但本质上有多少提升值得商榷，比如在对自然能的利用上，原始时代的驱动力是人力，农业革命后出现了牲畜养殖，慢慢地，人们借助牲畜力来拉车、耕犁、驮运、推磨。有进步，但有限，首先，牲畜与人都受土地的制约；其次，牲畜力只适合直线运动，在划船、雕刻、播种等不规则运动上，还不如人力；最后，一匹马或一头牛约能顶几到十几人的拉力，但再多马牛也拉不动今天的火车，而今天的火车则轻易可以拉动自己。

至于其他能源利用方式，仍处于辅助与局限的地位。常见的水力驱动设备水车，1世纪出现在欧洲与中国，罗马人用它来取水、灌溉和驱动磨面，汉朝人用它来取水、灌溉和驱动鼓风箱，但水车只适合有水流落差还不能太湍急的地方，还只适合一年中的大约半年有水的季节，其他场合时间派不上用场。常见的风力设施是风车，7世纪出现在中东与中国，12世纪传播到欧洲，在风力驱动下被用于提水、排水、榨油、磨面、造船等。类似水车的限制，风车只适合有风的地方与季节，比如荷兰的风车技术十分先进，但在西欧其他地方就无用武之地。再看取暖热量的来源，人们在原始时代就烧木头与粪便，到帝国时代几乎没有改变，只是随着人口剧增而用量剧增罢了，森林面积随之减少，中国的黄土高原是乱砍滥伐的典型案例，而古希腊的希罗多德也写道，"人类大踏步走过风景秀美之地，沙漠紧随其后"。尽管古人也注意到了煤炭、天然气、石油的可燃性，但还没有可持续加工与使用的方法。

再比如基础材料，古代文明与原始时代相比，同样有进步但程度有限。继原始时代出现了黄金与铜等软金属后，城邦文明发展出现了更坚韧的青铜，原料依然昂贵，于是只能用作大鼎、面具、小塑像、头盔等满足特殊需求的器皿，而那时人们普遍使用的仍然是石器或木头。所谓"青铜时代"其实名不副实，它可以被视为从石器时代到铁器时代的过渡。到公元前一千年左右，铁器技术出现在中东地区，由于铁的硬度较高、原料廉价，很适合被广泛用作兵器或农具，于是在欧亚大陆蔓延开来。从公元前一千年到工业革命前，通常被称为铁器时代。但更确切的称呼应该是"铸铁的时代"，因为在整个古代，所用的铁材料仅限于最容易获得但也最粗糙的一种：铸铁。

　　这背后的根本原因是重大发明的数量少。前面所列的建筑、军事、农业、纺织等方面的新技术加起来不少，但要平均到几千年间则少得可怜。古代常常被形容为"千年不变"，听着夸张，但从几代人看差得不远，生活方式年年不变、工具祖代相传，没人预计自己在一生中会见到什么发明，更少人会自己发明什么。不仅新事物出现的可能性低到几近忽略，就连原有技术还常常莫名其妙地消失，因为工艺秘密被保存在小作坊中，常常由于师傅的逝去失传，造成技术周期性的倒退。【2-12】人类学家萨林斯总结道："在人类历史的大部分时期，劳动力总是比工具来得重要。直至相当晚近，整部劳动史都还是关于技能型劳动的历史"。【2-13】

　　古代的技术进步不仅缓慢，还常常中断，因为帝国处于兴盛、停滞、败坏、崩溃的轮回中。埃及帝国、中国、罗马帝国，包括阿拉伯帝国、波斯帝国、古印度帝国、中美洲帝国、南美洲帝国等都难逃起起伏伏的宿命，还有些惨到"一伏不起"。在帝国崩溃时，皮之不存、毛将焉附？这时会出现另类"失传"，即，看似平时保存严密的皇家技术，在战乱中可能被一把火烧毁，让技术从源头断绝。例如埃及的莎草纸技术曾被皇室垄断，但随着皇室的衰落而失传，以至于在随后的几千年间，埃及人都无法再现祖先制作莎草纸的秘密。直到1962年，埃及工程师哈桑·拉贾（Hassan Raga）才奇迹般地成功复制了这一工艺。再如中国宋朝的水钟，可谓当时世界上最先进的计时工具，也是在皇宫陷落时消失踪影，以至于机械钟被进贡给明清的皇帝时，竟被视为来自异国的"奇技淫巧"，殊不知其原型在古代中国已有，至今还无法复制。再如古罗马帝国的斗兽场、引水渠等市政工程曾经闻名于世，但在西罗马帝国瓦解后的黑暗时代变为废墟，今天的罗马城是近一个半世纪多次重建后的样子，太多细节无法复原。

　　这凸显出本书把古代技术进步定义为单位时间重大发明新增的缘由：理论上讲，技术不仅包括重大发明为代表的新技术，还包括既有技术的推广与应用。但如果不区分新、旧的话，古代世界中就有两种技术的"特例"难以解释：

一种是帝国盛世的情况，由于长期和平、人口密集、交流畅通，古代帝国往往可以把旧技术的普及与推广做得很好，只是新发明仍然很少。中国的明清时期把这种情况推向了极端，它们通过精耕细作使单位土地面积能养活更多人口，但重大发明近乎枯竭，以至于在小农经济的道路上越走越远。这当然不能称为技术进步神速，而是龟速——前提是，必须以新发明作为技术进步的标志。"在其发展轨道上突然停滞不前，例如伊斯兰世界、古代中国、日本的技术发展分别到大约1200年、1450年、1600年就是这样。"【2-14】

学者卡德维尔以独特的视角，注意到了古代技术进步的另一特殊情况。即在近代民族国家兴起过程中，意大利、葡萄牙、西班牙、荷兰、法国、英国等先后拥有近代欧洲的技术霸权，但不久就被其他国家超过，让技术霸权像接力棒那样传递下去。"没有哪个国家能够在历史上长时间保持旺盛的创造力。所幸的是，每一个霸权国家衰落时，总有一国或数国接过霸权的火炬。"【2-15】这被称为卡德维尔定律。我们可以进一步扩展：与接力赛的队友不同，没有哪个国家会主动交出霸权地位，而是因为被赶超后不得不交棒。对霸权国家而言，"霸权"往往体现在现有技术上，不确定的是新发明；对竞争者而言，旧的技术赛道已经被别人占领，新发明成为自己反超的唯一可能。因此，卡德维尔的观察从侧面证明了，直到工业革命前，任何地区都无法让重大发明持续出现，否则的话，霸权就永远是霸权，接力棒也无须传递了。

加起来，古代技术也可以用"低水平波动"来描述，本书称之为扩展后的卡德维尔定律，以示对原定律的尊重。

● 古代是一种模式

现在我们可以把不同层次的古代合并起来看了：人们口中的"古代"，究竟为何？从财富水平看，它始终符合马尔萨斯循环；从技术水平看，它始终符合扩展后的卡德维尔定律；两项相加，所谓"古代"，就是人类追逐财富与技术历程上"低水平波动"的时代！

按照上述描述，原始时代其实也可以合并进来，因为它也符合上述规律，只是它的财富与技术水平振幅小，"小"到接近一条低水平的直线。相比之下，古代文明财富与技术水平振幅大，"大"到变成一条围绕着低水准上下波动的曲线。但本质并无不同，财富与技术水平都低、都波动！

依据上述定义，我们可以回答一个争议：古代到何时结束？

有人说它早就结束了，以公元1000年后的商业革命、文艺复兴等一系列事件为标志，欧洲开始走出中世纪，但从其经济与技术发展的模式看，仍然符合马尔萨斯循环与卡德维尔定律。

有人说，以15世纪的大航海为标志，欧洲已经开始了海洋霸权，没错。但它的经济与技术模式仍然属于旧模式。

有人说，英国的情况不同，在公元1500年到1760年间，它扩大了劳动分工、市场规模、投资储蓄，出现了相对连续的商业繁荣，没错。但那时英国的经济与技术仍然可以用旧模式解释。假如工业革命没有发生的话，那么它最终会进入第三次、无数次循环，继续停留在古代！

结论是，直到公元1700年左右，马尔萨斯循环及其扩展后的卡德维尔定律，如同戴在传统社会头上的魔咒，使这些社会深陷贫困与落后的泥潭，难以自拔，毫无摆脱魔咒、爬出泥潭的迹象！这样听起来，工业革命、现代的到来又好像等不到了似的——历史当然不会那么简单！

【2-1】伊恩·莫里斯. 文明的度量：社会发展如何决定国家命运[M]. 李阳，译. 北京：中信出版社，2014：57.

【2-2】参考维基百科及不同的经济学著作。因为古代没有人口统计，其平均寿命及死亡率指标只能依据现代人的推算。

【2-3】卡洛·M. 奇波拉. 工业革命前的欧洲社会与经济[M]. 苏世军，译. 北京：社会科学文献出版社，2020：32-37，167-168.

【2-4】罗伯特·艾伦. 近代英国工业革命揭秘：放眼全球的深度透视[M]. 毛立坤，译. 杭州：浙江大学出版社，2012：43-48.

【2-5】战国时期韩非子、宋末元初马端临、清朝洪亮吉等，都曾呼吁控制人口。洪亮吉的想法也有与马尔萨斯类似的逻辑而且大致同时。

【2-6】细胞分裂和储蓄罐的比喻来自德内拉·梅多斯，乔根·兰德斯，丹尼斯·梅多斯.增长的极限[M].李涛，王智勇，译.北京：机械工业出版社，2013：19.

【2-7】马尔萨斯.人口论[M].郭大力，译.北京：北京大学出版社，2008：13.

【2-8】A. 马尔萨斯.人口论[M].郭大力，译.北京：北京大学出版社，2008：57."在有些国家，人口似乎逼得当地人习惯于靠着最低限度的食物过活了"。

B. 易劳逸.家族、土地与祖先：近世中国四百年社会经济的常与变[M].苑杰，译.重庆：重庆出版社，2019：188. 晚至1899年，来到中国的传教士明恩溥（Arthur H. Smith）还评述道："中国社会最突出的问题是民众的贫困。这片土地上的村落太多，生活在村落里的家庭太多，每个家庭的'嘴'太多。无论你走到哪里，你都会听到一个反复出现的词汇：贫穷，贫穷，永远是贫穷。"

【2-9】据另外的统计，世界总人口在原始时代每一万年增加一倍，到8000年前已达约700万；在城邦时代每两千年增加一倍，到1750年已达约7.5亿。

【2-10】威尔·杜兰特.历史上最伟大的思想[M].王琴，译.北京：中信出版社，2004：3. "根据1990年美元的不变价值计算，对人类生产力的最佳估算是7000年间每年的人均GDP在400—550美元间波动。公元前800年的全世界人均GDP为543美元，几乎与1600年的数据完全一样"。

【2-11】西奥多·W. 舒尔茨.改造传统农业[M].梁小民，译.北京：商务印书馆，2006：114. 117.

【2-12】理查德·桑内特.匠人[M].李继宏，译.上海：上海译文出版社，2015：85-87.

【2-13】马歇尔·萨林斯.石器时代经济学[M].张经纬，郑少雄，张帆，译.北京：生活·读书·新知三联书店，2019：99.

【2-14】乔尔·莫基尔.富裕的杠杆：技术革新与经济进步[M].陈小白，译.北京：华夏出版社，2008：87.

【2-15】查尔斯·P. 金德尔伯格.世界经济霸权：1500-1990[M].高祖贵，译.北京：商务印书馆，2003：37. 358. 引自卡德维尔，1972, Turning Point in Western Technology, 英文见P385. 另见杰克·戈德斯通.为什么是欧洲？世界史视角下的西方崛起（1500—1850）[M].关永强，译.杭州：浙江大学出版社，2010：36, "要说明1800年之前技术变革与变化的特点，最准确的词是'偶然性'"。

第三章 现代人一夜暴富

经济学家卡尔·波兰尼称从古代生活到现代生活的转换为"大转型"。[3-1]

经济学家哈特韦尔称其为古今之交的"大断裂"。[3-2]

著名经济学家卡洛·奇波拉称工业革命为"大震荡"。[3-3]

突然间,一切都解决了,停滞不前的古代结束了,日新月异的现代开始了。

这中间发生了什么,震荡,断裂,转型?都是。工业革命本身像一场地震,它标志着与古代的决裂,也昭告着地震波中现代的形成。在这部分的宏观审视中,我们先越过地震本身即工业革命及之前的约两百年,因为那是下部分微观审视的内容。我们在前面已经看到了"千年不变"的古代,接下来对照下日新月异的现代。这里的难度在于:"日新月异"意味着现代绝非正常的"果",它在时空上是动态的、结果上是多样的,那么,如何可能为工业革命这一个"因"所解释?

● **时间上的现代之路**

让我们先来厘清时间维度的因果链。今天,"如何实现现代化?"依然是个热门话题,致力于研究这一主题的罗荣渠教授写道:狭义的现代化是指从18世纪后半期西方工业革命以后出现的一个世界性的发展过程;广义的现代化是指世界自工业革命以来现代生产力导致世界经济加速发展和社会适应性变化的大趋势,整个过程包括工业化、城镇化、科学化、全球化、民主化。[3-4]其实,历史为我们揭示了次序(与上述大致吻合):

第一次工业革命的直接结果,从名字就不难猜出,是第二次工业革命。一般认为,前者发生在1760年到1830年间,后者发生在1850年到1914年间。如此接近的时间，难免让严谨的读者起疑它们是不是同一件事，答案是否定的，因为除了时间差，还存在地点差与方向差：第一次工业革命发生在英国，工业家如瓦特、博尔顿、皮尔等大多是英国人；第二次工业革命的主要推动者转向了德国和美国，涌现出大量企业和创新：在德国有戴姆勒-奔驰家族控制的汽车、西门子家族控制的电器、克虏伯家族控制的钢铁、邓乐普轮胎等；在美国有发明家兼企业家爱迪生控制的爱迪生电力公司、贝尔控制的贝尔电话电报公司、范德比尔特控制的铁路企业、卡内基控制的钢铁、洛克菲勒控制的石油公司、摩根控制的金融企业、福特控制的福特汽车以及乔治·威斯汀豪斯创建的西屋电气等。

在技术方向上，第一次工业革命以动力与机械技术为主，开启了蒸汽动力与钢铁的世界；第二次工业革命则以电与化工技术为主，开启了电气化、合成材料和内燃机的时代：电的应用包括电灯、交流电、水电站、照相、电影、收音机、留声机、电报、电话、有轨电车等；合成材料的发明包括化肥、炸药、人造纤维、合金、新药物、X射线、炼油技术等；内燃机作为蒸汽机的迭代更新，由于体积小而被用于汽车与飞机的引擎。

接下来，两次工业革命"开花结果"，即漫长的工业化、城镇化、科技化过程。注意，工业革命指特定时间、特定地点发生的历史事件，早就过去了，而工业化指的是到今天仍在继续的漫长进程。在古代，城市中也存在着大量酿酒、磨粉、打铁、榨油等小作坊，甚至存在着少量烧瓷、冶炼、挖矿等集中生产的工场，乃至巨型的皇家工场，但所有古代制造业的共性在于手工操作、工具落后、产量低、质量差。而现代工厂的区别在于两点：机械化与市场化。马克思是按照工艺区分的，他将传统手工劳动的场所称为工场，将动力机械驱动力的劳动场所称为工厂。亚当·斯密是按照目的区分的，他将以自给自足为目的的劳动场所称为工场，将以满足市场需求为目的的劳动场所称为工厂。这两种定义并不矛盾，现代工厂既要靠机器工艺形成优势，也要靠市场竞争兑现盈利！并且，工艺总向技术含量更高升级，市场总向区域更广蔓延，让工业化的进程变得无止境。[3-5]

工业化带来了城镇化。有些工厂建立在旧城市的郊区、不断外扩，增加了城市的面积；有些工厂建在杳无人烟之处、慢慢地演变为新市镇，增加了城市的数量；随着交通网络的改善，城市日益取代农村成为国家的主体。再随着农村人口大量进城，城市生活成为现代生活的主流：快节奏取代了慢节奏、高消费取代了低消费、陌生人交往取代了亲友熟人的圈子。城镇化还意味着公共卫生的出现：早期城市拥挤不堪、容易引发传染病的流行，乡村反而更卫生；而随着城市中供水、污水、消毒系统的建立，城市的卫生状况又开始反超乡村。[3-6]

　　与工业化与城镇化并行的是科技化。要知道，古代的科学与技术原本分属不同的界域：科学以求真为目的、追求形而上的真理，技术以实用为目的、追求形而下的效果，两个界域间有影响但不直接。再加上，在古代搞科学的与搞技术的也是两拨人：工匠在店铺实践；教师与教士在大学与修道院沉思。情况从近代开始改变，15世纪的文艺复兴运动提升了欧洲工匠的地位，18世纪的启蒙运动与第一次工业革命把工匠的地位提升到了与其他人平等的高度，终于到19世纪中叶，工匠的教育程度普遍提高，科学家则从大学走入企业，人的隔离被彻底打破了。同样在19世纪中叶，第二次工业革命开始了电磁学与电力工业的互动、化学与化学工业的互动，科学与技术的界域分割也被打破了。"科技"从此成为趋势：在工业化的浪潮中，科技产品得以批量生产；在城镇化的浪潮中，科技产品进入千家万户，物质生活的提升也带来了精神面貌的转变。一种新的生活形态出现了，人们称之为"现代生活"。

　　第一次工业革命、第二次工业革命、工业化、城镇化、科技化，这就是物质层面的、时间维度的现代化之路。

● **不同层次的现代**

　　我们走在通往喜马拉雅山的路上是一回事，但是不是已经进入喜马拉雅山中却是另一回事。有没有可能我们误以为进入了现代，但实际仍然停留在古代呢？

　　这就涉及现代化的标志，起码在物质层面上，它体现为前所未有的财富增长及技术进步。关于现代财富增长的统计不计其数，此处仅举有代表性的两个。在能量消耗方面，据经济学家麦迪逊统计：对比从农业革命到工业革命前的一万年，从工业革命到现在人均收入增加了十倍以上，人均GDP增加了约十几倍。人均消耗的功率提高了五十倍，照明量提高了四万倍，旅客交通里程提升了二百五十倍。此外，对比古代的平均寿命在30岁左右，自工业革命到现在，由于食物丰富、医疗完善、出生率提高、死亡率降低，很多国家的平均寿命都超过了70岁。[3-7]

有没有可能，上述只是马尔萨斯上行期？如果回忆下，在古代的马尔萨斯循环中，人口下降会导致人均用地增加、劳动生产率提高、工资上涨，比如欧洲在黑死病后就出现过这种情况，当时人少地多，让很多雇工变为了地主！而工业革命之后的不同在于，一个指标的增长不再以另一个指标的下降为前提。数据显示，在19世纪的100年中，英国人口增加了三倍，而人均产值也增加了四倍。收入与人口同时增长！[3-8]

这意味着，工业革命开始了一种全新的模式。想想看，为什么如此开创性的马尔萨斯理论在今天连争议的声音都消失了？因为它试图证明"低水平波动"的

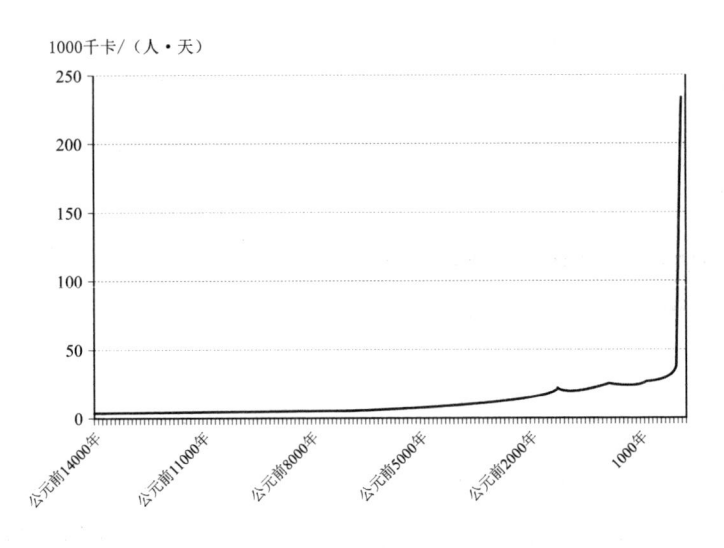

图3.14 公元前14000—公元2000年西方能量获取情况(假设罗马的增长率较低而早期现代时期的增长率较高)
图示出自：伊恩·莫里斯.文明的度量：社会发展如何决定国家命运[M].李阳，译.北京：中信出版社，2014:104.

必然性，但其提出之时正值其失效的节点：从工业革命开始，历史上第一次，人类社会走上了财富水平"空前"增长之路！

另一个进入现代的标志是前所未有的技术进步，直观地体现在新产品、新通信方式、新交通方式上。火车取代了马车成为长途且高速的陆地交通工具，蒸汽船取代了帆船成为远洋及内河的交通工具。火车的出现把跨西欧的通信从几个星期减少为几天，飞机的出现进而将其缩短为几小时，电报的出现更是将其减少到一秒钟。更不用提，相机、电话、冰箱、彩电、自行车、飞机、汽车等在古代都闻所未闻。

在新的产品、通信方式、交通方式的背后，是新能源与新材料的升级。第一次工业革命创造出一个钢铁的世界，第二次工业革命创造出一个合成材料的世界：聚乙烯、尼龙、人造纤维等制品。在第一次工业革命中，煤炭成为蒸汽动力的能量来源，到第二次工业革命，电能和石油成为电机与内燃机的能量来源，人力、牲畜力为主要驱动力的时代结束了，矿物能源的时代开始了；再到今天，核能、潮汐能、地热、太阳能等成为更清洁的选项。学者斯米尔在《能量与文明》中比喻，如果以能量为跨越时空的通用货币，那么，人类已然从流浪汉变为了百万富翁。

在这么多"新"的背后，最基础的支撑在于重大发明的涌现。第一次工业革命中的新发明涵盖了能源、材料、设备、工艺、组织形式、市场形式等多个领域，"这是一个疯狂追求创新的年代，连绞死犯人都需要新方法（塞缪尔·约翰逊）。"发明的起始规模之大已经很难得，它还持续到19世纪、20世纪、至今也未见停止的迹象。重大发明的起始规模与持续规模已经难得，它还在转向与加速：第一波技术浪潮发生在动力机械领域，第二波技术浪潮发生在电气、材料领域，后来变为半导体、计算机、航天技术、生物科技、互联网革命、纳米技术、人工智能等领域，一个领域的进步势头稍微减弱，另一个领域的进步势头又赶超过去，于是，重大发明的规模至今还在扩大。

这些与古代世界中重大发明偶尔中断、技术进步低水平波动，形成了鲜明对照。显然，工业革命开启了一种与卡德维尔定律不同的全新模式：想想看，为什么这条定律各位今天也甚少听说，同样因为，它解释了古代，却在现代变得过时：从工业革命开始，历史上第一次，人类社会走上了技术水平"空前"进步之路！

● **貌似的"胜利"**

至此，我们似乎描述了一个"胜利的故事"：人性本来就是世俗的，经过漫长的贫穷与落后的原始时代与古代，终于进入财富与技术快速进步的现代。我们终于获得了最初所求！但是，"胜利"二字必须打上引号，因为人类追求财富与技术的历程从来不是一帆风顺，而是充满了停顿、中断、曲折！在工业革命前，原始社会及古代文明已然饱受战乱、疾病、饥荒、死亡的煎熬，并出现乱砍滥伐与技术滥用的迹象。问题早就存在，只是以不同的形式存在。在工业革命中，财富增长与技术进步的同时，社会矛盾也在激化（见下一部分）。在工业革命后，人与人之间的矛盾趋于弱化，而人与自然、人与技术的矛盾又凸显出来。木材、煤矿、石油等自然能源被加速开发、对环境的污染日益严重；机器可以帮助延续人类摄取自然能、释放人性，也可能耗尽资源、毁灭人性。但其实，人类对财富与技术的渴望是无限的，问题也将是无限的，最终，也只能靠人类的无限智慧解决！

这个所谓的"胜利"，我们还没有讲完，因为上述现代化的时间进程大致对应欧美国家，而世界不等于欧美，进入现代的也不只欧美，那么其他地区呢？这就涉及"现代化"的空间维度。

【3-1】原著英文书名"The Great Transformation"翻译为"大转型"更为贴切。卡尔·波兰尼.巨变：当代政治与经济的起源[M].黄树民，译.北京：社会科学文献出版社，2017.

【3-2】Great Discontinuity, Hartwell, R. M., The Industrial Revolution and Economic Growth, 1971.

【3-3】卡洛·M. 奇波拉. 工业革命前的欧洲社会与经济[M]. 苏世军, 译. 北京: 社会科学文献出版社, 2020: 1.

【3-4】罗荣渠. 现代化新论: 中国的现代化之路[M]. 上海: 华东师范大学出版社, 2013: 12.

【3-5】萨利·杜根, 戴维·杜根. 剧变: 英国工业革命[M]. 孟新, 译. 北京: 中国科学技术出版社, 2018: 43.

【3-6】城市化资料参考:

A、简·德·弗里斯. 欧洲的城市化: 1500-1800[M]. 朱明, 译. 北京: 商务印书馆, 2015: 12.

B、道格拉斯·C. 诺思. 经济史上的结构和变革[M]. 厉以平, 译. 北京: 商务印书馆, 1992: 182.

C、詹姆斯·弗农. 远方的陌生人: 英国是如何成为现代国家的[M]. 张祝馨, 译. 北京: 商务印书馆, 2017: 73.

D、罗伯特·艾伦. 近代英国工业革命揭秘: 放眼全球的深度透视[M]. 毛立坤, 译. 杭州: 浙江大学出版社, 2012: 27.

【3-7】数据来自:

A、威廉·伯恩斯坦. 繁荣的背后: 解读现代世界的经济大增长[M]. 符云玲, 译. 北京: 机械工业出版社, 2011: 17.

B、伊恩·莫里斯. 人类的演变: 采集者、农夫与大工业时代[M]. 马睿, 译. 北京: 中信出版社, 2016: 108. 117. 118. 287.

C、安格斯·麦迪森. 世界经济千年史[M]. 伍晓鹰, 许宪春, 叶燕斐, 等译. 北京: 北京大学出版社, 2022: 3.

【3-8】数据参考:

A、世界城市人口的增长, 戴维·克拉克, 引自: 简·德·弗里斯. 欧洲的城市化: 1500-1800[M]. 朱明, 译. 北京: 商务印书馆, 2015: 7.

B、麦克洛斯基,《企业家的尊严》第一章及第六章, 其估算的数据是6.5倍。

C、伊恩·莫里斯. 人类的演变: 采集者、农夫与大工业时代[M]. 马睿, 译. 北京: 中信出版社, 2016: 287.

D、道格拉斯·C. 诺思. 经济史上的结构和变革[M]. 北京: 商务印书馆, 1992: 18.

E、人口增长: 阿诺德·汤因比. 产业革命[M]. 宋晓东, 译. 北京: 商务印书馆. 2019: 80.

第四章 大分流与大合流

工业革命不仅撕裂了时间，还撕裂了空间。关于空间维度的现代化，我们常常听到两种近乎相反的描述：大分流与大合流。我们还是可以从厘清这个维度的因果链中去理解。

● 工业化的扩散

如果把工业革命比喻为一场地震，那么不出意外，位居震中的英国率先实现了工业化，并第一个获得了"世界工厂"的称谓。据经济学家艾伦的统计，从1750年到1880年期间，英国制造业占世界制造业的比重从2%上升到23%，[4-1]而史学家霍姆斯鲍姆以专项分类来统计更惊人，英国的煤产量约占世界总量的三分之二、铁产量约占世界总量的一半、钢产量约占世界总量的七分之五、棉布产量约占世界总量的一半、金属器件约占世界总价值的四成；蒸汽动力约占世界总量的三分之一，制成品约占世界总价值的三分之一。[4-2]但注意，这么高的占比仅限于19世纪中叶的"抓拍瞬间"：之前的英国达不到，之后英国又被别国超过了。

以英国为震中，工业化的浪潮像地震波般扩散开来。从19世纪早期到中期，它首先波及与英国在地理、文化、制度上最接近的地区。——在大西洋的对岸，北美大陆原先是英国殖民地，在人口、历史、制度、文化上有剪不断的渊源，尽管美国在1776年获得了独立，但它很快修复了与英国的关系，并在英国工业革命后启动了自己的工业化进程，包括引进蒸汽机、修建铁路、开辟远洋航线等。到了世纪之交时，美国的经济总量已经超过了英国。——在英吉利海峡的对岸，西欧与英国原本传统相连、体制相似，虽然在拿破仑战争中存在贸易禁令，但在

1815年贸易禁令解除后,比利时、荷兰、法国、德国等地也掀起动力工厂及铁路的兴建热潮;其中刚刚统一的德国发展势头最猛,到世纪之交时,它的经济总量也超过了英国。——工业革命的地震波继续向外扩散,来到了北欧的丹麦、瑞典等地,中欧的瑞士、德意志、奥地利等地,南欧的意大利半岛等地,它们离英国较远,但仍然属于传统欧洲,于是也主动跟上了英国工业化的步伐。

工业化的第二波扩散出现在19世纪后期,其标志是影响到欧洲之外,并分为主动与被动两种模式。俄国与日本属于主动工业化的例子,它们与英国相隔很远,却在政府主导下主动学习。——1861年,俄国的亚历山大二世解放了俄国的农奴,强行将沙皇的土地卖给贵族,其他改革措施还包括司法独立、地方自治、放宽媒体审查等,由此开启了一段快速工业化的进程。——1868年,日本开始了明治维新,以国家的名义外派留学生、普及教育与公共卫生、大兴工厂与铁路等;政府为企业提供信用保障乃至贷款甚至负责打击罢工、鼓励企业与国家同进退。——在日本与俄国之外,如印度、东南亚、非洲、南美等地沦为了欧洲列强的殖民地,这对被占领区人民而言无疑是场灾难,因此那里的工业化是被动进行的。

第三波工业化扩散,发生在两次世界大战之后,原有的殖民地国家纷纷独立,再次转为全面主动,但工业化模式又可分为两种:20世纪末东亚四小龙乃至中国工业化的起飞,与政府的强力主导有关;而非洲、中东、南亚、非洲等地的工业化,则主要依靠市场的自我协调进行。

● **大分流**

从上述工业化扩散的因果链,我们可以对应出"大分流"的时段:大致指的是工业化扩散早期,从工业革命到第一次世界大战前,东西方实力差距迅速扩大的这一百多年。

但需要说明,关于大分流开始的时点,历史学界是有争议的。有人说,从1500年前后,欧洲发现了越过大西洋通往美洲以及绕过非洲通往东方的航线,欧洲人开始在亚洲、非洲、北美、南美占领殖民地,并设置殖民点起,已然拉开了东西方之间的差距。如果仅从航海实力看,没错,但如果从包括经济与军事在内的综合实力看,则截止到1500年,或1600年,或1700年,"分流"并不绝对。

一些名为"加州学派"的经济学家们专注于考察"经济分流",其结论得到越来越多其他经济学家认可,即晚至1750年前后,世界经济都是多元而无中心的,直到1800年后,西方才反超东方,成为世界经济的中心。[4-3]这个时点暗示着,引发"大分流"的,不是航海革命,而是第一次工业革命。

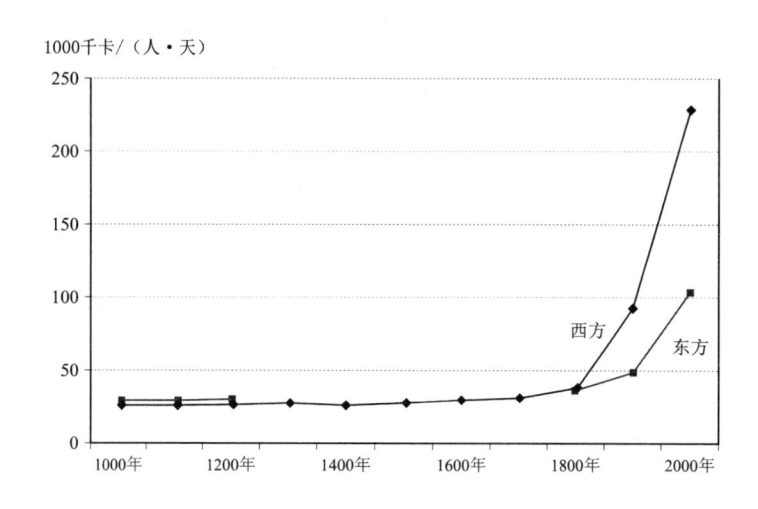

图3.22 宋朝时期(1000~1200年)和现代时期(1800~2000年)东方能量获取情况及与西方能量获取情况的对比
图示出自:伊恩·莫里斯.文明的度量:社会发展如何决定国家命运[M].李阳,译.北京:中信出版社,2014:116.

在"经济"之外,"军事"也可以作为分流时点的佐证。要知道,在大航海后,欧洲列强已然具备了航海优势,却不敢贸然进入亚非大陆,这背后是有原因的:

首先,那时的海洋还无法被彻底控制。欧洲王朝的舰队、海盗、商团、走私者都使用带火炮的木船,王朝的舰队略占优势,但海盗、商团、走私者的船只也差不多。再加上,王朝也不止一个,葡萄牙、西班牙、荷兰、法国、英国都竞逐于海上,于是,海洋过去是、近代仍然是"无主之地"。

除了对海战没有绝对的把握,欧洲列强对内陆战争也不确定:如果遇到草原骑兵，那时欧洲的火枪技术还不足以以少胜多；要想进入非洲丛林，那时欧洲的军舰还难以逆流而上；即使划船到内河上游，也难以抵御蚊虫的肆虐，更不用提土著人在人数与地理上的优势。

当然，欧洲列强对差距较大的美洲、大洋洲、太平洋岛屿文明，早就形成了压倒性优势，但对同属欧亚非大陆的古老国度来讲，截至1800年，军事优势并不明显。

情况在第一次工业革命后改变。"战舰革命"被称为海上的工业革命，英国的海军配备了蒸汽机，烟筒屹立于舰船的中央；木船披上了铁甲，能够抵抗炮火的攻击；于是，全副武装的战舰能在自己不受损伤的情况下轻易摧毁木船。不久，抗疟疾的药物与半自动武器也出现了；凭借新技术、新财富、新武器、新医药，欧洲列强得以彻底控制海洋并深入内陆。1815年后，历史上猖獗的北非海盗从地中海消失了。1840年的鸦片战争中，英军迫使清政府签订不平等条约，虽然那时派出的还以传统军舰为主，但它已经知道自己具备新战舰的实力。1853年，美国蒸汽动力军舰确确实实冒着"黑烟"而来、打开了日本的国门。1890年后，非洲内陆被加速瓜分，到1914年西方已经占领了地球上84%的土地和100%的海洋。[4-4]

● 大合流

相对于"大分流"对应近代一百多年的短期现象，"大合流"对应着一种长期趋势，[4-5]"长"到难以穷尽的地步：自从走出非洲后，人类就成了这个世界上分布最广泛的物种，也成了连接地球的纽带。于是，不同地区间的交流，从原始时代开始，到帝国时代加速。但距离始终是个限制因素，比如，古代中国对波斯帝国的影响有限，古代波斯帝国对欧洲查理曼帝国也影响有限，各自基本处于相对独立发展的状态。

从1500年前后的大航海开始，欧洲人可以越过大洋的阻隔而到达其他大陆，文明间的交流大大提速。……到1800年的工业革命中，人们开始乘坐轮船与火车跨越"千山万水",文明交流再次提速。在之后的一百多年中,大分流与融合同时进行,只不过前者的势头更抢眼罢了。到1945年二战结束后,随着全球化的共识、各种区域性贸易组织的建立,融合又反过来成为主流。多年前有本畅销书叫《世界是平的》就讲述了在信息交换、贸易往来、人口流动、交通进行、文化互通中,不同经济体变得你中有我、我中有你,好似原本高低不平的世界被削去了山峰、填平了低谷,甚至(我引申为)变成了海洋。一种地球村式的文明形态出现了,它被称为现代世界。

纵观人类追逐财富与技术的历程,分流与合流从来并存,现代化只是最新的例证:在分流与合流中,全世界的各地区都走上了工业化、城镇化和科技化的道路,这是空间维度上的现代化之路。

● 现代是一种模式

现在我们可以回答下面的问题了:人们所讲的"现代",究竟为何?它很难用某个具体数据锁定,却可以用模式来描述:所谓"现代",就是人类追逐财富与技术历程中"高水平发展"的阶段。

这样的定义回答了另一个争议:现代是从何时开始的?在漫长的原始时代与古代,人类社会财富与技术水平都处于"自回归"模式。到现代,人类社会走上了技术与财富"自增长"模式。新、旧模式之间的转折点,正是第一次工业革命。

【4-1】罗伯特·C.艾伦.全球经济史[M].陆赟,译.南京:译林出版社,2015:8.
【4-2】A、埃里克·霍布斯鲍姆.工业与帝国:英国的现代化历程[M].2版.梅俊杰,译.北京:中央编译出版社,2017:3.131.
B、艾瑞克·霍布斯鲍姆.革命的年代:1789-1848[M].王章辉,译.北京:中信出版社,2017:63.
【4-3】A、彭慕兰在其著作《大分流》中列举了中西方在生产力水平(工业、农业、技术)、消费模式(物价、收入)、生态限制(气候、疾病、寿命)方面的比较,结论是"无数令人惊异的相似之处"。

B、杰克·戈德斯通"直到1750年，东亚和西欧之间人口、农业、技术及生活水准的变化并没有出现什么根本性的差别。因为直到晚近，决定社会长期波动的主要因素——气候和疾病仍在平等地影响着全世界的所有人，没有任何国家可以摆脱这些条件"。杰克·戈德斯通. 为什么是欧洲？世界史视角下的西方崛起（1500-1850）[M]. 关永强, 译. 杭州：浙江大学出版社, 2010：25.

C、王国斌（R. Bin Wong）将整个欧洲与中国进行对比，发现十八世纪之前欧洲与中国在人口、资源、信用、制造方面没有根本区别，都属于"斯密型"的经济模式。王国斌. 转变的中国：历史变迁与欧洲经验的局限[M]. 李伯重, 连玲玲, 译. 南京：江苏人民出版社, 2020：234-254.

D、经济学家麦迪森（Angus Maddison）运用实际购买力的计算方法对比，数据显示：在1750年时，中国、印度和欧洲占世界制造业的比重分别是33%、25%、18%。但到工业革命后，经济形势发生了一百八十度的逆转：1913年，中国与印度占世界制造业的比重分别降低到了4%和2%，而欧美的比例则上升到75%。安格斯·麦迪森. 世界经济千年史[M]. 伍晓鹰, 许宪春, 叶燕斐, 等, 译. 北京：北京大学出版社, 2022：表B21. 262.

E、伊恩·莫里斯用能量的方法对比了工业革命前后的东西方巨变，"直到1750年，东西方核心区域间的相似性还是很明显的，但到1850年，一个显著不同点将所有这些相似性驱散得无影无踪，即，一个新兴的以蒸汽作为能源的铁之领主的崛起"。伊恩·莫里斯. 西方将主宰多久：东方为什么会落后，西方为什么能崛起[M]. 钱峰, 译. 北京：中信出版社, 2014：86-93.

F、魏丕信. 十八世纪中国的官僚制度与荒政[M]. 徐建青, 译. 南京：江苏人民出版社, 2020：12. 中文版序. 魏丕信评估的经济"大分流"的时间节点更晚：一直到第二次鸦片战争，英国的工业产值才刚刚赶上中国，而法国的工业产值只是中国的40%。

G、琼斯在《为什么是欧洲？》中不仅确认了上述时间，而且做出了解释，"直到晚近（1750年），决定社会长期波动的主要因素——气候和疾病仍在平等地影响着全世界的所有人，没有任何国家可以摆脱这些条件。"杰克·戈德斯通. 为什么是欧洲？世界史视角下的西方崛起（1500-1850）[M]. 关永强, 译. 杭州：浙江大学出版社, 2010：25.

【4-4】关于欧洲列强瓜分世界的进程，可参考：

A、尼尔·弗格森. 帝国[M]. 雨珂, 译. 北京：中信出版社, 2012：193.

B、杰克·戈德斯通. 为什么是欧洲？世界史视角下的西方崛起（1500-1850）[M]. 关永强, 译. 杭州：浙江大学出版社, 2010：169.

C、皮尔·弗里斯. 国家、经济与大分流：17世纪80年代到19世纪50年代的英国和中国[M]. 郭金兴, 译. 北京：中信出版社, 2018：273.

D、斯塔夫里阿诺斯. 全球通史：从史前史到21世纪：下册[M]. 吴象婴, 梁赤民, 董书慧, 等, 译. 北京：北京大学出版社, 2006：506. 630.

E、马特耶·阿本霍斯, 戈登·莫雷尔. 万国争先：第一次工业全球化[M]. 孙翱鹏, 译. 北京：中国科学技术出版社, 2022：9.

【4-5】这个词似乎来自加州学派的另一位经济学家李伯重。

第五章 人没变，速度变了

我们追溯人类追逐财富与技术的历程，是为了找到工业革命的核心：究竟什么发生了革命？

关于从古代至现代转型的关键，学术界的学科众多、视角众多，难免结论众多：支持文化为现代转型关键的大师们包括马克斯·韦伯、亨利·梅因、赫伯特·巴特菲尔德等；支持社会为现代转型关键的大师们包括马克斯·韦伯、阿诺德·汤恩比、格奥尔格·西美尔、埃米尔·涂尔干、维尔纳·桑巴特、斐迪南·滕尼斯等；支持经济为现代转型关键的大师们包括亚当·斯密、大卫·李嘉图、沃尔特·罗斯托、T.S.阿什顿、卡尔·波兰尼等；支持技术为现代转型关键的大师们包括阿尔贝·芒图、保罗·莫里斯、卡尔·波兰尼等。没错，早期的学者的专业区分还没那么清楚，于是一个人就可能发表了几种观点。

而这正是我们费时费力追溯人类追逐财富与技术历程的缘故："假如"工业革命是整个历程的唯一分水岭，那么，从古代到现代转折的关键也就等于工业革命的核心。当然，这里"假如"有待确认：工业革命是从古代到现代的唯一转折，还是之一？

如果回忆下历史课本，人类历史上似乎出现过数不清的"革命"。按时代分，有旧石器革命、新石器革命、城邦革命、地理大发现、文艺复兴、宗教改革运动、科学革命、宪政革命、启蒙运动、工业革命等等。按地区分，有俄国的十月革命、中国的辛亥革命、美国的民权运动、法国大革命等等。按行业分，有农业革命、商业革命、金融革命、工业革命、互联网革命等等。但好在，如果具备把人类社会从古代送入现代的历史意义，那么这样的革命，其影响应该长期不可逆，而非转瞬即逝；应该波及世界各个角落，而非仅限于某一地区；应该改变了人类生活的各方面，而非仅限于经济、建筑、医疗、技术、文化、艺术、宗教、法律的某方面。按照这三方面的要求，上面所列中绝大多数革命都可以被排除，唯一不能排除的是"生产力革命"，因为它们普遍具备上述特征。而在生产力革命中，我们知道工业革命是符合要求的，它在时间上不断深化、在地域上不断扩散、在层次上塑造了现代生活的各个层面。于是，问题就变为：人类历史上究竟发生过几次根本性的生产力飞跃？

答案是，少之又少，还越来越少。

● 一次革命说

在上学时，我们就都听说过生产力三次跨越的说法。支持三次生产力革命说的学者包括科学史家贝尔纳，[5-1]麦克莱伦三世，[5-2]人口学家迪维、[5-3]哈丁[5-4]等。

第一次，旧石器革命。在距今约两百万到一万两千年间，石器与火被发明并完善了。这一波生产力进步意义非凡：它让人类在自然竞争中生存了下来，走出非洲，占据了世界的各个角落。

第二次，新石器—农业—城邦革命。在距今一万两千年前，出现了各种"非典型性石器"，进而出现了农业与畜牧业，接着出现了帝国、城市、文字、巨大的建筑。这一波生产力进步也意义非凡：它让人类完成了从移动到定居的转换，发生在亚、非、欧、美洲大陆，从而奠定了数千年古代文明的基础。作为其高峰的农业革命，常常被用作整体的代名词。

第三次，工业革命。在距今两百年前的第一次工业革命中，机器动力取代了人力，机器操作取代了人的操作。这一波生产力进步带来了工业化、城镇化、科技化，让人类的生活与地球的面貌为之一变，甚至面临被毁灭的危险，显然，它直接影响到我们每一个人。

如果严格审核上面名单的话，旧石器革命可能存疑，原因涉及"人"的定义。如果将制造工具视为人类的重要特征，那么石器和火的使用是早期人类活动的一部分，但不是现代意义上的"技术革命"，因为这属于人类进化过程中的基础能力。如果按照另一种定义，以二十万年前出现的智人为现代人类的直接祖先，那么在此之前出现的石器和火应归于现代人类的原始祖先的行为，而非现代人类的技术创新。不管依据哪种理由，从三次革命中删除掉旧石器革命后，就只剩下了新石器—农业—城邦革命与工业革命。支持两次生产力革命说的学者包括史学家汤恩比[5-5]、史学家帕尔默、[5-6]城市学家戴维·克拉克等。[5-7]

近年来，新石器—农业—城邦革命又被质疑，理由是，与原始社会相比，定居生活未必更好、效率也未必更高。

人类学家马歇尔·萨林斯提出了"原始富足社会"的说法。原始人在最初进入一个地区时，往往经过一段食物充裕的日子。这点可以从对尚存的原始部落的观察中得到印证：今天非洲及亚马逊的部落，在气候好的年景、生态多样的地区，只需要每周打猎几次、每次3到5小时就够生活，其他时间都在休闲或睡觉。十八世纪的欧洲人到达太平洋的大溪地岛时，也发现那里的土著们大多数时间都在享受阳光与睡眠，饿了吃椰子、水果、鱼类、龟类等，只要资源充足，生产效率并不低。[5-8]

仅仅当容易获得的猎物或果实消耗完后，原始部落才面临生存压力。农业生活就是在这样的压力下开始的，它具有更强的抗灾能力，但土地的限制造成人均生产率提升有限，而聚集中的疾病与瘟疫也让健康与寿命改善有限；更不用说劳动单调而繁重，原始的乐趣不见了。基于此，有学者宣布，从原始生活到定居生活的转变是"人类历史上最大的错误"。[5-9]但公平地讲，在最高值与积累值上，古代文明还是要胜出原始时代很多的。只是在平均值上，原始与古代文明的财富与技术水平都低。不管怎样，"胜出"不彻底，彻底胜出要等到工业革命。经济学家克拉克写道，"人类历史上只发生了一件事，那就是工业革命"[5-10]。奇波拉、莫里斯、芒图、兰德斯、霍布斯鲍姆、汤因比[5-11]等均持有类似的观点。本书前面对古代与现代发展模式的对比也支持该观点。

● 什么发生了革命？

好，工业革命是从古代到现代在物质层面的唯一转折，该如何描述该转折的关键呢？

首先要排除的是"人种革命"的可能性。即古代人变为了现代人，所以不奇怪，古代进入了现代。人种改变可以便捷地解释工业革命乃至任何历史事件，但与事实不符：原始人、古人和现代人都属于同一物种；在人类出现的这段时间内，没有足够的时间产生新的变种。今天，如此明目张胆的种族主义已经很少见。如果把人口质量定义为生育习惯，这稍微含蓄些，但仍然难免引发种族主义的联想。如果把人口质量定义为教育水平，这更含蓄些，但那是从第二次工业革命开始的事，因而很难解释第一次工业革命的发生。[5-12] 总之，人没变，这是本书的原点！

接下来，让我们判断下被用于描述工业革命的各种关键词：技术的生产、使用、储存、进步；财富的生产、使用、储存、增长；以及动力、机器、金融、劳动生产率增加、人口增长、雇佣关系、新能源、新材料、金融化、消费化、城镇化、产业化、科技化、工业化、现代化、全球化、大分流等等。要判断算不算"工业革命的核心"，就要看它们是否与工业革命在时间与机制上完全吻合。

在时间上，可以先排除工业革命后才出现的因素，如新能源、新材料、金融化、消费化、城镇化、产业化、科技化、工业化、现代化、全球化、大分流等，它们顶多算工业革命的结果，而非本身。此外，还可以排除在工业革命前很早就出现的因素，如地理、生态、气候、人性、财富、技术、财富积累、技术进步、消费、交换、生产力、生产、发明、能源、贸易、动力、机器、金融、劳动生产率增加、人口增长、雇佣关系等，它们顶多算工业革命的原因，而非本身。[5-13][5-14]

在排除了时间上不符合要求的关键词后，剩下的、与工业革命大致同时的关键词包括：工厂制度、动力机械、财富增长、技术进步。在进一步严格审核下，前两项与工业革命在时间与机制上都不完全吻合。蒸汽机在时间上与内容上为第一次工业革命所包括（见下一部分），它们更像一短一长的两条平行线。而工厂制度在时间跨度上比第一次工业革命长，【5-15】在内容上又比第一次工业革命窄，它们又像一长一短的两条平行线。

在排除上述后，我们就回到前面提到的财富的"空前"增长与技术的"空前"进步。但这里似乎包含了两个要素，而我们要找的是"唯一"的核心。那么，到底是技术进步更关键，还是财富增长更关键？历史告诉我们：随着18世纪工业革命的爆发，技术的空前进步，带动了财富的空前增长，从而走出了技术与财富的低水平波动模式。这意味着，技术进步是因，财富增长是果。【5-16】

世界重大发明统计图

世界重大发明统计表

时间	发明数量	时间	发明数量	时间	发明数量
一百万年到两百万年前	2	前200-前300年	8	900-1000年	4
二十万年到一百万年前	3	前100-前200	2	1000-1100年	5
一万年到二十万年前	14	前100到0年	1	1100-1200年	2
前6000-一万年前	14	0-100年	6	1200-1300年	8
前8000-前6000年	4	100-200年	1	1300-1400年	2
前6000到前4000年	5	200-300年	1	1400-1500年	6
前6000-前3000年	16	300-400年	0	1500-1600年	12
前3000年到前2000年	26	400-500年	2	1600-1700年	18
前2000年到前1500年	9	500-600年	2	1700-1800年	64
前1500-前1000年	7	600-700年	1	1800-1900年	268
前1000-前400年	4	700-800年	1	1900-2000年	451
前300-400年	7	800-900年	2		

图表具体发明数据来自:杰克.查罗讷主编.改变世界的1001项发明[M]张芳芳,曲雯雯译.北京:中央编译出版社,2014.6.

世界范围的"重大发明出现频率"示意图。（根据改变世界的1001项发明统计）

这样我们就找到了古、今转折的关键、工业革命的核心：重大发明的"空前"涌现。

需要说明的是，这部分只是为了履行"立案"义务，破案还没开始呢。既然仅仅属于履行义务，那也不奇怪，上述答案虽然从众多学科答案中筛选出来，但也算不上石破天惊，因为起码在经济学中，新古典学派就一直以技术进步增速为工业革命的核心。[5-17][5-18][5-19]如果说这部分的回答略有不同，就是我们将技术进步聚焦为新发明，进而聚焦为重大发明的出现。在经济学意义上，"技术进步"包含旧技术的推广及新发明的出现，但对工业革命的历史分析，这样的综合将造成误导，因为如果仅仅靠出现某个技术然后推广与普及，那么就会像河流没有水源补充而走向枯竭；[5-20]反之，只有重大发明的"空前"涌现，才能解释工业革命的洪流滚滚，乃至其持续、加速、转向。[5-21]

那我们能不能把"重大发明的涌现"当作工业革命发生的直接原因呢？不能。类似的说法还有技术持续进步、财富持续增长等，它们在时间和机制上与工业革命吻合，而一个事情不能作为自身的原因。否则就好像在说：技术进步是技术进步的原因，财富积累是财富积累的原因，重大发明的涌现是重大发明涌现的原因，都属于同义反复的错误。我们必须另找原因：是什么促成了工业革命中"重大发明的涌现"？

【5-1】约翰·德斯蒙德·贝尔纳. 历史上的科学：卷一：科学萌芽期[M]. 伍况甫, 彭家礼, 译. 北京：科学出版社, 2015：60. 将火、农业与动力称为人类历史上的三大发明。

【5-2】麦克莱伦第三的《世界科学技术通史》称新石器革命、城邦革命与工业革命为"三次跨越"。

【5-3】朱利安·林肯·西蒙. 没有极限的增长[M]. 黄江南, 朱嘉明, 译. 成都：四川人民出版社, 1985：135.

【5-4】加勒特·哈丁. 生活在极限之内：生态学、经济学和人口禁忌[M]. 戴星翼, 张真, 译. 上海：上海译文出版社, 2001：152. 图12-2. 135. 图10-1.

【5-5】阿诺德·汤因比. 历史研究[M]. 郭小凌, 王皖强, 杜庭广, 等, 译. 上海：上海人民出版社, 2016：28. 40.

【5-6】R. R. 帕尔默，乔·科尔顿，劳埃德·克莱默. 工业革命：变革世界的引擎[M]. 苏中友，周鸿临，范丽萍，译. 北京：世界图书出版公司，2010：1.

【5-7】戴维·克拉克的《城市地理》，转引自《欧洲的城市化》，"城市发展的过程经过了两次主要的变奏。第一次是农业（即新石器）革命，约公元前五千年发生在近东和中东，并且诞生了清晰可辨的城市。第二次是工业革命，发生在18世纪后期的英国，并推动了大都市的发展。简·德·弗里斯. 欧洲的城市化：1500—1800[M]. 朱明，译. 北京：商务印书馆，2014：6.

【5-8】参考A、马歇尔·萨林斯. 石器时代经济学[M]. 张经纬，郑少雄，张帆，译. 北京：生活·读书·新知三联书店，2019：7.
B、尤瓦尔·赫拉利. 人类简史：从动物到上帝[M]. 林俊宏，译. 北京：中信出版社，2017：49.
C、格里高利·克拉克. 告别施舍：世界经济简史[M]. 洪世民，译. 桂林：广西师范大学出版社，2020：1. 3.

【5-9】参考A、尤瓦尔·赫拉利. 人类简史：从动物到上帝[M]. 林俊宏，译. 北京：中信出版社，2017：77. 83.
B、格里高利·克拉克. 告别施舍：世界经济简史[M]. 洪世民，译. 桂林：广西师范大学出版社，2020：39.

【5-10】格里高利·克拉克. 告别施舍：世界经济简史[M]. 洪世民，译. 桂林：广西师范大学出版社，2020：2.

【5-11】A、卡洛·奇波拉称工业革命为"人类在新石器时代过上定居生活后的最大转折"。
B、伊恩·莫里斯. 人类的演变：采集者、农夫与大工业时代[M]. 马睿，译. 北京：中信出版社，2016：109.
C、保尔·芒图. 十八世纪产业革命：英国近代大工业初期的概况[M]. 杨人楩，陈希秦，吴绪，译. 北京：商务印书馆，1997：9.
D、T. S. 阿什顿. 工业革命：1760—1830[M]. 李冠杰，译. 上海：上海人民出版社，2020：66. "在其他任何时代或者其他任何地方都很难找到与之相比拟的事物。"
E、霍布斯鲍姆："工业革命标志着有文献记载的世界历史中人类生活的最根本的转变。" 埃里克·霍布斯鲍姆. 工业与帝国：英国的现代化历程[M]. 2版. 梅俊杰，译. 北京：中央编译出版社，2017：3.
F、阿诺德·汤因比. 历史研究[M]. 郭小凌，王皖强，杜庭广，等，译. 上海：上海人民出版社，2016：28. 40.

【5-12】A、主张欧洲生育独特模式的克拉克教授自己也承认："欧美人口转型的时间大约是1890年，也就是传统认定的工业革命发生年代的120年后"。格里高利·克拉克. 告别施舍：世界经济简史[M]. 洪世民，译. 桂林：广西师范大学出版社，2020：210. 另见第六章"富者生存"及第九章"现代人的出现"。
B、O. 盖勒. 统一增长理论[M]. 杨斌，译. 北京：中国人民大学出版社，2017：28. 主张人口质量说的盖勒自己也承认："在工业化的第一阶段，人力资本在生产过程中的作用是有限

的。""工业规划第二阶段的特点是,人力资本在生产过程中的相对重要性逐步上升。"

【5-13】海尔布隆纳.经济学统治世界[M].唐欣伟,译.长沙:湖南人民出版社,2013:13.经济学家海尔布隆纳曾说"利益是一个现代概念"。但这句话只是相对于欧洲中世纪基督教对利益的压制而言有效,近代欧洲复兴了人性中对利益的渴望。而在更广的视野下对比的话,"利益"的概念伴随着人脑就出现了,在人类历史的大多数时间、大多数地区中,利益都是被追逐的对象,如果这样的普遍因素能算工业革命核心的话,那么工业革命早就完成了。

【5-14】在《科学与现代世界》中,科学史家怀特海有名言,"工业革命最重要的发明就是发明本身"。但这句话起码不准确,因为我们祖先从树上下来之后就开始了发明;古代社会也出现过短暂的发明潮;如果把它们算工业革命的核心,那工业革命也早就发生了。

【5-15】工厂制度长于工业革命的时间,请参考:

A、克拉潘.现代英国经济史:上卷第1分册[M].姚曾廙,译.北京:商务印书馆,1977:188.189.

B、乔尔·莫基尔.富裕的杠杆:技术革新与经济进步[M].陈小白,译.北京:华夏出版社,2008:124.

C.杰克·戈德斯通.为什么是欧洲?世界史视角下的西方崛起(1500-1850)[M].关永强,译.杭州:浙江大学出版社,2010:132.

【5-16】关于技术进步与财富增长的因果分析,可参考下面的论述:

A.经济学家布莱恩·阿瑟指出,"科学不仅利用技术,而且是从技术当中构建自身的。"布莱恩·阿瑟.技术的本质:技术是什么,它是如何进化的[M].曹东溟,王健,译.杭州:浙江人民出版社.2018:67.

B. T. S. 阿什顿.工业革命:1760—1830[M].李冠杰,译.上海:上海人民出版社,2020:104. "没有发明创造,工业可能会继续慢速前行——企业变得更大、贸易更广、分工更细以及交通和财政更加专业和高效——但不会出现工业革命"。

C.乔尔·莫基尔.富裕的杠杆:技术革新与经济进步[M].陈小白,译.北京:华夏出版社,2008:163. "技术变革不是由经济增长引起的,相反,技术变革引起了经济增长。假若没有技术变革,那么其他形式的经济进步最终将搁浅,陷于停顿。""技术自身就足以支撑持续的增长,因为技术本身没有陷入报酬递减的处境"。

【5-17】可参考A、杰克·戈德斯通.为什么是欧洲?世界史视角下的西方崛起(1500-1850)[M].关永强,译.杭州:浙江大学出版社,2010:21.

B、道格拉斯·C.诺思.经济史上的结构和变革[M].厉以平,译.北京:商务印书馆,1992:188.

C、罗伯特·C.艾伦.全球经济史[M].陆赟,译.南京:译林出版社,2015:117.130.通过考证南美等地区早期工业化失败的例子,反证了"速度"的必要性:如果技术进步无法增加足够就业岗位,人口就得不到充分就业,工资就停留在较低水平,那仍然脱离不了马尔萨斯陷阱。

【5-18】一个必须提及的观点来自克拉克教授。他在著作中论述了工业革命是人类历史的唯一转折、技术进步速度是转折的关键,这是作者完全认同的部分。而不同则在于以下两点。首先,关于技术进步的速度,克拉克教授定义它为单位土地上能养活人口的数量,显然,包

含了新技术与旧技术的成果总和。按照这样的定义，明清中国的土地由于引进作物及精耕细作使得单位土地养活的人口数量很高，可以算技术进步速度很快，理应发生工业革命，但实际上并未发生，这证明定义不清带来的混淆。其次，关于"技术进步速度"背后的原因，克拉克教授认为，是欧洲独特的生育习惯促成了"新人类"的出现，所以让技术进步速度加速/工业革命发生了。这点作者坚决反对：人种没变，这是本书的立足点，也是迄今为止生物学确认的事实。

格里高利·克拉克. 告别施舍：世界经济简史[M]. 洪世民，译. 桂林：广西师范大学出版社，2020：6. 7. 241.

"富者生存"导致了"现代人的出现"。"一如人类塑造经济，前工业革命的经济也在塑造人类，至少文化是如此，说不定基因方面亦然"。"人口的特征通过达尔文的物竞天择不断变迁。英国能成为先驱是因为它漫长、和平的历史至少可溯自公元1200年甚至更早以前。中产阶级文化已通过生物机制传播到社会每一个角落"。

【5-19】另一个值得提及的观点来自林毅夫教授。他明确指出了工业革命的核心在于技术进步的速度，并且同时回答了工业革命为何发生与为何没发生的原因，这样的判断作者基本认同。但关于"为何发生"与"为何没发生"的原因，林教授的解释是，古代中国人多、试错多，所以发明多，所以古代中国早期技术领先；而在科学革命发生后，科学知识突破了认知瓶颈，科学实验提高了实践效率，这些都消解了古代人数的优势，于是工业革命出现在西方。"17世纪科学革命后，技术发明由经验型转变为实验型，科学和技术的能力能更好的结合，欧洲的不利条件再次扭转了过来"。（制度、技术与中国农业发展，上海三联书店、上海人民出版社，1992出版）对这样的解释作者表示质疑，一是关于科学的作用，科学在第二次工业革命后逐渐成为改变世界的力量，因而无法解释之前发生的第一次工业革命。二是关于人口的作用，如果按照林教授的理论，人多发明也多的话，那么明清的人口爆炸性地增长，按照理论，发明的数量应该爆炸性增长才对，但事实正好相反，明清的重大发明不仅停滞，甚至比人口更少的汉、宋都倒退。

【5-20】作为不能以单位土地养活人数来代表技术水平的反证：不管在1500年，还是1800年，中国、印度、奥斯曼帝国也是欧洲的几倍乃至几十倍，那么如果按照单位土地面积养活的人数来对应总的技术水平的话，将意味着即使在工业革命发生后，中国、印度、奥斯曼帝国的"技术水平"也是欧洲的几十倍，那么工业革命根本谈不上发生过，这是说不通的。关于1500年和1800年欧亚大陆各主要体系每平方公里的人口密度，参见：埃里克·琼斯. 欧洲奇迹：欧亚史中的环境、经济和地缘政治[M]. 陈小白，译. 北京：华夏出版社，2015：186. 表21.

【5-21】屈勒味林. 英国史：下[M]. 钱端升，译. 北京：东方出版社，2012：682. "在工业革命以前，经济及社会的变迁固然也是有进无已，但它的进行好比一缓缓流动的河流；到了瓦特及斯蒂芬孙时，它好比堤水闸旁边之水，滔滔下泻，令观察者深感不宁。它至今仍是瀑布。"

第二部分 | 俗人 —— 什么引发了革命？

我曾经看过何祚庥院士的一个视频，他抱怨说自己用的助听器都是进口的、质疑为什么看似如此简单的东西我们自己造不出来？其实类似的例子不胜枚举，医疗器械、科学仪器、发动机、圆珠笔芯的轴承等都看似传统，但仍然依赖进口。本人从事工业近三十年，或许可以回答何院士的困惑。

人们往往错误地指责中国科学，但上述所列的这些东西之所以看似传统，恰恰因为它们在原理上是清楚的；如果症结在原理的话，那么中国科学院那么多优秀的院士，早就造出来了，而"造不造得出来"的关键，只有很小部分在于原理，大部分在于工艺（knowhow）。

又是什么限制了我们的工艺呢？人们又往往指责别人的专利保护，但其实，只要时间允许，我们可以等到别人专利期过去，更可以自己申请新专利嘛。如果症结在专利的话，中国工程院那么多院士，也早就解决了。

何老在视频中提醒我们要重视科学与专利，这当然是好意。但确确实实地讲，听诊器、圆珠笔芯轴承、医疗器械、科学仪器、发动机等的症结主要不在科学或专利，而在于现代技术的"系统"特性，它已经不再是单一的技术点，而变为无数技术点的叠加：材料、工艺、设备、生产、质检、包装、安全、营销，甚至，还包括整个社会对工业、精品的认可。如果没有这些基础的话，即使开放专利，即使原理清清楚楚，你也未必做得出来，起码做得不那么精、不那么可靠、不那么畅销。

系统就让人急不得了：伟大的牛顿三定律几堂课就可以学会，我搞过不少发明专利一两年就都批准了，但"系统"需要时间：完善一个元器件需要上下游行业的配合；完善整个供应链需要经年累月的积累；加起来，需要众多人、数代人的努力。最能说明这点的，莫过于工业革命中的重大发明，因为现代技术的系统性特征，正是那时开始的。

第六章　工业革命背后不止一条线

在福尔摩斯的破案中，他确定了死亡的性质——不是意外，不是自杀，而是谋杀；在案件成立后，下面就该破案了：谁干的、怎么干的？类似地，在对历史悬疑案件——工业革命——的破解中，我们已经确定了其核心在于重大发明的空前涌现，下面就可以追问其背后的原因了。因此，在这部分中，我们会将镜头拉近，微观审视下工业革命发生的过程，在众多有利因素中，哪个才与"重大发明的全面空前"最直接相关？最直接不仅意味着时间上接近，而且意味着机制上"有它则有工业革命发生，没它则没工业革命发生"。找到了这样的因素，我们就找到了工业革命的短期促成因素。

● 工业革命的N条线

让我们来回顾下所谓"空前"：

爆发：在1760年到1830年这短短几十年间，英国涌现出大量革命性的新能源、新设备、新工艺、新的组织形式、新的市场推广方式；

持续：第一次工业革命中的技术浪潮从18世纪中叶开始，持续到19世纪，并影响至今；

转向：第一次工业革命中的动力机械热潮，到第二次工业革命转变到电力、化工、材料等完全不同的领域；今天又转移到互联网、生物技术、航天技术、互联网革命、纳米技术、人工智能等全新领域……

加速：一个领域的发明随着时间逐渐下降，但其他领域的发明却源源不断地填补上来，于是，总的发明浪潮不仅没有减缓，还越来越快。

这些都与古代的重大发明偶尔出现、时常中断、后继乏力形成了鲜明对比，所以形容为"空前",更确切地讲是"全面空前"。

要解释工业革命来势汹汹,最直观的入手点是"行业面":在第一次工业革命中同时起飞的不是某一行业,而是各行各业。我数了数,有农业、工厂制度、煤矿、冶金、机械、纺织、铁路、建筑、食品加工、军事等十一条线。技术的话题显得生疏,法国《百科全书》的作者狄德罗写道:"科学方面写得太多了,文艺方面写得很少,技术方面几乎没有。"但好在,本书的关注点并不在技术本身,而在于其背后的历史脉络,尤其"人"的脉络。

1 农业线

奇波拉指出,"工业革命首先是一场真正的农业革命"。[6-1]

在今天看来,农业与工业,农村与城市,不是无关,就是平行。但在英国的农业改革与工业革命中,它们是紧密互动的。英国农业改革先行,使英国农村发生了巨大变化,并为工业化奠定了粮食、劳动力和土地的基础,从1500年至1750年间,英国的农业产量在逐渐增加,人均生产率达到了法国的两倍,德国、瑞典、俄国的三倍。[6-2]反过来,在工业革命发生后,新兴的工业技术又推进了农业生产继续向前,机械条播机、脱粒机、收割机……到今天,农场使用的杀虫剂、拖拉机、化肥等工具和物资,农民享用的冰箱、彩电、手机等商品,乃至水、电、气、网络,都离不开工业。即使自称"纯农业"的国家也如此,这个概念就像"纯自然"那样灭绝了。[6-3]

在农业、工业互动的大潮中,所有人在一定程度上都参与了,因为都要为自己的生计做出选择。并且,所有人在一定程度上都受益了,因为古代挥之不去的饥荒威胁,从农业工业化后的英格兰岛消失了!正是基于这样的次序与意义,本书把农业列为英国工业革命中的第一条线。

2 工厂制度

"这些流程也都同时进行,一个流程赶着另一个流程。所有这些操作,都是由安放在厂房里的发动机提供动力,其所需的是源源不断的水和燃料,一天的运转所产生的动力,可能与100匹马的力量相当"。[6-4]

在农业改革启动后、工业革命前,英国已经出现了以市场为导向的大工厂。到工业革命早期,达比的冶金厂启动了生产车间管理制度,被誉为现代工厂的雏形;韦奇伍德的瓷器厂实现了生产、运输、销售、广告,被誉为现代工厂"一体化"的雏形;阿克莱特的纺织厂率先引入蒸汽机,被誉为第一座动力机械驱动的现代工厂。在工业革命后,工厂制度仍然在完善,比如流水线、精益管理等,是20世纪流行起来的,而3D打印、人工智能等,则成为最新趋势。显然,工厂制度的完善是比工业革命更漫长的一个过程,但在内容上仅仅是后者的一个方面。

3 运河、公路与瓷器

到1750年,英国建成收费公路3400英里,在此后的80年间,猛增到22000英里。[6-5]

俗话说"要想富,先修路",工业革命是例证之一。由于煤、铁、机械等各行各业都依赖于交通运输,假如运输成本过高,生产成本再低,总成本也将难以接受,因此可以想象,英国交通网络的起飞先行于其他行业。而英国交通网络先行的很大促成因素又与瓷器行业有关——我理解,它们听起来风马牛不相及,但在英国工业革命的早期,的确彼此相关。

英国的运河与公路运输的网络形成得很早,在工业革命前,内陆运河就已达约1000英里,在工业革命中,更增加约三倍。[6-6]之后,英国还向海外输出运河技术,如1859年启动的苏伊士运河就是基于英国的技术。

与运河同步的是公路。在1688年英国光荣革命后,议会批准了兴建收费公路的方式,即私人出资、出力、规划修路,政府负责审批及监督,私人再通过收取过路费来收回投资。道路建设技术本身也有创新,在第一次工业革命中,约翰·马卡丹(John McAdam)发明了用碎石子作为底层、以沥青铺设表面的筑路方法，大大加速了道路建设的速度。该方法今天依然有效。

运河与公路的改善对所有行业都有益，在煤、铁之外，还有一个行业尤为热心，那就是瓷器行业。它不仅关心运费，还关心破损：费心费力生产出的瓷器，如果在路途颠簸中破碎一半，就等于成本上升一倍。说到瓷器的来源，英文中的"China"指的是瓷器，这表明瓷器最早是从中国进口到欧洲的，但在18世纪初，欧洲兴起一股"本土替代进口"的热潮，萨克森国王命令炼金术师破解了中国瓷器的配方：主要是用耐高温的高岭土和易熔的瓷石等原料，混合后在1300摄氏度左右烧制而成。技术层面突破了，但消费层面没改变：国王授权迈森瓷器厂（Meissen）为宫廷生产，由于批量小，瓷器的价格远超过普通家庭的承受力。

1759年，英国人韦奇伍德（Josiah Wedgwood）建立了第一个以市场为目标的瓷器厂。此人技工出身，只具有基础文化水平，却从欧洲大陆引进了瓷器技术。他将生产分解到不同车间，如混合车间、烧结车间、包装车间等，又将每个车间分为不同的工种，如操作工种、搅拌工种、检验工种等，由此形成了现代车间管理的雏形。而现代工厂的雏形带来了品质管理及批量生产的优势，让韦奇伍德工厂的瓷器成本降低很多、品质稳定很多。此外，韦奇伍德还启动了类似今天市场营销的攻势：宣传自己为王室的供应商，产品配以高档的乳白色、承诺包退换、免费运输等服务，这些都对市民阶层产生了极大的吸引力。瓷器的餐具与茶具进入民众家庭，演变为一个巨大产业，这就好像计算机最早为商业与政府专用，在变为个人用品后用量成倍上升。

随着韦奇伍德的生意越做越大，他开始游说议会，希望参照建自费公路的办法修建自费运河。在获得批准后，韦奇伍德自己掏钱开凿了很多运河。与在陆地上用马车运输瓷器的方式相比，运河中的货船更平稳、载重量也更高，提升了韦奇伍德工厂的效益，回过头来，韦奇伍德又用赚来的钱兴建了更多的运河与公路，并带动许多人效仿。就这样，英国瓷器业的兴盛促进了运河及公路的兴建。

英国运河、公路、瓷器发展的背后又牵涉到所有人，因为韦奇伍德既不是瓷器行业的唯一人物，更不负责交通运输部门；在议会体制下，所有交通的议案必须在一定的社会共识下形成，因此必须是一个大众参与的过程。

4　煤矿线

"矿物燃料改变了这一切"。——麦克尼尔《全球史》

"有了煤，什么样的壮举都能完成，甚至能轻松完成；没有煤，我们就会被抛回早前时代的艰辛贫困当中"。——英国早期经济学家斯坦利·杰文斯

煤炭是第一次工业革命的主要能源，因此不奇怪，煤矿行业也早于众多行业就起飞了。但话说回来，古人很早就知道煤的存在及价值，为什么煤矿行业没能更早起飞呢？

欧洲的希腊人、罗马人以及亚洲的中国人很早就知道煤炭产生的热量比木材更高，便于运输且易于储存。并且，随着森林砍伐引发的木材短缺，人们用煤炭替代木材的冲动更强烈，但难度在于，煤炭在燃烧中会释放出硫的刺鼻气味，这让家庭与制造业都难以接受。

到了大海航行的时代，战舰需要大量的木头。据统计，建造一艘木质战舰需要四千棵橡树，还需要大量的铁制品，炼每吨铁需要十英亩的林木。这些都让用煤炭取代木材的愿望变得更强烈，但煤炭的味道与污染仍然阻碍着应用。

在12世纪的欧洲大陆上，烟囱出现在家庭建筑中，隔绝了烟气的污染。这种新型建筑方式为家庭用煤打开了大门，并逐渐扩散到其他地区。到18世纪，英国在新建房屋中普及了壁炉与烟囱设计。此后，新建房屋中的英国家庭都开始用煤来作为取暖和烧饭的能源，在工业革命前，英国民用煤量就已经达到300万吨/年。【6-7】

在家庭成了用煤大户后，工业用煤的方法还没解决。早期用煤行业仅限于对硫污染容忍度高的制砖、石灰等，真正的"烧柴大户"如炼铁、炼钢、酿酒、食品、纺织、玻璃、肥皂、印染、炼糖、海水煮盐等行业，则忌惮煤炭带来的污染。直到1709年，亚伯拉罕·达比（Abraham Darby）经大量摸索后解决了这个难题，方法是先将煤炭"半燃烧"除硫，产生的半成品既坚韧又清洁，被称为

"焦炭"。焦炭再燃烧，就可以满足原先对产品清洁度要求高的场合，让制造业超过了民用成为煤炭的最大用户，并且同样适合民用。可以说，焦炭的发明彻底解决了用煤障碍。

煤炭的使用量增加了，煤炭的供给量就成为瓶颈了。原本英国的煤矿资源丰富，丰富到露天可见、海边就能捡的地步，只有当距离地表、距离城市近的煤矿都被挖完后，才需要往地下挖煤。因此，英国的地下采矿业开始较晚，但当越挖越深、越挖越远时，就遇到把井下的矿石与积水运出来的难题。今天我们很少想到这点，因为有自来水、电梯，但想象下拎两桶水上十层楼，或拉一游泳池的水到山顶，累不累、难不难？"在沃里克郡的一个煤矿，500匹马同时上阵，才能从井下一桶桶地将水汲出"。[6-8]最早的煤矿业只能靠人力或马车把井底的矿石与水运到井口，后来出现了木轨的帮助。到工业革命早期，铁轨取代了木轨。到蒸汽机出现后，蒸汽机又取代了人及马匹。这些都极大提升了采煤效率，让英国深层煤矿被源源不断地开采出来，再通过运河、公路、铁路等被运往各地，作为工业与民用的能源。

据统计，英国的煤产量在1700年大约250万吨，1750年475万吨，1800年1000万吨，1829年变为1600万吨，1850年5000万吨，1870年为一亿两千八百万吨。相比之下，1800年法国的煤产量只有70万吨。[6-9]

5 冶金线

"英国的历史就是金属的历史"。——L Aitchison（A history of metal）

钢铁是第一次工业革命中的基础材料，因此不奇怪，冶金业的起飞在第一次工业革命中也是靠前的。但话说回来，人类从很早起就开始使用金属了，为什么"钢铁世界"姗姗来迟呢？

如果简单回顾下人类开发金属材料的历史就会发现，最早提炼出的金、银、铜等容易冶炼，但用作工具太软。后来出现了青铜，硬度高，但贵到无法普及。到了公元前一千年之后，欧亚大陆上出现了铁，矿石丰富、成品坚硬，可以被用作武器与农具,满足了农业文明中的两项基本需求,因此,之后的古代世界被称为"铁器时代"。

以今天的化学知识我们知道,根据碳含量不同,铁材料可分为三大类:碳含量2%以上的叫铸铁,0.02%到2%之间的叫钢,0.02%之下的叫熟铁(JIS标准)。铁器时代的铁材料主要是铸铁,即三种材料中纯度最低的一种。除了纯度低,铸铁制作在古代也很粗糙,通常在"铁匠铺"中打铁成型;即便用模具浇注成型,模具本身的精度就不高,但铸铁时代持续了那么久,原因在于它最容易取得,反之,软铁和钢的纯度高,对冶炼温度及工艺控制的要求也更高。

这就又回到达比发明焦炭的意义:它让铸造过程免除硫污染;焦炭的蜂窝形状提高了燃烧面积,达比又用鼓风炉的风力提升了燃烧速度,在更高的温度下,更纯的新材料成为可能。1742年,亨茨曼(B. Huntsman),一名钟表匠,用"坩埚法"炼出高纯度的钢,钢的抗腐蚀性能比铸铁好、应用范围更广,德国的克虏伯公司的钢铁大炮就是其典型应用。1784年,科特(Henry Fort),一名前海军财务人员,用"搅炼法"炼出软铁,软铁的抗脆裂性比铸铁好,扩大了铁材料的应用范围,法国的埃菲尔铁塔常常被宣传为其成功应用。进而,新式金属加工机械的出现,让铸铁的加工与模具精度都得到前所未有的控制。

多品种、高质量的新金属材料为蒸汽机、火车、铁路、轮船等奠定了机械基础,反过来,蒸汽机、火车、铁路、轮船的出现又提高了金属用量,甚至提升了冶金技术本身:比如,冶金厂的鼓风机原来靠河水推动,常常有半年时间因水位不足而停产,有了蒸汽动力后,就可以全年运行。

在供给与需求交替上升中,英国冶金业发展迅猛。1740年,英国仅仅生产1.7万吨铁,远远低于当时中国及法国且是净进口国;到1852年,英国铁产量提高到270万吨,占当时世界总产量的一半以上。[6-10]

6 机械线

"如果用任何简明扼要的词来形容我们的时代,我们将乐于把它叫作机械时

代"。——托马斯·卡莱尔

"18世纪末英国突然出现的创新大爆炸,既是机械化的起因,也是结果"。【6-11】

提到机器,我们脑海里浮现的都是金属,但其实古代帝国的水车、风车、马车、云梯、投石机、纺织机等都是木质的。"中世纪是个木质的世界"。【6-12】古人已经知道铁制品在硬度与精度上都更好,为什么不用金属来制造机械呢?除了"铁重"的刻板印象外,更大的难度在于加工:试想给你块木头,用刀就可以刻出个齿轮,但给你个铁块,则很难捶打出精密的形状。

这两方面的突破都与一个叫威尔金森(John Wilkinson)的人有关。当时人称他为"铁疯子",因为他疯狂地开发出铁的各种应用,铁椅子、铁水管、铁棺材、铁船等,极大地拓展了人们的想象力。比如铁船,它比水不知道重多少倍,却居然能浮在水上,这在之前被认为是不可思议的事,而威尔金森演示成功了。再如铁桥,它那么重,居然屹立不倒,还没造成山体塌陷,这也被认为是不可思议之事,而威尔金森与达比的孙子合作建成了位于英国煤溪谷的世界上首座铸铁桥。

除了让人们看到了铁制品的潜能,威尔金森还发明了一系列金属加工机械:控制金属板厚度的轧辊机,在金属上打孔的钻孔机,把金属管件加工出内圆的镗床。最后一项技术尤为重要,其原理是先将金属铸造成一个实心圆柱,然后从内部挖空。威尔金森用镗床技术来提升炮筒内壁的精度、让炮筒内壁与炮弹密切贴合,保障了炮弹的直线快速飞出,解决了军事上的难题。很快,瓦特又用镗床技术来提高蒸汽机汽缸的精度,提升了蒸汽机的效率,解决了蒸汽的泄漏问题。今天,镗床仍然是现代工厂中的标准配置。

出身于普通铁匠家庭的威尔金森,却做出了如此之大的贡献。在他的榜样带动下,越来越多的工匠开始发明加工机械:亨利·莫兹利(Henry Maudslay),一名工头,发明了用于加工机械螺纹的精密金属车床。惠特尼、罗伯特、福克斯、克莱门特、史密斯等众多人员参与了刨床的发明与改进。詹姆斯·纳斯米斯

（James Nasmyth）根据瓦特蒸汽机的原理制作了蒸汽锤，冲压模具就可以把金属压制出各种形状，这是现代压机的雏形。现代金属加工业就这样开始了。

现代金属加工业让金属材料可以被加工为任何形状。著名史学家许倬云曾感慨道："在欧洲整个机械发展史上，有一个东西——螺丝钉——为中国所无。而这小小的螺丝钉，却可决定我们的火力，武器的发展与否"。[6-13] 其实，它的雏形在中世纪就存在，只是木质的、不结实、不精确罢了。在工业革命中，冶金业提升了铁材料的品质、降低了成本，而金属加工业的铁制车床可以加工外螺纹、铁制钻机可以加工内螺纹，这样加工出的螺丝钉精密且坚固。今天"螺纹连接"保障了现代工厂的安全；微小而伟大的发明就是这么产生的！

金属制品精密且坚固的特点，还带来了标准化的优势。标准化便于批量生产、降低生产成本，还便于零件互换、降低维修成本。依照这样的逻辑，曼彻斯特的军火商惠特沃斯（Joseph Whitworth）倡议，将不同企业的螺栓与螺母统一。火车的发明者史蒂文森倡议将所有铁轨间距统一为1.435米，后被工程师布鲁奈尔（Isambard Kingdom Brunel）调整为2.1米，成为今天国际上广泛使用的轨距标准。标准化的逻辑还被用于武器生产中，同一款式枪支的枪管、子弹、枪托、扳机等设计都被固定下来。标准化的趋势还扩散到玩具、家居、建筑、轮船等各领域。进入二十世纪后，福特汽车启动了汽车装配流水线，集各种标准化于大成，机器是标准的、零件是标准的、操作是标准的，就连人员的招聘、管理、培训、退休都是标准的。[6-14]

7 纺织线

"不管是谁，凡讲到工业革命都会说到棉纺织业"。——历史学家霍姆斯鲍姆[6-15]

"对于工业化历史的较传统说法总是从纺织业开始，而贸易在此扮演了重要角色"。[6-16]

真正开始赋予英国工业革命以经济意义的是纺织行业，在今天听起来难以想象，这背后的原因在于，过去的纺织业比今天重要许多：在工业革命前，普通人把几乎所有收入都用在衣、食、住、行等生活必需品上，因此，纺织品在本国经济中占比很高，而在出口贸易中，纺织品又是少数适合长途运输且一定能卖掉的商品，其他商品要么难运输、要么未必有需求。这是为什么古代中国的贸易清单中总能见到丝绸的缘故，不仅因为中国产，还因为丝绸好运输、能卖掉。

具体到工业革命前的英国，纺织业对本国经济同样重要，但区别在于国际市场的竞争力差。一件服装，从原料到制成，包括大致四道程序：棉花、纺纱、织布、印染，均严重依赖于手工操作，而英国手工操作成本比印度与孟加拉国等地区高很多。

在第一次工业革命中，上述流程中的第三个环节织布最早打破了原有的平衡。1733年，英国的纺织工匠约翰·凯（John Kay）发明了飞梭织布机，原理很简单，飞梭的回弹，将织布的速度提高了一倍。蒸汽机出现后，牧师出身的卡特赖特（Edmund Cartwright）更把蒸汽驱动用于织布机上，产生了巨大的示范效果，让蒸汽动力在织布行业迅速普及开来。据统计，织布的效率在1764年到1812年间提升了200倍之多，[6-17]而蒸汽织布机的数量从1813年的2400台提升到了1833年的10万台以上。[6-18]由于织布机是英国纺织业中第一个重大发明，有人把飞梭的出现当作英国工业革命的起点。

在织布速度提升后，布的原料"纱"变得供不应求，压力传导到纺纱环节。在1764年，工匠哈格里夫斯（James Hargreaves）发明了以其妻子命名的珍妮纺纱机，原理也很简单：用一锭转动带动八锭转动，让纺纱的效率提高了八倍。1769年，理发师出身的阿克莱特（Richard Arkwright）推出了水力驱动的精纺机。1779年，纺织工人克伦普顿（Samuel Crompton）发明的骡机把两者的优点结合在一起，用一台机器带动1000个纺锭转动，就像不知疲倦的"骡子"一般干活。鉴于纺纱环节比织布环节的效率提升更惊人，也有人把珍妮纺纱机的出现当作英国工业革命的起点。

在纺纱速度提升后，纱的原料棉花变得供不应求，压力又传导到棉花环节。英国纺织业主要从美国南方进口棉花。1793年，美国人伊莱·惠特尼（Eli Whitney）发明了轧棉机，经过不断改进，使美国棉花产量在三十年间增长了近九十倍，满足了英国纺织业对棉花的需求。

最后改变的是印染环节。之前的普通人只有几件衣服保暖，还顾不上颜色。在纺织品泛滥后，人们开始要求服装不仅保暖，还要多样、还要美观。为了适应新形势，一系列新提炼出的化工试剂被用于服装染色。1856年，威廉·亨利·帕金（William Henry Perkin）偶然发现了苯胺紫，并建立了世界上第一家合成染料工厂。从此，服装界变得"五颜六色"，"时装"才成为大众潮流，时装界才有存在的必要。

由于上述技术革新带来了规模提升、品质提升、成本下降，英国纺织品从缺乏国际竞争力变为拥有巨大竞争优势。仅1780—1850年间，棉织品价格就下降了85%。[6-19] 到1850年，"英国布"占据了世界纺织品出口总量的一半以上。更大的意义在于它对其他行业的示范，卡特莱特的动力织布工厂、阿克莱特的动力纺纱工厂等，都被誉为现代自动化工厂的先驱。

8 蒸汽机

蒸汽机的出现是工业革命中里程碑式的事件。里程碑既意味着其重要性，但也意味着，在碑前，已经有诸多行业起飞，而在碑后，又有新行业出现。我们把这块碑单独当作一个行业，下章单独来讲。

9 火车与铁路

"车站是我们通向光荣与未知之门"。——E. M. 福斯特作家，1910年：

"英国人在本土、帝国以及世界范围内的移动能力在很大程度上归功于交通运输的革命，这场革命以前所未有的方式瓦解了距离……使他们更有可能邂逅陌生人并与之生活在一起。"[6-20]

蒸汽机是火车出现的先决条件，这没错，但其实，火车的出现还有一个先决条件，就是铁路。

在古代，木轨道就出现了，17世纪英国煤矿设置的也是木轨，沿着木轨，人力或牲畜力可以把煤车从井底拉到地面。到18世纪的工业革命早期，由于铁成本的下降，铁轨取代了木轨，前面提到的达比的工厂就开始生产铸铁铁轨，但沿着轨道上拉车仍然要靠人力或马力。

到蒸汽机出现后，一个直觉的想法是，把蒸汽机装在车上，车不就能自动了吗？问题是，瓦特蒸汽机有两三层楼高，如何可能放到车上？即使能，如此重的"蒸汽机车"会不会在铁轨上打滑？关于后一个问题，要靠实验才能回答，而前一个问题，不用实验就有思路了：人们很早就知道，气体的体积小则压力大，体积大则压力小，因此，把蒸汽机小型化的出路在于高压。只是由于瓦特本能地把新形势当作潜在威胁，于是从一开始就宣扬"高压危险论"；鉴于瓦特的威望，大众也相信瓦特不会瞎讲；再加上，瓦特的专利到1800年才到期，[6-21]之前也没人能合法地开发新型蒸汽机。除了瓦特试图阻止高压蒸汽机的事例，爱迪生试图阻止交流电，也同样走的是凭借威望来诋毁交流电危险的套路，这些都证明，创新或反创新取决于"动机"。

这就要提到火车的发明人，一名矿山技师，理查德·特里维西克（Richard Trevithick）。在瓦特专利到期不久的1804年，理查德·特里维西克设计出高压蒸汽机，获得了名为"蒸汽机结构改进及其驱动车厢的应用"的专利。相比之下，瓦特蒸汽机的体积庞大，是因为其工作压力不超过1.5倍大气压，而新的蒸汽机10倍于大气压力，体积大大缩小；它被安装到车辆上，通过驱动轮子而驱动车辆前移，就产生了世界上第一台火车的雏形。1803年，理查德·特里维西克在伦敦进行了蒸汽机车的铁轨演示，成功地证明了蒸汽机车不会在金属轨道上打滑。但遗憾的是，尽管有人关注，但缺乏持续的投资，于是，理查德·特里维西克只能宣布破产，在贫困潦倒中去世。这位火车先驱的不幸反衬出严酷的现实：发明的成功不等于发明者的成功……

好在，理查德·特里维西克的想法激发了其他人。美国人奥利弗·埃文斯（Oliver Evans）继续尝试蒸汽机车，但把重点放在了锅炉的轻型化上，他通过锅炉的内部环绕加热来提升热效率，成功将重量从原来的两吨减少到两百五十公斤。[6-22]这样，在理查德·特里维西克减少蒸汽机的体积、埃文斯减少锅炉的重量后，车载的动力源已经没有问题了。

这时，才轮到号称"火车之父"的斯蒂文森（George Stephenson）登场，显然这个"父"是要打引号的，否则前面几位的辈分就不好算了。斯蒂文森原本是煤矿上的见习司炉工，18岁前都是文盲，从20岁后上夜校，才学会了读写。他继承了理查德·特里维西克与埃文斯的模型，并针对安全性继续改进：一是将立式锅炉改为卧式，以避免隐患；二是将蒸汽通过烟囱排放，以减少噪声；三是将机械精密化，以减少故障；四是将铁轨材料改为熟铁，以避免脆裂。上述措施极大提升了人们对火车的信任度。斯蒂文森幸运地找到了当地富商皮斯（Pease）作为投资人，从而避免了理查德·特里维西克的覆辙。在雄厚的经济支持下，斯蒂文森从1814年起尝试制造商业用火车：1825年，他设计了世界上第一条商用火车线。1829年，曼彻斯特与利物浦的火车线开始招标，这两个城市是当时英国的第二、三大城市，新兴工业的重镇。这条火车线如此重要，以至于组织者决定通过公开比赛来选拔火车制造商。这次"赛铁马"盛会持续了九天，吸引了一万到一万五千人观摩，英、美、欧洲大陆各自派出选手，从哲学家到机修工在内的选手都充满热情。在比赛中，斯蒂文森驾驶自己设计的机车以48公里/小时向公众证明了，火车真比马车跑得更快、更稳、更安全。[6-23]由于斯蒂文森第一次完成了火车与铁路的商业运行，他的头像出现在了英国五英镑的纸币上，世界上能享此殊荣的技工不多，世界上能这样做的国家也不多！

铁路建设的热潮由此开始。火车与铁路所到之处，乡村得到开发，贸易更为便利，旅行成为时尚。铁路建设解决了大量的就业问题。英美铁路的兴建完全采用私人集资、私人修建、私人拥有、国会仅仅颁发许可证认可的方式，于是只能采用股份公司公开募集的方式来募集资金，这无形中又促进了金融业的发展。

10　轮船线

"英国人的船舶像飞虫一样蜂拥云集——呜呜而来，呜呜而去，全靠舵轮——嘶嘶而来，嘶嘶而去，全靠蒸汽。"【6-24】

古代的航行工具是木帆船，维京海盗骚扰欧洲大陆时用的、郑和下西洋时用的、哥伦布发现新大陆时用的都是木帆船。虽然作为古代航海技术的杰作，但在今天看来，木帆船存在几方面的缺陷：首先是材料本身，木头容易腐蚀，各位今天看到的博物馆中的木船，都是在极特殊的情况下才得以保存，比如北欧发现的古船恰巧被埋在冰冻的泥里，埃及发现的古船恰巧被扔在干燥的沙漠里，而其他古代文明留下的木船少而又少。除了腐蚀，木头还比较松软，造成木船在海水中容易撞沉，在海浪中易于损坏。木头还有体积的限制，造成木船的承载能力有限。在"木"之外，"帆"可以算作动力缺陷：在顺风时，帆船以风为动力，但在逆风与无风时，帆船只能靠人力前行。在大自然面前，人力总显得十分有限……

在工业革命中，铁船出现了，这在今天看来理所应当，但在当时看来乃石破天惊之举：铁怎么能浮起来？铁生锈怎么办？铁船翻了怎么逃生？威尔金森证实了铁船并未下沉，很快，油漆解决了生锈的问题，救生圈解决了逃生问题。在这些顾虑被化解后，铁船的优势就显现出来，它与木船相比，强度更高、更抗冲击、更耐磨损、体积与装载量更大。

在造船材料改变的同时，船舶动力也发生了巨变……（此处略过从1785年后几十年的失败尝试，约翰·菲奇、詹姆士·诺姆西、威廉·赛明顿等人先后尝试将蒸汽机搬到木船上运行，均未成功。）1803年美国发明家罗伯特·富尔顿（Robert Fulton）尝试将蒸汽机安装在木帆船上，并在塞纳河进行试航。遗憾的是，由于船只无法承受蒸汽机的重量，在当夜的一场暴雨中不幸沉没。1807年，吸取了教训的富尔顿用铁船来承载蒸汽机，在哈德逊河上来回航行获得成功，尤其逆流而上这段航程，蒸汽船仅用了帆船约2/3的时间。不久，富尔顿将商业航运扩展到密西西比河上。事实证明，蒸汽铁船不受航行距离限制，不受人力限制，不受流向的限制，还不受季风限制。

1838年，学徒出身的英国工程师布鲁奈尔（Isambard Kingdom Brunel）建造的蒸汽船横渡大西洋，开始了与伦敦之间的定期航线，航程历时14天，这在之前更是不可想象的事情。

11　武器线

"当你是锤子的时候，所有东西都看起来像钉子"。

武器是各种技术的综合。英国海军在17世纪已经称霸海上，却仍被戏称为"木头的世界"。在号称"海上工业革命"的战舰革新中，铁甲取代了木头，蒸汽动力取代了风帆动力，水下螺旋桨取代了明轮，再配以火炮，宛如一座座海上堡垒。所谓"坚船利炮"就这样出现了。

与战舰相比，陆战武器的改进相对零散。——进攻方面，火炮的精确度受益于威尔金森的镗孔技术，而枪支的组装与维护受益于机械零件的标准化，这些在美国的南北战争中显现出效果。——防守方面，一个不起眼的发明是铁丝网，于1868年由凯利（Michael Kelly）发明，它在19世纪后半叶被用作廉价而实用的战壕保护措施，让原本横行的骑兵消失，奥斯卡影片《战马》表现的就是骏马在铁丝网的海洋中绝望的场景。——后勤方面，火车让军事物资与军队的运输速度大大加快，这在普法战争中起到了关键作用。

● 十一条线背后的人

在上述行业线之外，工业革命中起飞的还有玻璃业、制盐业、化工业、明矾业、肥皂业、印染业、面粉业、啤酒业、火药业、焦油业、牛奶业、木材业、造纸业、印刷业、制砖业、建造业、煤气业、给排水业等，加起来二十几个行业是有的。行业的"面"解释了工业革命中重大发明的涌现规模：它是来自众多行业的发明，而不仅仅局限于某个行业。但有人质疑：是否某一行业的发明带动了所有行业的起飞？如果真这样的话，"面"就又回到了"点"，只是，第一次工业革命中的行业起飞次序已经证实了这样的可能性：在十一条线中，后起飞的行业不可能解释起飞在前的行业。如果追溯到最早起飞的农业，说农业带动了其他所有行业的起飞，从时间上倒可能，但在机制上并不完整（见第三部分）。[6-25]而且退一步讲，假若农业真可以解释一切，那"工业革命"不如改名为"农业革命"好了，但这样又会有冒名顶替的嫌疑。

还有人会说，蒸汽机不同，这样的伟大发明推动了新、旧所有行业，没错，但那是蒸汽机出现之后的事，而在此之前，农业、工厂制度、运河、公路、瓷器、煤矿、冶金、机械等行业已经为其奠定基础。蒸汽机不仅不能完全解释之前已经起飞的行业，甚至无法完全解释它之后才出现的行业，原因在于，蒸汽机只是通用动力，而火车、轮船等行业的工况不同。这就好像我们不能因为法拉第发明了发电机与电动机，就否认如电灯、电车、电话、电器等发明。尤其在工业革命后期，各行业间呈现犬牙交错势态，各种发明间也相互借鉴、彼此成就。

在第一次工业革命中的行业面的背后，我们见到了各式各样的创新与创业者。这些人的出身五花八门：理发师、牧师、工头、工人、贸易商、贵族、医生、客栈老板、校长、画家、教士……学历各不相同：文盲、基础教育、技工，也有少数受过通识教育……职称五花八门：发明家、企业主、合伙人，乃至身兼数职……专长各不相同：往往是纺织、煤矿、冶金、机械、瓷器、武器、运河、船运、铁路等某个领域的专才，顶多涉及两三个领域，全面的"通才"一个也没有。[6-26]如果非要为这些人总结出个规律来，那就是"没有规律"。

这时又有人会说，蒸汽机不同，它总归有个特定的发明点与发明者吧？错。

【6-1】卡洛·M.奇波拉.欧洲经济史：第3卷：工业革命[M].吴良健，刘漠云，壬林，等，译.北京：商务印书馆，1989：362.

【6-2】于尔根·科卡.资本主义简史[M].徐庆，译.上海：文汇出版社，2017：80.

【6-3】里格利.延续、偶然与变迁：英国工业革命的特质[M].侯琳琳，译.杭州：浙江大学出版社，2013：75.今天，投入农业的能量是农业自身产出能量的3∶1.

【6-4】爱德华·贝恩斯（Edward Baines）在1835年出版的《英国棉花加工史》一书中的描述．转自萨利·杜根，戴维·杜根.剧变：英国工业革命[M].孟新，译.北京：中国科学技术出版社，2018：20.

【6-5】龙多·卡梅伦，拉里·尼尔.世界经济简史[M].潘宁，译.上海：上海译文出版社，2009：202.

【6-6】威廉·J.伯恩斯坦.繁荣的背后：解读现代世界的经济大增长[M].符云玲，译.北京：机械工业出版社，2021：150.

【6-7】亚·沃尔夫.十八世纪科学、技术和哲学史：下册[M].周昌忠，苗以顺，毛荣运，译.北京：商务印书馆，1991：693.

【6-8】大卫·兰德斯.解除束缚的普罗米修斯[M].2版.谢怀筑，译.北京：华夏出版社，2007：96.

【6-9】数据见：

A、T. S.阿什顿.工业革命（1760—1830）[M].李冠杰，译.上海：上海人民出版社，2020：46.

B、大卫·兰德斯.解除束缚的普罗米修斯[M].2版.谢怀筑，译.北京：华夏出版社，2007：97.

C、罗伯特·艾伦.近代英国工业革命揭秘：放眼全球的深度透视[M].毛立坤，译.杭州：浙江大学出版社，2012：125.表4.1

D、克拉潘.现代英国经济史：上卷第1分册[M].姚曾廙，译.北京：商务印书馆，1977：585.

【6-10】英国冶金产量数据见以下：

A、大卫·兰德斯.解除束缚的普罗米修斯[M].2版.谢怀筑，译.北京：华夏出版社，2007：95.

B、克拉潘.现代英国经济史：上卷第1分册[M].姚曾廙，译.北京：商务印书馆，1977：577.

【6-11】马特·里德利.理性乐观派：一部人类经济进步史[M].闾佳，译.北京：机械工业出版社，2015：166.

【6-12】雅克·勒高夫.中世纪文明：400—1500年[M].徐家玲，译.上海：格致出版社，上海人民出版社，2020：222.

【6-13】许倬云.中国文化与世界文化：在台湾清华大学的系列演讲等[M].桂林：广西师范大学出版社，2010：17.

【6-14】值得纪念的机械改进不胜枚举：除了威尔金森、莫里森等作为通用机械的能手，还有海上仪器方面的John "longitude" Harrison；锁与保险箱方面的约瑟夫.布拉莫Joseph Bramah，水利机械方面的William Armstrong，等等。

【6-15】埃里克·霍布斯鲍姆.工业与帝国：英国的现代化历程[M].梅俊杰，译.北京：中央编译出版社，2018：47.

【6-16】彭慕兰，史蒂文·托皮克.贸易打造的世界[M].黄中宪，吴莉苇，译.上海：上海人民出版社，2018：416.

【6-17】詹姆斯·E·麦克莱伦第三，哈罗德·多恩.世界科学技术通史[M].3版.王鸣阳，译.

上海：上海科技教育出版社，2020：327.

【6-18】郑延慧. 工业革命的主角[M]. 长沙：湖南教育出版社，2009：102.

【6-19】纺织品数据见：

A、乔尔·莫基尔. 富裕的杠杆：技术革新与经济进步[M]. 陈小白，译. 北京：华夏出版社，2008：120.

B、罗伯特·艾伦. 近代工业革命揭秘：放眼全球的深度透视[M]. 毛立坤，译. 杭州：浙江大学出版社，2012：60.

【6-20】詹姆斯·弗农. 远方的陌生人：英国是如何成为现代国家的[M]. 张祝馨，译. 北京：商务印书馆，2017：46.

【6-21】瓦特的专利在1769年获得批准，在1775年被延期25年，到1800年才失效；瓦特的另一个专利也是1800年失效。

【6-22】威尔·杜兰特. 历史上最伟大的思想[M]. 王琴，译. 北京：中信出版社，2004：296.

【6-23】萨利·杜根，戴维·杜根. 剧变：英国工业革命[M]. 孟新，译. 北京：中国科学技术出版社，2018：26.

【6-24】皮尔弗里斯分析道，"从技术角度看，英国农业在工业革命前并不能独善其身；如果没有工业革命带来的机械化、人工肥料和新式交通方式等新技术，劳动生产率和土地的增长恐怕早已达到了极限，很难想象英国如何能逃离马尔萨斯陷阱。"皮尔·弗里斯. 从北京回望曼彻斯特：英国、工业革命和中国[M]. 苗婧，译. 杭州：浙江大学出版社. 2009：75.

【6-25】克拉潘. 现代英国经济史：上卷第2分册[M]. 姚曾廙，译. 北京：商务印书馆，1977：封页.

【6-26】关于工业革命中发明家的统计，请参考：

A、T. S. 阿什顿. 工业革命（1760—1830）[M]. 李冠杰，译. 上海：上海人民出版社，2020：20-21.

B、罗伯特·艾伦. 近代英国工业革命揭秘：放眼全球的深度透视[M]. 毛立坤，译. 杭州：浙江大学出版社，2012：379. 426-429.

第七章　蒸汽机背后不止一位发明者

"蒸汽机就是英国工业革命的核心"。——麦克尼尔《全球史》

"尽管英国在美国战争失败，但仅靠蒸汽机和冶炼这两项就挽回了所有损失"。——（Sheffield 爵士）

中学课本不仅带给我们"工业革命情结"，还在我们脑海中烙下了"蒸汽轰鸣"的印象。由此带来的副作用是，工业革命很容易被简单化为蒸汽机，进而蒸汽机被简化为一台普通的机器。这两点都有待纠正。

如前所述，蒸汽机与工业革命中其他行业是互动的关系。有了冶金、煤矿、运河，才有蒸汽机的材料基础；有了工厂组织，才有蒸汽机的管理基础；有了纺织、火车、轮船，才有蒸汽机的市场基础。是工业革命创造了蒸汽机的奇迹，但反过来，蒸汽机用矿物能源取代了传统的人力畜力，改变了几乎所有行业的驱动方式。因此公平地说，蒸汽机不等于工业革命的全部，却为工业革命乃至人类历史点燃了"第二次普罗米修斯之火"。

按说这把"普罗米修斯之火"不应该像打火机那般容易点燃才对，但这时，我们会想起一个上小学时就听到过的故事，说小瓦特在帮祖母烧水时，看见蒸汽将茶壶盖顶开，于是产生了蒸汽机发明的灵感。老师用这个故事来鼓励我们学科学的初衷是好的，只是故事本身经不起历史的推敲：首先，当小瓦特的奶奶煮茶水的时候，现代蒸汽机早就被完整地发明出来了，而改进版也已在英国煤矿中安装达上百台之多；其次，蒸汽驱动的想法与实验可以追溯到古代，证明了想法不难，要是像茶壶那般容易实现，那蒸汽机早在古代就该出现了。难度不在想法，而在工艺（knowhow）。

以我们的后见之明知道，点燃这把"普罗米修斯之火"的工艺难度在于，现代蒸汽机不是一台"机器"，而是一项工程。其内部就包含了三条主线，就像人体中的三条经络。经络通畅，身体才能健康，主线契合，蒸汽机才能工作。

一是蒸汽线，由锅炉、汽缸、阀门、保温层、密封、仪表等组成，任务是将煤炭能转化为热能；

二是真空线，由冷却室、冷却管、阀门、保温层、密封、仪表等装置组成，任务是将热能转化为机械能；

三是传动线，由杠杆、滑轮、齿轮等装置组成，任务是将机械能从一处传输往另一处。

因此，蒸汽机本身也是一个"面"，而非一个点。至于这个"面"是如何被组装到一起的，同样我们关注的不是技术本身，而是其背后的历史脉络，尤其"人"的脉络。

● **永动机的梦想**

关于历史上蒸汽机的雏形来自何方，通常的思路是按结构来追溯。早在公元一世纪，罗马时代的亚历山大城就有一名叫希罗（Hero of Alexandria）的工程师设计出一个空心球，蒸汽从底部通入、再从两侧的管子喷出，球体就会被推动旋转，该"喷气球"与今天的"喷气机"有些神似。此外，希罗还设计过一个蒸汽推动的旋转门，烟雾缭绕中为神坛与圣像营造出神秘感。

到近代的文艺复兴时期，著名的达·芬奇曾提出过蒸汽炮的构想，即，用蒸汽作为动力发射出炮弹。

1650年前后，德国科学家奥托·冯·居里克（Otto von Guericke）发明了真空泵，即通过气筒活塞运动抽出空气而形成真空，他用自制的真空泵将两个金属半球中的空气抽掉后，用了十六匹马才将两个半球拉开，证明了真空的吸力之大。

1679年，一位从医学专业毕业后改行搞机械的法国工程师丹尼斯·帕潘（Denis Papin）发表了蒸汽驱动活塞原理的文章，并设计出了高压锅的模型，其原理与今天的高压锅类似。即，在蒸汽锅顶部设置一个带小秤砣的安全阀。在蒸煮时，小秤砣的重量会迫使气阀紧闭、让锅内压力与温度升高，有助于烹饪。当锅内蒸汽压力过大时，蒸汽会顶起小秤砣、冲开气阀、释放蒸汽。帕潘用高压锅为王室进行了一场炖烂牛骨的演示，轰动一时。但最终，却死于一贫如洗之中。[7-1]

把上述装置当作"蒸汽机的雏形"，在我看来，有些勉强，因为它们仅仅出于好奇而缺乏实用目的，与其说是机器，不如说是玩具。所以不奇怪，它们出现得东一榔头、西一棒子！

更实用也更连续的蒸汽机的源头，我以为，在于永动机的梦想，它把人类少付出、多获得的愿望推向了极端。尽管今天的科学知识告诉我们，"完全永动"不可能，比如天上的星星似乎可以无限运动，那只能在近似真空中；"永远做功"即无限运动且无限释放能量，更不可能。这是因为地球上的运动都有摩擦，有摩擦就会消耗能量，根据能量守恒定律，如果没有能量补充，运动就会停止，做功更快停止，这在学术上被称为"第一类永动机不可能"。但古人没有这样的科学认识，只有对自然现象的直观感受和人性的冲动，因此在古代中国的神话中能见到如风火轮、金箍棒等永动的神器。相比之下，欧洲的想象更具体：在12世纪的时候，法国人亨内考想象在一个偏心的圆环上装十二个铁球，距离圆心较远的铁球会因力矩大而自动向下，推动其他球开始滚动；被推上去的滚球又会落下，让别的球继续移动；如此往复，圆环上的球就应自行转动。可惜，"奇迹"没有发生。别以为亨内考愚蠢，三个世纪后，意大利文艺复兴中的达·芬奇试图改进上述装置，但仍然没有成功。别以为达·芬奇愚蠢，又有不少人尝试了浮力永动、毛细管力永动、磁力永动等多种可能性，都没成功。

经过无数失败后，欧洲人才退而求其次地想：如果"完全永动"不行，"近似永动"——某种机器在被补充自然能的情况下无限制地运动并做功——是否可能？人们想到了蒸汽驱动的机器。

● 现代蒸汽机

总之，蒸汽机的苗头早就出现了，只是按结构与目的两条线推进，直到工业革命时期，这两条线才走到一起、让理想化为现实。

第一代，做功

1698年，英国人萨弗里（Thomas Savery）申请了首个关于蒸汽机的专利。他原本是"皇家军械处"的质量检验员，受蒸汽与水的凝结比为2000∶1的启发，有了用真空凝结的体积变化作为驱动力的想法。他设计了一个"大锅"，下方通过燃烧加热；锅的一侧通过阀门连接冷水，上侧通过阀门连接活塞。在操作时，首先加热大锅，让锅内产生蒸汽；然后开启冷水阀门让蒸汽凝结，产生真空；再关闭冷水阀门、打开上侧的活塞阀门，"真空"就会吸引活塞运动；把活塞通过滑轮置于提水桶的正上方，就可以往复提水。

萨弗里的蒸汽机在历史上第一次，把蒸汽、真空、机械这三条主线组合起来，达到了做功的目的，这是了不起的突破，它作为第一台现代蒸汽机，名副其实。而萨弗里作为发明人，值得纪念。很遗憾，他的名字很快就被人们遗忘了，因为他的蒸汽机很快就变得过时了，这是所有原创产品的宿命，想想看当年的第一代大哥大有多笨拙，萨弗里的蒸汽机也同样。它设计粗糙、热效率低、最要紧的是不安全：它被固定在矿井的直接上方，纵向提升高度仅仅约十米，上面的大锅在呼呼燃烧，如果下面是煤矿矿井的话，爆炸风险太大。萨弗里本来把自己的蒸汽机取名为"矿工之友"，最终因为安全隐患而无法实施，只能改作水池的提水之用。

第二代，驱动

1712年，仅受过初等教育的纽卡门（Thomas Newcomen）推出了改进版的蒸汽机。他做过矿山维修工及小五金商，与萨弗里有过接触，但一般认为，他对蒸汽机的改良是独立完成的，只是碍于萨弗里的专利要1733年才到期，于是不得不冠以"专利合作"的名义。

纽卡门将自己的设计命名为"横梁蒸汽机",从名字已经可以看出,新型号的主要特点在于一根起杠杆作用的横梁:一端与"大锅"的活塞连接,中部有支点,另一端用来提水。杠杆的长度加大了蒸汽机到提水处的距离,而杠杆原理放大了提升水桶的高度(约二十米)。这些都有利于在煤井中使用的安全性。煤矿可以就地取煤,以此为前提计算,一台纽卡门蒸汽机的功效大约相当于四十匹马。在安全与经济效益的驱动下,英国煤矿在几十年间就安装了一百多台纽卡门蒸汽机。[7-2]纽卡门蒸汽机第一次投入了生产使用,可谓另一次突破,而纽卡门作为其改进者,也值得敬重!很遗憾,今天提到他名字的人也很少了,原因类似:新设计很快盖过了风头!要说纽卡门蒸汽机的美中不足,就是它的节约成本是以"就地取煤"为前提,于是一走出煤矿,采购及运输成本就变得很高、让蒸汽机运行变得不划算。

第三代,节能

此时,才轮到工业革命中最知名的人士瓦特(James Watt)出场。从前面的介绍大家已经清楚,他既不是第一个受茶壶煮水启发的人,也不是现代蒸汽机的发明者,甚至不是现代蒸汽机的第一个改良者,而只是改良者之一,但显然,他的改良又很重要。

瓦特出身于工匠之家,从学徒起步,后来到格拉斯哥大学做机修工,负责修理纽卡门蒸汽机。在那时(约1763年)他就意识到:之前所有蒸汽机的共同缺点在于,冷却与加热发生在同一"锅"中,当水加热为蒸汽的时候,蒸汽室的金属升温;当蒸汽凝聚为水的时候,刚刚被加热完的金属又降温。在蒸汽室升温、降温、升温、降温过程中,瓦特估算,75%左右的热都被浪费掉了,只剩下25%左右在真正做功。1769年瓦特申请并获得名为"一种减少火力发动机中蒸汽和燃料消耗的新方法"的专利,从名称看就知道其特点在于节能。瓦特的设计是在大"锅"外接一个冷凝器,"锅"总是热的,而冷凝器总是冷的。通过冷热分离,热浪费减少，效率就提升了。根据不同场合的测试，瓦特蒸汽机与纽卡门的蒸汽机相比，效率提高了四倍；即使与纽卡门蒸汽机的改进型相比，效率也提高了一倍。[7-3] 后来，瓦特又把活塞运动从单向的改为双向的，效率再次提升。于是，即使煤矿外的用户也觉得蒸汽机划算了。蒸汽机的应用范围被扩大了。

但之前限制蒸汽机应用范围的，除了成本考量，还有原理问题。蒸汽机活塞是直线运动，但大部分需要传动的机械其实在进行圆周运动：齿轮是圆的，滑轮是圆的，车轮是圆的，磨机磨盘是圆的，纺机飞轮是圆的……1782年，瓦特申请并获得了另一项重要专利，被称为"太阳与行星齿轮"设计，即通过类似行星围绕太阳旋转的方式，利用机械杆的往复运动来推动轮子转动，蒸汽机可以在自身直线运动不变的前提下驱动圆周设备。蒸汽机的应用范围进一步扩大。

通过瓦特的几次改进，蒸汽机可以用于几乎所有行业。谁不需要省时省力的帮手呢？马会疲劳、人会怠工，蒸汽机永远在工作，替代人力与牲畜力。尽管无法100%地转化燃料，但蒸汽机源源不断地把燃料转化为机械功，成为"近似的永动机"。瓦特指出了无限能源利用的可能性："和现在通常的火力机相比，虽然消耗同样多的燃料，却至少可以多做一倍的工作"。而瓦特的合伙人，博尔顿指出了无限市场的可能性："如果比较单台蒸汽机所需的研发资本与单台蒸汽机所能节省的人力成本可能不划算，但如果预期蒸汽机能用于世界各地的各行各业，那数字的结果就不同了"。

据统计，在1750年到1900年期间，英国从90%以上的水力驱动转变为蒸汽驱动。[7-4] 到1870年，英国蒸汽机总装机容量达到400万马力，相当于600万匹马或4000万人所能产生的动力。[7-5] 蒸汽机名副其实地成了英国工业的发动机。

蒸汽机本身也发展成一个相当规模的产业。到1800年瓦特专利过期前，英国已经有2000台蒸汽机在使用，[7-6] 纽卡门蒸汽机约占3/4，瓦特蒸汽机约占1/4。[7-7] 到1800年瓦特专利期过后，蒸汽机仿制更呈井喷式趋势，仅以英国纺织业为例，动力纺织机在1813年达到2400台，1820年达14,000台，1835年则超过了12万台。[7-8] 同时，英国蒸汽机还被出口到世界各地。[7-9]

第四代，小型化

在经历了做功、传动、节能三阶段之后，现代蒸汽机在瓦特时代已经被普遍接受了，但永动机的梦想仍在继续。今天我们想起的火车、铁路、蒸汽轮船等"蒸汽轰鸣"的标志，都是瓦特之后才出现的，[7-10]原因很简单，瓦特蒸汽机有三层楼高，只适合固定场合，不适合移动。为了让蒸汽机能用于交通工具上，后续的研究人员尝试了各种方法将其小型化：如英国人理查德·特里维西克设计了小型高压蒸汽机，美国人奥利弗·埃文斯（Oliver Evans）设计了小型卧式高压锅炉，斯蒂文森提升了机车与铁轨的安全性，美国人罗伯特·富尔顿（Robert Fulton）和英国人伊桑巴德·金德姆·布鲁奈尔（Isambard Kingdom Brunel）将高压蒸汽机安装在轮船上实现远航……

进而，"蒸汽机"的迭代更新出现了，它叫内燃机或引擎，虽然听着、看着都不相似，但原理上一脉相承。出于继续减少蒸汽机体积的目的，人们尝试将外部燃烧改为内部燃烧：1792年，默多克（William Murdoch）用煤气作为燃料、发明了煤气灯。1801年，法国人菲利普勒本（Philipe Lebon）将煤气与氢气充入蒸汽机的汽缸中，利用爆炸产生的内部推力取代了原本来自蒸汽的外部推力。1862年，法国人让·约瑟夫·勒努瓦（Jean Josenph Lenoir）将内部燃料从气体改为液态的矿物油……现代内燃机诞生了，由于它体积更小、效率更高，被应用于汽车上、飞机上……蒸汽机看似消失了，但其实，它只是以新的形式延续着自己的生命。

人类也并未止步对"永动机"的追逐：潮汐发电、地热发电、太阳能发电、核裂变、核聚变……梦想是无限的。

● **蒸汽机背后的人**

在蒸汽机的创新面背后，我们又看到很多名字：直接的发明者包括萨弗里、纽卡门、瓦特、威尔金森、默多克、勒本、勒鲁瓦等；直接的赞助者包括罗巴克、博尔顿、皮尔金斯顿等，直接的应用者包括理查德·特里维西克、埃文斯、斯蒂文森等。这些人出身各异、学历大多不高，各有所长、职称各异；有的成了发明家，有的成了企业家，有的两者兼做，有的被封为爵士或皇家学会会员……要说有什么规律，答案同样是"没有规律"。

如果非要给前面这十一条线中"没有规律"的人起个名字，答案大概是"普通人"。这个称谓用到别人身上还好，但如果用到瓦特身上会立即遭到反驳：不，他可是位天才！

【7-1】帕潘还发明过一个"大气机"，即靠蒸汽顶起活塞，再靠大气压力及重量"被动地"压回活塞的方案，但同样，既没有主动地产生真空，也没有连续性地做功，更没有生产实效。

【7-2】威廉·罗森.世界上最强大的思想：蒸汽机、产业革命和创新的故事[M].王兵，译.北京：中信出版社，2016：52.

【7-3】罗伯特·艾伦.近代英国工业革命揭秘：放眼全球的深度透视[M].毛立坤，译.杭州：浙江大学出版社，2012：254.

【7-4】杰克·戈德斯通.为什么是欧洲？世界史视角下的西方崛起（1500—1850）[M].关永强，译.杭州：浙江大学出版社，2010：191.

【7-5】数据见：A、尼尔·弗格森.文明[M].曾贤明，唐颖华，译.北京：中信出版社，2012：185.

B、大卫·兰德斯.解除束缚的普罗米修斯[M].2版.谢怀筑，译.北京：华夏出版社，2007：97.

【7-6】约翰·R.麦克尼尔，威廉·H.麦克尼尔.全球史：从史前到21世纪的人类网络[M].北京：北京大学出版社，2017：318.

【7-7】这方面的统计是不完全一致的，请参考：

A、W. W. 罗斯托.这一切是怎么开始的：现代经济的起源[M].黄其祥，纪坚博，译.北京：商务印书馆，2017：153.

B、T. S.阿什顿.工业革命：1760—1830[M].李冠杰，译.上海：上海人民出版社，2020：79.

C、另外的说法：乔尔·莫基尔.富裕的杠杆：技术革新与经济进步[M].陈小白，译.北京：华夏出版社，2008：94.

【7-8】T. S.阿什顿.工业革命：1760—1830[M].李冠杰，译.上海：上海人民出版社，2020：83.

【7-9】大卫·兰德斯.解除束缚的普罗米修斯[M].2版.谢怀筑，译.北京：华夏出版社，2007：223.

【7-10】瓦茨拉夫·斯米尔.能量与文明[M].吴玲玲，李竹，译.北京：九州出版社，2020：236-237.

第八章　天才是怎么升起的？

法拉："瓦特因把蒸汽机变为印钞机而闻名"。【8-1】

天才，按字面看是"天生之才"的意思。人们耳熟能详的典型如羽扇纶巾的诸葛亮，凭奇思妙想就能秒杀曹操、司马懿，所以号称"卧龙"。另一类人不是靠先天智力而是靠先天身份，如皇室后裔的刘备，直接成"龙"。"龙"字号都是天生的，而普通人只能靠后天。如关羽、张飞、赵云、黄忠等人，靠厮杀疆场的辛苦，还有受赏识的运气，再成功也只能算普通人罢了。那么，瓦特属于哪种情况？

● 赞誉与自述

让我们先看看瓦特被奉为"天才"的依据。瓦特的成就得到了英国政府、社会、学界的赞誉。在成功后他当选为伦敦皇家学会会员、法国科学院外籍院士，1819年他去世，英国为其举行了隆重葬礼并将其安葬在西敏寺教堂中，在一座永久雕像的碑文中写着："他改良了蒸汽机，武装了人类，使柔弱无力的双手变得力大无穷……"杰弗里勋爵致辞："瓦特先生是蒸汽机的改良者这一点无可置疑；然而考虑到他做出的历史性技术革新，我们更应该称他是一位发明家；正是他的发明使得粗重的蒸汽机从实验室走进了社会生活的各个角落，很大程度上减轻了人们的劳动强度，极大地促进了制造业的发展……极大地促进了市场的繁荣，人们可以更加便捷地获得物美价廉的商品"。【8-2】

（此处略去赞美词一万句）

上述赞誉绝不为过。但赞誉的是成就，而没讲靠什么取得的成就：是天分？身份？还是幸运？努力？并且，请注意，上述肯定中都明确了他是"改良者"，而非原创者，说明当时的人很清楚发明的次序。

这时，有人会指向瓦特的回忆："那是在格拉斯哥绿园发生的事情。在一个晴朗的星期天下午，我去绿园散步。我路过那家老洗衣房，然后穿过夏洛特街头的大门，进入了绿园。当时，我满脑子都在思考着蒸汽机的相关问题。当走到赫德剧场时，我的脑海里浮现出了一个想法：蒸汽属于有弹性的物质，它可以瞬间进入真空，因此，如果在汽缸与排气室之间设置一条通道的话，蒸汽就可以通过这条管道冲入汽缸，从而可以无须冷却汽缸就能将蒸汽冷凝……当我还没走到高尔夫球场的时候，我对所有事情的安排早就了然于胸了。"[8-3]

瓦特的灵机一动也值得肯定，但同样，是由于结果伟大。至于该想法本身，本人冒昧地评估了下，认为大致基于常识，即使瓦特没想到，后人也可能想到。退一步讲，就算瓦特的想法是天才的（连作者脑海中的也是），也不能解释现代蒸汽机的成功，乃至工业革命的成功。原因在于，在瓦特之前，已经有萨弗里、纽卡门、威尔金森等人为蒸汽机的早期发展做出了贡献；在瓦特之后，还有理查德·特里维西克、埃文斯、斯蒂文森、富尔顿、布鲁奈尔等人的完善，瓦特的灵机一动不可能对几代人的成就负责！再退一步讲，即便萨弗里、纽卡门、威尔金森、瓦特、理查德·特里维西克、埃文斯、斯蒂文森、富尔顿、布鲁奈尔等都算天才，他们的灵机一动也仅限于蒸汽机行业，无法对工业革命起飞负责！

● **四处漏洞（免责条款：本人对该领域较为熟悉，可能存在职业偏见。）**

那么，瓦特究竟是靠什么成功的呢？进一步审视瓦特发明的细节就会发现，努力与幸运的成分居多——天才不需要那般努力，也不需要那么幸运。

我先列举个瓦特解决技术问题的例子，即蒸汽机的泄漏。流体的属性决定了有流体的地方就可能存在泄漏，只是在古代，这不是大问题，因为那时以传动机械为主，由人力或畜力驱动，无须用水；即使如螺旋泵等取水装置，漏就漏了，算不上大事。

但是现代蒸汽机不同，里面流动的是蒸汽，损失蒸汽意味着热量的损失和功效的下降。这样的损失不仅无谓，还有害，尽管那时还没有环保顾虑，但泄漏出的蒸汽笼罩着车间、给人很不安全的感觉。而且，泄漏也使得蒸汽机效率难以准确测定，结果是，即使发明者声称自己的蒸汽机安全、节能，也无人相信。

现代蒸汽机要得到承认，就必须解决泄漏问题，但又很难解决，因为离开了蒸汽就不叫蒸汽机了。蒸汽本身构成了高温、高压的挑战，蒸汽管线构成了热胀冷缩、压力变形的挑战；在如此恶劣的工况下，每个连接点都可能变为泄漏点。各位大概会好奇：全堵死行不行？不行，想想爆米花的情形就知道了，在压力下这样做不安全，顶多用有强度又有弹性的密封材料堵个"半死"。但注意，弹性高的材料，如木头和纤维，通常强度不足；而强度高的材料，例如金属或石头则往往弹性较差。于是，为流体系统找到合适的密封材料始终是难题。"无论加农炮，还是蒸汽机，制造过程中的关键一环都是汽缸中的密封。"[8-4]

如果把时钟拨回几十年，在现代蒸汽机出现之前，另一种流体设备真空泵就先行出现了，也遇到了同样的难题。英国的科学家波义耳试图解决真空泵的"外漏"问题，即如何防止空气从外部进入缸体，他的方法是，在机械连接处涂一种称为"铅硬膏"的材料，而对于机械本体的裂纹则使用了一种附带修补剂的亚麻膏布。修补剂由生石灰、奶酪屑和水混合磨成，气味难闻且效果不佳，导致波义耳的"真空泵"从未真正实现过真空状态。[8-5]

荷兰科学家惠更斯则试图解决真空泵的"内漏"问题，即如何防止空气从汽缸壁与活塞之间的缝隙进入缸体，他在给友人的信中写道："描述这个工作可能要写一整封信，但主要的是，我不是在一切结束后才放入活塞，而是在之前。放入后，我又一点一点填入羊毛和其他东西，直到再装不下"。[8-6]

几十年后，当萨弗里发明出早期的蒸汽泵时，遇到了蒸汽和真空的双重泄漏问题：加热时，蒸汽会沿着机械缝隙泄漏出去；冷却时，锅内的真空状态会通过械缝隙吸入空气，两种泄漏都会损失功率。

几十年后，当纽卡门发明横梁蒸汽机时，横梁又增加了动态下的密封难度：横梁带动活塞杆剧烈运动，而活塞缸静止，如果动、静之间的间隙过小，则机械会卡死、无法做功；如果间隙过大，蒸汽又会泄漏出去、损失功率。

到瓦特时候，泄漏已经发展到难以容忍的地步，这是因为，从最早的萨弗里的"大锅"，到纽卡门的"锅炉+气缸+杠杆"，到瓦特蒸汽机的"锅炉+气缸+冷却室+杠杆"，管线变得越来越长，泄漏点也同等增加：烧水的锅炉可能漏、锅炉到汽缸的阀门可能漏、汽缸可能外漏、活塞与汽缸壁间还可能内漏……这让瓦特的蒸汽机房不像桑拿房也难。

十几年中，瓦特尝试了诸多方法但都无效：——瓦特的合伙人罗巴克拥有全英格兰最出色的铸造厂，但其铸造精度仍然无法达到让汽缸与活塞契合的要求：之间的间隔有0.5英寸/1.25厘米之大，边运行、边碰撞！——瓦特尝试用比铸铁软的锡作为金属材料，但做出来的锡筒变形严重，汽缸与活塞间隙达一个手指那么粗，还总在变！——瓦特尝试把不同的材料塞入活塞与汽缸的间隙：木头、锡、生铁、皮革、棉布、橡木、麻絮、石棉、铅合金、水银、石墨、牛油、植物油等等，暂时可以堵漏，很快继续泄漏。——瓦特甚至想过把圆柱体的汽缸变为方形，被证明无效。——最后，瓦特只能靠浇水上去，让水边流进缸体、边密封，等于损失功率，效果当然很差。

瓦特记录道："我的一位朋友沙耶建议我用棉花试一下。我原先是打算试一下，但因为棉花太贵而放弃了。而这次的尝试让我真的找到了我要的东西，但如果没有加入胶合物或将其编织起来，那就不太容易使棉花结合在一起。""我希望试一下硬纸板……硬纸板的表现非常出色，但它却仍然无法解决一个核心的机械难题，即一方面使活塞与汽缸尽可能结合得紧一些，另一方面又要尽可能减少二者间的摩擦力——这就是之前提到的两个从根本上彼此冲突的目标"。【8-7】

"我遇到了数不清的困难，这是因为机器的零件质量很差，但我还是克服了所有的困难。我惊讶于这个只有2英寸直径汽缸的机器所消耗的煤的数量之多，我认为这是由于金属汽缸散失的热量过多"。【8-8】

在绝望之际，幸运之星降临了。1774年，威尔金森申请了镗床专利，为的是解决铸造出来的大炮炮管内壁凹凸不平的问题。威尔金森的方法是，先铸造出实心圆柱，然后用镗床钻从内部钻出光滑的内壁，这提高了炮弹的发射速度和准确度，迅速获得军事应用。在威尔金森发明的次年，瓦特就为蒸汽机定制了用镗床制造的汽缸，新工艺将汽缸壁与活塞间的间隙降低到原来的1/5，进而降低到原来的1/50（0.01英寸即0.25毫米之内），蒸汽机的泄漏问题基本解决，其安全与效能变得无可争议。想想看，一项毫无关联的技术，出现得不早也不晚，却无心插柳，这算不算幸运？

● **一直缺钱**

瓦特的努力与幸运，不仅体现在技术上，还体现在商业上。话说有了"将冷凝器分离"的专利想法后，他面临发明家都有的难题：缺钱。仅仅实验就需要大量资金，更不用提实施。瓦特在自己掏腰包一段时间后变得负债累累，不得不转行去做地质勘测员来维持生计。如果不出意外，瓦特的蒸汽机发明大概率与理查德·特里维西克的火车发明一样胎死腹中，可这时，瓦特遇到了第一位赞助者，约翰·罗巴克（John Roebuck）。

这位罗巴克非等闲之辈，在当时的发明界与企业界都算名人，他发明过工业硫酸的制作方法、投资过工厂及铁矿。1769年，罗巴克与瓦特的合伙公司申请了专利，罗巴克占公司股份的三分之二，瓦特占三分之一。初看起来，分配比例失衡，但事实证明很公平：蒸汽机的研发时间之长、技术难题之多，以至于下面的十年合作里，罗巴克的所有资金都消耗了，合作公司处于破产边缘，而蒸汽机距离投入使用还很远。像罗巴克这样的知名人士都被蒸汽机拖垮了，应该没人再敢冒险了吧，可这时，瓦特遇到了第二位投资者博尔顿（Mathew Boulton）。

这位博尔顿也非等闲之辈，他的父亲是当时英国制造业重镇、伯明翰市著名的制造商，被视为"英国第一流的工厂主"。[8-9]到博尔顿接班时，工厂已经有五百多工人，生产从纽扣到表链等一系列金属制品。博尔顿拒绝了罗巴克仅仅转让三个郡代理权的提议，而要求罗巴克转让全部股权，理由是："仅仅为三个郡制造，那是不值得的事情。为全世界制造，那才是值得的。"这样的视野，是罗巴克与瓦特都不具备的。在资金与视野之外,博尔顿还给项目带来了新市场策略:之前蒸汽机的销售方式是传统的约定价格、到货付款,如果专利授权对方生产,则先预收专利授权费,保险是保险,但进程缓慢,因为用户只有在确定省钱的前提下才敢投入。博尔顿与瓦特的新公司为了体现对自己产品的信心,同意先垫付全部生产与安装资金,用户只需要按照节省燃料的三分之一付费。这快速打开了市场,但也带来了收款风险,在十几年间,博尔顿不得不变卖自己的家族财产来垫付资金;瓦特也绝望地写道:"如果债权人愿意放弃我的债权,我想把自己的一切交出去,把我的命运交给上帝安排,我所处的忧虑环境不能再继续了。"[8-10] 最终,还有部分客户想为了"赖掉"蒸汽机节省的燃料费而起诉原专利无效,所幸,法院站在了博尔顿-瓦特公司一边,让后者渡过难关。

瓦特对他的两位商业伙伴心怀感谢。关于博尔顿,瓦特写道:"博尔顿先生的积极性格和深信未来,是我的天生胆怯和平衡的积极力量。"关于罗巴克,瓦特写道:"我的努力所取得的成功,很大部分要归功于他友好的鼓励,他对发现的关心,他敏于想出这些发现的应用,他对商业的深邃认识,他远大的眼光,他热心、慷慨、积极的气质。"[8-11]

常常被形容为"迟疑、犹豫、懦弱、悲观"的瓦特,[8-12] 两次遇到远大眼光、热心、慷慨、积极的商业伙伴,这算不算幸运?想想看,罗巴克与博尔顿如果没有遇到瓦特,也过得不错,而瓦特如果没有遇到罗巴克与博尔顿,则境遇完全不同。[8-13] 正因为如此,在今天英国对蒸汽机的所有纪念活动中,瓦特与博尔顿的名字都并列出现,Watt & Bolton。只是在某些教材中,蒸汽机的发明者才被简化为瓦特一人,估计在编者们的眼中,技工已经难登大雅之堂,商人略去也罢。其实,创新与创业,新产品与新企业,都是从无到有的俗人创作!

● **普通人的革命**

不管瓦特还是博尔顿,都从未自诩为天才,因为他们深知自己只是努力而幸运的普通人。至于后人们热衷于追认授予他们"天才"的头衔,甚至不惜把瓦特奶奶请出来做证，归根到底是出于英雄崇拜情结，英雄与天才最容易被用来记住革命、解释革命。但这恰恰是工业革命的不同之处：它的重大发明大都有"工程性"的特点，因此现代蒸汽机的出现，只有靠瓦特、博尔顿、萨弗里、纽卡门、威尔金森、理查德·特里维西克、埃文斯、斯蒂文森、富尔顿、布鲁奈尔等普通人的参与才能解释！简而言之，第一次工业革命中十一条线的起飞，只有靠更多普通人的参与才能解释！我们似乎可以说，第一次工业革命是一场"普通人"的革命！

【8-1】法拉.四千年科学史[M].黄欣荣，译.北京：中央编译出版社，2011：168.

【8-2】安德鲁·卡内基.瓦特传：工业革命的旗手[M].王铮，译.南昌：江西教育出版社，2012：173-175.

【8-3】Robert Hart,"Reminiscences of James Watt,"转自威廉·罗森.世界上最强大的思想：蒸汽机、产业革命和创新的故事[M].王兵，译.北京：中信出版社，2016：130.

【8-4】萨利·杜根，戴维·杜根.剧变：英国工业革命[M].孟新，译.北京：中国科学技术出版社，2018：148.

【8-5】史蒂芬·夏平，西蒙·夏弗.利维坦与空气泵：霍布斯、玻意耳与实验生活[M].蔡佩君，译.上海：上海人民出版社，2008：29.

【8-6】史蒂芬·夏平，西蒙·夏弗.利维坦与空气泵：霍布斯、玻意耳与实验生活[M].蔡佩君，译.上海：上海人民出版社，2008：232.

【8-7】威廉·罗森.世界上最强大的思想：蒸汽机、产业革命和创新的故事[M].王兵，译.北京：中信出版社，2016：122.

【8-8】James Watt, Notebook of Experiments on Steam. 转自罗杰·奥斯本.钢铁、蒸汽与资本：工业革命的起源[M].曹磊，译.北京：电子工业出版社，2016：87.

【8-9】保尔·芒图.十八世纪产业革命[M].杨人楩，陈希秦，吴绪，译.北京：商务印书馆，2009：291.

【8-10】郑延慧.工业革命的主角[M].长沙：湖南教育出版社，2009：39.

【8-11】郑延慧.工业革命的主角[M].长沙：湖南教育出版社，2009：33.

【8-12】科学史家对瓦特的评价见下：

A、保尔·芒图.十八世纪的产业革命：英国近代大工业初期的概况[M].杨人楩，陈希秦，吴绪，译.北京：商务印书馆，2009：288."瓦特总是迟疑，犹豫，不满意自己，他需要有个人在旁边鼓励和推动前进"。

B、亚·沃尔夫. 十八世纪科学、技术和哲学史：下册[M]. 周昌忠，苗以顺，毛荣运，译. 北京：商务印书馆，1991：799. "瓦特生性懦弱、悲观，不喜欢生意经，总是更关心他的最新改良和发明的发展，而不是它们的商业利用。"

【8-13】乔尔·莫基尔. 雅典娜的礼物：知识经济的历史起源[M]. 段异兵，唐乐，译. 北京：科学出版社，2011：219.

威廉·配第："发明者常常为自己发明创造所蕴含的价值而自我陶醉，想当然地认为全世界的人都会侵犯他的发明权；可是，据我观察，普通人很少愿意使用这些新技术，因为这些发明本身还没有经过彻底的考验，……当围绕新发明的无休止争议逐渐平息时，时间已经过去很久，可怜的发明者不是已经去世，就是已经因为此发明而债台高筑"。

第九章　人没变，人数变了

阿什顿称工业革命为"现实中男男女女所进行的选择"。

经济学家罗伯特卢卡斯总结"小发明潮"的基础为，男男女女、工匠和商人、农民和劳动者的"百万个反叛"。

什么是工业革命的直接原因？通常的解释是商业、技术、法律、文化、政治、历史、科学、地理生态等要素。从机制上看，它们就不可能直接，因为它们与工业革命之间存在一个无法逾越的屏障，"人"。所有物质要素，唯有作用于人，才能对人类历史发挥影响；反之，如果无法作用于人，那么该物质要素对人类历史的影响也没有想象中那么大。

但有一个物质因素很特殊，就是发明的难度。假设现代的重大发明比古代发明来得"空前"容易，那不就直接转换为"空前"涌现了吗？这个假设并不成立，因为从单个发明点来看，古代与现代的发明难度差不多，越早前，信息缺乏但预期也低，越晚近，信息充分但预期也高；鲁班的发明不容易、袁隆平的发明也不容易，他们都伟大。而从复杂性来讲，工业革命中的发明无疑更难，因为蒸汽机、火车、铁路、远洋轮船等改变世界的发明都是"工程性"。如第一台成功商业运行的火箭号机车就"包含100种来自十多个不同科学领域的血统"。[9-1]在外部，还离不开与其他行业的配合，有赖于供应链的完善与市场的成熟。[9-2]工程协作最终又要回到人的协作。

人的因素不仅在机制上最直接，而且在时间上最连贯：在工业革命中重大发明潮爆发、持续、扩大、转向的过程中，时、空、技术都在变，而唯一连贯的就是"人"！

在人的因素中，作者以为，在时间上与机制上都最直接的莫过于"人数"，即独立的创新者与创业者的数量。

首先,独立思考的头脑多、交流多,碰撞而来的新思想不是按算术累加,而是按几何级数裂变,就像核反应堆中一个中子激活更多中子、直到核爆炸的发生。"在英国,工程师和技师的数量之多足以使他们彼此影响、相互作用,其途径有演讲、搞间谍活动、抄袭和改进"。[9-3]这就解释了工业革命中发明规模的起始、持续与加速。

不太明显的是,技术很难无端地跳去另一轨道,但人的头脑是发散的,一个发散的头脑还能带动更多发散的头脑。达利、韦奇伍德、威尔金森等人激励了瓦特与博尔顿。瓦特与博尔顿激励了斯蒂文森和富尔顿。"瓦特和阿克赖特名利双收、大富大贵,成为众人竞相仿效的对象。"[9-4]其当榜样与效仿成为潮流时,就塑造出一种创新与创业的文化,即集体性的发散思维,从而产生匪夷所思的结果。比如,古人在见过蒸汽机、火车、轮船、电话、空调前,自然无法想象出它们的威力或样子,这些东西是规划不出来的,唯有靠独立的头脑碰撞出来![9-5]这就解释了工业革命中重大发明的转向。

如果扩展的话,更完整的"人数",除了创新者与创业者,还应该包括前所未有数量的工厂中的制造者,以及前所未有数量的新产品消费者。消费需求的扩大尤为重要。"从长远看,只有当消费需求延伸到无数相对普通的家庭时,工业生产才有意义。"[9-6]消费源头的扩大还包括消费意识的提升:想想看,如果整个社会只买最便宜、最短期的东西,那我估计,第一台、第二台……第十台蒸汽机都不可能"低价中标"![9-7]蒸汽机之所以能被市场接受,是因为那时的社会已经越来越重视综合效益、长期效益,并逐渐培养成一种尊重精品、崇尚先进的意识。正是因为消费者、生产者、创业者、发明者的数量都呈井喷态势,才让工业革命汇聚成一条奔腾的大河,让重大发明有了涌现的基础。

● **俗人或追求世俗利益的普通人**

该如何描述这样的"人数"呢?

首先注意，这里不是指天才的数量，不是人口总数，不是新人类的数量。我们在序言、第一章和上一章中，已经排除了"新人""人口质量改变""生育策略"等说法，即由于18世纪的英国人变得更好，所以工业革命发生了。我们刚刚也排除了"天才说"，即由于少数天才恰好出现在18世纪的英国，所以工业革命发生了。至于人口总数，它更类似社会因素而非个人因素，因此，我把它与其他关于工业革命原因的答案放到后面的附录中评价。无疑，这些因素都与工业革命有关，但就与重大发明的关系而言，都没有创新与创业者的数量来得直接。

普通而独立的创新与创业者虽然"没有规律"，但存在身份与目的上的"家族相似性"。称工业革命中的创业与创新者身份"普通"，这不是我的，而是传统的界定：大多数古代社会都不加掩饰地划分身份的等级，如法国大革命中提到的"三级会议"，前两级，即包括神职人员和贵族的统治阶层；"第三等级"则包括农民、商人、手工业者、服务业者、工匠、水手、乡绅、批发商、零售商、银行家、船主、职员、小商贩等在内的平民阶层。在城市中，平民阶层也被称为"市民阶层"。直到十九世纪前期，德语中的burger、法语中的Bourgeois，都是自治市的市民、公民、居民、中产阶级的意思。[9-8]也就是说，直到第一次工业革命期间，普通"市民"或"平民"或"俗人"是对创新者与创业者的贴切称呼，包括瓦特等发明家，博尔顿、罗巴克等企业家，韦奇伍德、卡特莱特等发明家兼企业家。[9-9]有人说后面这几位是大资本家，那是几代之后的称谓，在18世纪末至19世纪初的工业革命时期，他们的身份是不折不扣的普通人。

在共同的身份之外，这些人还有共同的动机，即世俗利益。俗话说，历史是人民群众创造的，但不同时期人民群众创造的动机不同。原始人就为自己而创造，但处于无秩序状态。古代文明中的普通人仍在创造，但是在等级制度下被动进行的。在工业革命中，普通人开始基于自己的利益而主动创造，让我们确认下其中的几类人群：

瓦特代表了从传统工匠向发明者的转型，这些人的初衷很简单：在改善物质生活之前，其他理想都是奢谈。当然也不排除在改善物质生活后，他们也会追求

更高的、精神上的、技术的理想。[9-10]

博尔顿代表了从传统商人向现代企业家的转型。传统商业的目标是短期倒买倒卖的牟利；而博尔顿们则视牟利为自己的长期职业，乃至"天职"。[9-11]他曾介绍自己公司"销售全世界都需要的东西，能源""投资蒸汽机的花费，与它对英国和世界可能带来的好处相比，算不了什么"。[9-12]这些都说明，他所追求的利益远不止眼前——他要赚全世界的钱，也要为全世界赚钱。

随着时间的推移，越来越多的普通人主动投入追求世俗利益的冒险中：发明家、企业家、农场主、商人、经理、水手、冒险家、技工等。即使最底层的劳工阶层，也在朴实地追求更好的收入、住所、家具。威廉·赫顿惊呼："每个人的财富都掌握在自己手里"。[9-13]其实，这样的趋势只是在工业革命中更明显罢了；它从工业革命前就开始了，因此留待下一部分中讨论。

● 俗人的崛起

"追求世俗利益的人""普通人"，即本书在序言定义的"俗人"。俗人并不是什么新鲜事物，他们在原始时代就已经存在。俗人阶层也并不是什么新鲜事物，他们自古以来就处于社会底层。但俗人阶层作为社会变革的主力军崛起，这是前所未有的趋势。

当然我们要回答下面的质疑：创新的工匠与创业的商人只是俗人的一小部分，能否代表整个阶层？可以有几种角度来理解。首先，即使这一小部分人，在数量上也已经变得前所未有之多，足以"代表一种趋势"，在示范效应下，趋势还在扩大。[9-14]其次，如果把视野扩大到其他俗人群体，经理、水手、冒险家、高级工人、现代化农场的农场主等，也算工业革命中的新兴势力，其数量也是有史以来最多。至于更广大的劳工群体，他们未必能算新兴势力，但确是工业革命中生产与消费的主力军，甚至可扩展到妇女与儿童层面。[9-15]工业革命中，英国工人工资总体在提升，[9-16]商品变得物美价廉，但早期的工作环境太恶劣：劳动保障缺乏、童工与妇女权益谈不上、公共卫生没重视，而那时的英国政府正处于内忧外患中，国内人口膨胀、失业待解、移民涌入，国外则面临拿破仑战争，还腾不出手来解决社会问题，于是对工业革命早期恶评如潮！但到了后期，随着劳动环境、妇女儿童保障、公共卫生设施的改善，物美价廉的商品进入百姓家中，工人工资上涨的好处才显现出来；再加上，政治环境日渐宽松：1802年议会通过《工厂法》，规定了车间卫生、墙壁粉刷、车间通风、童工保障等。1832年议会通过《改革法令》，为新兴工业城市增加议会席位并扩大基层选举权。1847年议会通过《十小时工作法案》，设定了劳动时间的上限。1848年议会通过《公共卫生法》，明确了城市中供水、排污、垃圾处理要求……终于，对工业革命后期的评价又趋向积极[9-17]。

最重要的是，上述人群之间并无界限并处于动态之中：技工随时可能发达成为企业家，企业家随时可能破产成为流浪汉，这样的例子在工业革命中（乃至狄更斯的小说中）比比皆是。很多学者都表达过，那时英国的特点在于技工群体数量庞大且与商人、学者之间没有等级界限，背后的原因在于，这些人原本就同属一个"俗人阶层"。

贵族阶层并非主力军。不过，在工业界的创新与创业领域，他们的身影并不常见，因为他们有更符合身份的成就之道：继承财产、继承头衔、继承资格，总之，普通人想要的东西他们不争取也有，追求财富的动力自然没有普通人那么强。这不是说他们不想争取世俗利益，他们希望自己的土地租金上涨，更希望在自己的地下发现"意外之矿"，因此尽管自己未必积极创造、创业，但并没有花太大的精力去阻挠平民阶层这么做，甚至乐见其成。

俗人的崛起，不仅解释了工业革命的发生，还解释了其过程的几个特点：

——无硝烟。[9-18]工业革命以重大发明为核心，改变的是技术与财富，自然悄无声息。这与炮火纷飞的法国大革命形成了鲜明对比，因为后者以军事和政治为核心，属于不同性质的革命。

——无主角。[9-19]工业革命爆发了，没有哪位国王、教皇指点江山，因为它是人数众多的草根运动，在人的逐利性驱动下就可以自然生长、无须拔苗助长！

——无明确的时间起点。【9-20】俗人阶层崛起的过程在工业革命前就开始了，那么自然，这个过程的起点可以不断前移。

俗人的崛起不仅解释了工业革命的发生，还解释了其后续。相比起古代发明靠少数天才偶然为之，导致技术与财富长期限于低水平波动之中。在工业革命中，普通人参与创业与创新，让人类社会的财富积累与技术进步呈现出空前发展。今天，俗人已经成了社会的主体，而财富空前积累与技术的空前进步仍在继续。

因此，本书把"俗人阶层的崛起"当作工业革命发生的直接原因。工业革命之谜似乎已经告破，似乎又不完整。

【9-1】威廉·罗森. 世界上最强大的思想：蒸汽机、产业革命和创新的故事[M]. 王兵，译. 北京：中信出版社，2016：11.

【9-2】克莱顿·克里斯坦森在《发明者的窘境》一书中列举了从特种钢到挖掘机到电脑硬盘等近现代颠覆性的技术所需时间作为例证。

【9-3】乔尔·莫基尔. 富裕的杠杆：技术革新与经济进步[M]. 陈小白，译. 北京：华夏出版社，2008：269.

【9-4】乔尔·莫基尔. 富裕的杠杆：技术革新与经济进步[M]. 陈小白，译. 北京：华夏出版社，2008：284.

【9-5】冯·哈耶克. 知识的僭妄：哈耶克哲学、社会科学论文集[M]. 邓正来，译. 北京：首都经济贸易大学出版社，2014：17.

【9-6】托马斯·克伦普. 制造为王：文明、制造业、工业革命如何改变世界[M]. 陈音稳，译. 北京：中国科学技术出版社. 2023：118.

【9-7】巴比奇估算的"学习弧线制造第一个新机器的发明成本是制造第二个的五倍左右"。

转自：罗森伯格. 探索黑箱：技术、经济学和历史[M]. 王文勇, 吕睿, 译. 北京：商务印书馆，2004：42.

【9-8】A、雷蒙·威廉斯. 关键词：文化与社会的词汇[M]. 刘建基, 译. 北京：生活·读书·新知三联书店, 2016：71-75.

B、马克斯·韦伯. 韦伯作品集：第2卷：经济与历史支配的类型[M]. 康乐, 吴乃德, 简惠美, 等, 译. 桂林：广西师范大学出版社, 2004：262.

【9-9】路德维希·冯·米塞斯指出，"早期工业家大部分的家庭出身跟他们工厂雇佣的工人属于同一社会阶层"。转自F. A.哈耶克. 资本主义与历史学家[M]. 秋风, 译. 长春：吉林人民出版社, 2011：152-158.

【9-10】关于工业革命中工匠的发明动力，参考：

A、埃里克·霍布斯鲍姆. 工业与帝国：英国的现代化历程[M]. 2版. 梅俊杰, 译. 北京：中央编译出版社, 2017：18.

B、W. W. 罗斯托. 这一切是怎么开始的：现代经济的起源[M]. 黄其祥, 纪坚博, 译. 北京：商务印书馆, 2017：146.

C、罗杰·奥斯本. 钢铁、蒸汽与资本：工业革命的起源[M]. 曹磊, 译. 北京：电子工业出版社, 2012：17-18.

D、罗伯特·艾伦. 近代工业革命揭秘：放眼全球的深度透视[M]. 毛立坤, 译. 杭州：浙江大学出版社, 2012：245.

【9-11】关于企业家的作用，参考：

A、维尔纳·桑巴特. 犹太人与现代资本主义[M]. 安佳, 译. 上海：上海人民出版社, 2015：162-164.

B、约瑟夫·熊彼特. 经济发展理论[M]. 王永胜, 译. 上海：立信会计出版社, 2017：107.

【9-12】A、郑延慧. 工业革命的主角[M]. 长沙：湖南教育出版社, 2009：37.

B、罗伯特·艾伦. 近代工业革命揭秘：放眼全球的深度透视[M]. 毛立坤, 译. 杭州：浙江大学出版社, 2012：9.

【9-13】T. S. 阿什顿. 工业革命：1760—1830[M]. 李冠杰, 译. 上海：上海人民出版社, 2020：22.

【9-14】艾瑞克·霍布斯鲍姆. 革命的年代：1789—1848[M]. 王章辉, 等, 译. 北京：中信出版社, 2017：55. 163. "在英国工业革命的头两代人中，普遍存在一项基本事实，那就是小康阶级和富裕阶级累积所得的速度是如此之快，数量是如此之大，远远超过了他们所能找到的花钱和投资机会"。

【9-15】马可辛·伯格强调，工业革命的主力军除工匠外，还有一个人群更庞大，由妇女与儿童组成，他们为早期工厂提供了有效而温顺的劳动力。转自：克丽丝廷·布鲁兰. 重说工业革命的经济史[M]. 马国英, 译. 北京：中国科学技术出版社, 2022：36.

【9-16】如果细微地看，工业革命期间的工人工资水平在波动之中，大概呈现先升后降再升的趋势，但从长期看是上升的趋势。

A、F. A. 哈耶克. 资本主义与历史学家[M]. 秋风, 译. 长春: 吉林人民出版社, 2011: 160-175. 167.

B、T. S. 阿什顿. 工业革命: 1760—1830[M]. 李冠杰, 译. 上海: 上海人民出版社, 2020: 171-172.

C、格里高利·克拉克. 告别施舍: 世界经济简史[M]. 洪世民, 译. 桂林: 广西师范大学出版社, 2020: 253-257.

D、里格利. 延续、偶然与变迁: 英国工业革命的特质[M]. 侯琳琳, 译. 杭州: 浙江大学出版社. 2013: 10.

E、克拉潘. 现代英国经济史: 上卷第2分册[M]. 姚曾廙, 译. 北京: 商务印书馆, 1977: 758.

F、罗伯特·艾伦. 近代英国工业革命揭秘: 放眼全球的深度透视[M]. 毛立坤, 译. 杭州: 浙江大学出版社, 2012: 51-58.

【9-17】参考以下著作:

A、罗伯特·艾伦. 近代英国工业革命揭秘[M]. 毛立坤, 译. 杭州: 浙江大学出版社, 2012: 51. 图2.1.

B、杰克·戈德斯通. 为什么是欧洲? 世界史视角下的西方崛起(1500-1850)[M]. 关永强, 译. 杭州: 浙江大学出版社, 2010: 31. 图2.2.

C、伊恩·莫里斯. 西方将主宰多久[M]. 北京: 中信出版社, 2014: 330. 图10-2.

【9-18】詹姆斯·哈威·鲁滨逊. 新史学[M]. 齐思和, 等, 译. 北京: 商务印书馆, 2016: 10. 批评"历史学家故意抹杀人类和平时期的重要性, 但人类的大部分进展是发生于和平时期"。

【9-19】约翰·希克斯评述道: "一些详细的传记可以把那场革命的某些情节记述下来, 而且已经作了记述, 但没有一本传记把它当作中心。没有人会突发奇想地认为有那么一个特殊的人、一个发明家或企业家, 离了他的活动英国工业革命就不能出现"。约翰·希克斯. 经济史理论[M]. 厉以平, 译. 北京: 商务印书馆, 2017: 8.

【9-20】不少学者也能列举出证据证明, 英国工业革命早于1760年前就开始了: 1709年达比发明了焦炭炼铁法, 1712年纽卡曼发明了杠杆式蒸汽机, 1733年约翰·凯伊 (John kay) 发明了飞梭。有些证据显示工业化的迹象出现得更早: 布罗代尔指出1650年前的英国已经成为欧洲最强的国家, 已经出现了有规模的工厂, 已经出现人口增加; 从1650-1750年, 经济发展在持续加速。(布罗代尔, P702, 719)。英国著名的史学家巴宾顿·麦考莱在《英格兰史》中干脆以历史的连续性为由, 拒绝"工业革命"的说法, 或光荣革命, 或资产阶级革命, 或任何"革命", 因为历史的延续性可以把英国工业起飞的时点无限推延。

第三部分 ｜ 时代——为何在那时、那地？

继续何祚庥教授的问题，听诊器、圆珠笔的轴承、医疗器械、科学仪器、发动机等依赖进口，症结在于现代技术所具有的"系统"特性，系统需要大众，而大众需要环境。我从来以祖先的聪明才智而自豪，但百年产品、百年工匠只能生长在适宜的土壤中。

因此，在这部分中，我们将镜头拉到远近之交的位置，审视下工业革命前两百年间英国社会的变化。无疑，变化很多，但哪个才是与俗人崛起直接相关，即有它就有俗人崛起、没它就没俗人崛起的要素？找到了它，我们就找到了工业革命发生的中时段、结构性的原因。答案仍然与"人"有关：环境可以激励人。

第十章　动机乃发明之母

关于工业革命之谜，我们回答了一半，"俗人的崛起促成了工业革命"，但读者会紧接着追问："是什么促成了俗人的崛起？"这后一半问题，我们就无法再请教老师福尔摩斯了，他面对的是个人案件，找到凶手就算破案；而我们面对的是"群体事件"——整个俗人阶层突然崛起，背后当然有更深层次的原因。方向是清楚的，人性没变，那么，变的就是环境。如熊彼特言，创新的大地不是缺乏有用的思想，而是各种力图保持现状的社会势力。考虑到"环境"一词太笼统，在搜索前，我们最好先缩小下范围：

空间上，我们关注的是英国，因为工业革命发生在那里；

时间上，我们关注的是16到18世纪，因为工业革命发生在18—19世纪的英国，而历史从来是连续的，历史学中常举的例子是：辛亥革命发生于1911年10月10日，不可能从一天的凌晨十二点开始到次日的凌晨十二点结束；在10月9日前有准备，在10月11日后也有后续，炮火中的革命尚且如此，无硝烟的革命更如此。我们要往前追溯，但又不能追溯到太早之前，因为条件如果早就具备了，那俗人就应该早崛起、工业革命也应该早发生了。

关于"环境"的范围，我们关注的是商业与法律。站在瓦特们与博尔顿们的角度想：发明能不能短期盈利，取决于商业环境；盈利后权益能否得到长期保障，取决于法律环境，因此，这两种环境就像种子发芽所需的水分与土壤，对俗人的崛起影响最直接。至于文化、政治、军事、自然地理等其他环境因素，则像阳光与地貌，是种子发芽后才需要的。

在机制上，我们的答案必须能够解释俗人为何崛起在那时、那地。要知道，中世纪的欧洲属于欧亚大陆上的不发达地区，贸易停滞、城市凋敝、农业僵化。

而偏居欧洲一隅的英国更属于不发达地区中的不发达地区，它立国较晚，始终跟随在欧洲大陆的后面亦步亦趋；就这么一个"长期落后、起步很晚"的英国，却在工业革命前就已经一跃反超而成为全欧洲的中心，这中间究竟发生了什么？

加起来，我们要追溯的是16—18世纪英国在商业与法律环境上的转变。【10-1】一条有益的线索是，下面五件事都发生在16—18世纪的英国、都属于商业与法律环境的转变，它们如此重要，以至于都曾分别或组合地被当作工业革命发生的原因（尽管"直接"的可能性已经在前面被否定，但"间接"的可能性仍然存在），即，专利法、金融改革、农村运动、行会解体与宪政革命。让我们先从这五件具体的事情开始，再从中提取出"单一而统一"的要素。

● 专利法的出现

经济学家科斯："如果我们将某些程度的私有权扩展到发明者，这些思想将会以更快的速度涌现出来"。【10-2】

经济学家诺斯："没有这种所有权，便没有人会为社会利益而拿私人财产冒险"。【10-3】

在有利于创新的环境因素中，最常被提起也最少争议的是专利法，即，发明者在一定时间内享受其发明产品独家经营权的法律保障。只是，这个词今天已经充斥于各大媒体，让读者很容易想当然地以为它早就存在。但其实，它既非想当然，存活下来也费了不少周折。

让我们还是回到原点：人为什么要发明？在第一章中，我们用发明的动机解释了人类早期的发明，在人口少、交流少的情况下，它进展缓慢。但没有回答完整的是：城邦时代的人口变得密集、天赋变得多样、需求变得很大、劳作变得繁重，为何情况仍没有本质上的改变？答案仍然在于动机，但这时变成了两方面的动机——

在发明者这边，仅凭"理性经济"的头脑就能估算出来发明得不偿失。且不说先要付出冥思苦想、无数实验的努力，要不断鼓励自己说"等产品出来就好了！"；真等产品出来了，卖不卖得出去又成问题；最糟糕的是，卖出去了，还存在"搭便车"的风险,即发明一旦公开就变得谁都可做,竞争多了,赚不赚钱又成问题。为了防止"搭便车",古代作坊的办法是保密,师傅把秘诀传给大徒弟或大儿子;而继承者要做的就是藏好师傅的技术,一代代传下去。保密意味着别人无法改进,甚至自己都不想改进。比如老祖宗新发明了一个斧头,传到了我手里,我已经独享了制作收益,那十有八九我不会想创制更好的斧头。保密也意味着小作坊永远不可能成为大作坊,在小批量下,斧头的品质也难提升。

在社会这边,则有完全相反的诠释,同样基于理性经济的考虑:什么"搭便车"?这根本是"吃独食"!百姓认为技术是大家的,应该共享;统治者则认为技术是朝廷的,应该保密。对付"吃独食"也有办法,就是大而公开的皇家工场。"大"到垄断则消除了高品质的必要,"公开"又抑制了工匠发明的动力。古代中国、古波斯、古印度、古代日本、古代朝鲜的皇家工场再雄伟,也很少听说发明什么新东西,就连老品种都凑合过关就行,因为对工人们来说,那只是年复一年劳作的场所!

利益不匹配的结果是动机不匹配,动机不匹配的结果是大家躺平了事!

这样我们就能理解现代专利法的微妙之处:它不是像想象中仅仅保障了发明者的利益,而是平衡了两方的利益:

——在专利保护期内,垄断收益属于发明者,请尽情享用"独食"!在专利时限外,信息对全社会公开,请随意"搭便车"!

——为了让发明者尽可能受益,专利保护期不能太短;为了让全社会尽早用上新技术,专利保护期又不能太长。

——相比起统治者与大众,普通发明者属于弱势群体,因此议会必须起到平衡的作用,并为专利提供法律背书。

既然专利的关键在于平衡,而古代的体制完全失衡,就好理解两者难以长期并存。有人说,专利来自古代的专卖:东西方的王朝都曾经出现某种专卖权的安排，即规定某种产品只能由政府或国王的亲戚宠臣垄断经营，中国从汉代开始就设置盐铁专营，到了晚清时期，慈禧太后也效仿西方将纺织厂的"专利"授予李鸿章。但古代的东西不管在名字上听着多像现代，都脱不开古代的本质：专卖权与发明没什么关系，与普通人也没什么关系，由于缺乏监督机制，专卖权向来以腐败、低效著称，这背后的原因在于，汉武帝、慈禧太后完全没有搞平衡的必要，否则的话，就不成其为"帝"与"后"了。

而现代专利法得以产生，是因为现代商业与法律环境已经在形成中。在15世纪的意大利半岛，议会控制了城邦，出于富"城"强兵的目的，开始向技术发明者颁发"专利证"，"授权具有天分的人独家制作具有重大公共利益的机器"。[10-4]这标志着一种质的转变，任何市民都可以申请，符合条件的发明都可能被批准；如果遇到纠纷，议会可以作为中介机构并以法律的名义来协调、审核、监督。虽然意大利半岛很快陷入内乱，但新思想的种子保存下来、传播出去了。在下面的一段时间，基于富国强兵的目标，西欧新兴的民族国家纷纷效仿意大利首创的专利制度：巴黎1470年，荷兰1471年，瑞士1472年，匈牙利1473年，西班牙1474年，英格兰1476年，丹麦1482年，瑞典1483年均出现了专利书之类的文件。[10-5]这些新兴民族国家又分为三类：荷兰在议会控制下的政府大致沿袭了意大利首创的专利制度；其他"开明君主制"的国家往往允许专利与专卖并行；英国则属于折中的类型，它从后一种模式和平过渡到了前一种模式。

在16世纪，英国伊丽莎白女王在以各种专卖权来奖励宠臣的同时，授权财政大臣用"专利权"来吸引外国人才。在继任国王詹姆斯一世治下，首席法官柯克参与起草并经国会批准了《垄断法》，[10-6]规范"特别垄断权"的批准者为议会、范围为新技术。最后在17世纪的宪政革命中一锤定音，议会掌控国家政权、废除了国王的特许权，这样就只剩下了议会自己掌控的专利权。新《专利法》明确了对发明新颖性和实用性的要求及专利期限，这已经与今天的十分相似，专利变成了普通发明者在一定时间内独家经营的权利，而不再是帝王与贵族的特权。在议会监督下，专利的授予、审核、申诉、终止都变得廉洁、高效很多。此后，英国专利数量呈现井喷式增长：据统计，1760年前是12个；1766年，31个；1769年，36个；1783年，64个；1792年85个；1802年，107个；1824年，180个。[10-7]

由于专利法平衡的是双方的利益，而双方的利益始终在博弈，因此也就不难理解，它从诞生之日起就没停止过争议。以瓦特的专利为例，它让蒸汽机的项目数次化险为夷。第一次，罗巴克破产，因为申请过专利，成功将股份转让给博尔顿。第二次，瓦特与博尔顿将蒸汽机销售给矿山引发欠款纠纷，因为法院判决专利有效，瓦特–博尔顿的公司才收回欠款。除了蒸汽机，工业革命中其他"工程式"的发明需要的资金大、时间长，也都极其依赖专利法的保障。

但另一方面，在瓦特专利有效期的31年中，[10-8]要求终止它的社会呼声从未停止，理由是，瓦特与博尔顿垄断了蒸汽技术，阻碍了社会应用及继续创新。

直到工业革命取得成功后的1819年，瑞士著名的经济学家西斯蒙第还在发出批评："给予发明家特权的结果，就是让他垄断市场，反对本国的其他生产同业。可见，由于发明，本国消费者得利极少，发明家得利很多，其他生产者因此蒙受损失，他们的工人则将穷困而死。"[10-9]

幸运的是，欧美工业化的成功最终证明专利法利大于弊，使得赞扬声逐渐压过了质疑声，以至于今天我们听到的大多是正面的信息。经济学家赫尔南多·德·索托以比尔·盖茨的成功为例，来说明现代社会对商业的法律保障的作用："假如没有专利法的保护，他能够发明多少软件？假如没有强制性的合同，他能够进行多少交易，实行多少长期计划？假如没有有限责任公司的制度和保险政策，他最初能够承担多大的风险？假如没有确认的所有权记录，他能够积累起多少资本？假如没有可交换的所有权表述，他能够将多少资金用于投资？假如没有继承制度，他如何把他的商业帝国的权利交给子女或同事？"[10-10]

没有专利法，就难有发明者的崛起，也就难有工业革命的发生。但它仅仅代表了16—18世纪英国的商业与法律环境的冰山一角，因为它的产生及运行都基于整座冰山：

——"专"的执行，取决于法治的环境。想想看，为什么英国政府不找个理由终止瓦特的专利？因为专利权、知识产权都属于财产权，而财产权与"法律面前人人平等"是现代法治的核心内涵。对比之下，古代社会中的法律制度写得清楚，但在执行中却南辕北辙，帝王一句话就全部作废。

——"利"的兑现，则取决于商业环境的完善。比如你申请了一种高频耳机的专利（我也不知道那是什么东西），那你不需要任何权贵的批准，就可以在市场上获利，甚至在开始之前就预测成本多高、市场多大、盈亏平衡点在哪里，这样的预测极大程度地消除了不可测的因素，所以才让今天的商业管理课程变成一门科学！相比之下，和氏璧的例子中，先是觐见无门，觐见后更结果难料！

要看清整个冰山的全貌，我们还要继续考察16—18世纪英国发生的另外几件事。

【10-1】道格拉斯·C. 诺思. 经济史上的结构和变革[M]. 厉以平，译. 北京：商务印书馆，1992：184. "工业革命并不是我们有时所认为的那种和过去根本决裂。相反，正如我将在下面所要说明的，它是以往一系列的渐进性积累"。

【10-2】罗纳德. H. 科斯. 等著. 财产权利与制度变迁：产权学派与新制度学派译文集[M]. 刘守英，等，译. 上海：生活·读书·新知上海三联书店、上海人民出版社，1994：81.

【10-3】道格拉斯·诺斯，罗伯斯·托马斯. 西方世界的兴起[M]. 厉以平，蔡磊，译. 北京：华夏出版社，2009：7. 此外，道格拉斯·C. 诺思. 经济史上的结构和变革[M]. 厉以平，译. 北京：商务印书馆，1992：20. "在整个历史上，在发明的个人受益和社会受益之间，几乎始终存在着巨大的差距"。

【10-4】乔尔·莫基尔. 富裕的杠杆：技术革新与经济进步[M]. 陈小白，译. 北京：华夏出版社，2008：85.

【10-5】威廉·曼彻斯特. 黎明破晓的世界：中世纪思潮与文艺复兴[M]. 张晓璐，罗志强，译. 北京：化学工业出版社，2017：113.

【10-6】也被翻译为《反垄断法》，即An Actconcerning Monopoliesand Dispensationwith Penalservitude.

【10-7】T. S. 阿什顿. 工业革命：1760—1830[M]. 李冠杰，译. 上海：上海人民出版社，2020：101.

【10-8】瓦特的专利在1769年获得批准，在1775年被延期25年，到1800年才失效；瓦特的另一个专利也是1800年失效。

【10-9】西斯蒙第. 政治经济学新原理[M]. 何钦，译. 北京：商务印书馆，2016：455.

【10-10】赫尔南多·德·索托. 资本的秘密[M]. 于海生，译，北京：华夏出版社，2017：188-189.

第十一章　小店主之国——让钱流通

芒图："英国在变为典型的工业国，即变为拥有矿山、制铁厂和纺纱厂的国家以前五十年的时候，已经是一个大商业国，正如一句名言所云：是商人的国家"。【11-1】

格申克龙："在英格兰，工厂的建造得益于多种形式的私人财富资源的存在……英国发展的特征之一就是，私人方面拥有强烈的对工业发展进行投资的意向"。【11-2】

如果说"没有专利法，就没有瓦特们的崛起"，那么，没有市场，就没有博尔顿们的崛起。想想看，几层楼高的蒸汽机需要多少设备、土地、人工、原料、资金，这些都来自市场。甚至，瓦特与博尔顿本人的收入、储蓄、投资也来自市场。发展到今天，市场承担了经济体中信息、激励、竞争、分配等各项功能，【11-3】以至于市场就是经济、经济就是市场，所以被称为市场经济。

但传统地讲，有商品交换、有货币资金的地方就可以称为集市。集市自古就存在，并且在罗马帝国时期、波斯帝国、伊斯兰帝国、中世纪欧洲的卡洛琳王朝、蒙古帝国、印度莫卧儿帝国、中国、日本的德川幕府等，都曾有短暂而繁荣的集市。要说这两种"市"的区别，有人说是规模，其实，古代的市场也有大的，现代的市场也有小的，在规模的表象背后，更本质的区别在于"生命力"：古代存在贸易、融资、土地、执业、劳动力、土地等方面的诸多限制，把农村中的农业、城市里的制造业、城乡间的商业分隔开来，好似一摊"死水"，如果瓦特与博尔顿穿越到古代，就会发现那样的社会容不下他们活动！而瓦特与博尔顿们之所以能活动起来，是因为一种新型的市场在之前已经出现：它无孔不入、自发生长，就像"活"了一般，最终渗透到商品、投资、消费等各个环节。

"从死到活"的奇迹是如何发生的，不同的书会提到不同的名字，商业革命，农业改革，行会解体。它们都对，但都有简化之嫌，因为它们都只是英国市场化中的某个环节，而加起来才共同构成了完整的过程。我这么确定的理由是，商业革命主要发生在城市，农业改革主要发生在农村，行会解体主要发生在城乡之间；如果市场化只发生在一个行业、一个地方，那就不成其为"经济"了，因此，我们要用三章把这三个环节讲完整。首先是发生在城市中的商业革命。

● 中世纪的欧洲

可想而知，作者刚刚筛选出"唯一一次生产力跨越"，真心不希望再加入任何新"革命"，无奈历史本来如此：工业革命并非从石头缝里蹦出来的，在之前，作为预热的"商业革命"已经席卷了西欧。让我们还是先从"革命"前的情况讲起。

古代世界大都属于农业文明，即农村为主、城市为辅，农村自给自足、不需要贸易，这不奇怪。奇怪的是，在中世纪的欧洲，连城市内的贸易都很少，大概来自两方面的缘由，一是城市格外凋敝，相比起古代中国与阿拉伯世界的城市往往是王国的政治经济中心，欧洲的贵族则宁愿住在农村的庄园里，任由城市自生自灭，仿佛"一个个孤岛在乡村的汪洋大海中"。[11-4]另一个缘由是资金渠道不畅，中世纪的基督教禁止基督徒间的有偿借贷，[11-5]只有犹太人不属于基督教"兄弟"，这原本是种歧视，却无意间让犹太商人垄断了资金渠道，莎士比亚的戏剧《威尼斯商人》就是有关中世纪犹太商人的故事。垄断的结果是，中世纪的利率通常高达25%甚至百分之几百，连普鲁士的费列特国王都支付过17%的利息，连法国的路易十四国王都支付过15%的利息，连教皇都要支付8%～35%的利息，[11-6]可想普通人做生意的融资之难。当时的人写道："我们找不出商人，没有商人的存在，或者可以说，除了犹太人就没有商人。"

城市中的贸易少，城市间呢？也很少。中世纪蛮族建立的小国林立，小国里面又层层分封，不同管辖权造成道路上众多关卡、关税繁重，再加上城市与城市间交通不便、货币不通,这些都让往来贸易成本过高。常常被引用的例子之一是,1550年左右,日耳曼商人安德烈亚斯·里夫在写给太太的信中表示,他在走访德意志地区的30个市场时,缴了31次税,每个社区都有自己的货币与法规秩序,总计112种不同的长度基准、92种不同的面积基准、65种不同的干货基准、163种不同的谷类计量标准、123种不同的液体计量标准、63种特殊的酒类计量标准以及80种不同的磅重基准。【11-7】

内贸少,外贸呢?更少。在欧洲的东边与南边,敌视基督徒的伊斯兰人骚扰着地中海及通往东方的贸易路线。在欧洲西边,维京海盗大西洋南下劫掠,让西欧人防不胜防,更别提出海贸易了。在全面受阻下,那时的西欧强国,查理曼帝国,被形容为"基本是一个内陆国家,它对外再无交往,是一个封闭的国家,一个没有出口的国家,生活在完全隔绝的状态之中……"。【11-8】

总结下中世纪的欧洲,农业自足、制造业有限、城乡间互不往来,贸易几乎消失,这与今天发达的欧洲有如天壤之别。

● **欧洲的"小分流"**

关于欧洲的复兴,各位都听说过"文艺复兴打破了中世纪的精神桎梏",但较少为人所知的是,商业革命打破了中世纪的物质枷锁、奠定了其他一切复苏的可能性。

从12世纪晚期开始,欧洲的内河沿岸贸易及地中海的港口贸易恢复了,人们开始把多余的产品拿到地区性的集市上去交换,于是,在13、14世纪欧洲东南角的意大利半岛上,最早出现了商业繁荣。那里的威尼斯、佛罗伦萨、热那亚、比萨等城市,占据了交通枢纽的位置,既可以沿着内河通往欧洲内陆,又可以在战舰的护航下称霸地中海,成了全欧洲的贸易与金融的中心。

到15、16世纪中叶,大西洋沿岸的布鲁日、安特卫普、阿姆斯特丹,乃至波罗的海沿岸城市也繁荣起来了。它们既受益于欧洲的海外扩张,也受益于意大利商业革命的传播,既可以参与殖民地贸易,也可以进行欧洲内陆贸易。这些城市压过了意大利半岛的势头，成了欧洲贸易与金融的新中心。

到了16世纪末、17世纪，商业繁荣扩散到欧洲西北角的英国。这个阶段被发生在1688年的英国光荣革命分为了两段：之前在王室统治下的英国已经实行了重商政策，打通了农村、城市、城乡之间的贸易壁垒，降低了与美洲、印度等海外殖民地的贸易成本，成为欧洲贸易的中心；到1688年光荣革命后，议会掌控下的英国更加速了商业与金融改革的进程，一跃成为欧洲新的贸易与金融中心。

上述经济中心从1200年到1700年期间的漂移，在欧洲版图上从东南角到西北角，划出了一条"对角线"。在线的一侧，意大利、荷兰、比利时、英国乃至法国等经过了商业革命洗礼的国家，成了人们口中的"发达"西欧。在线的另一侧，固守中世纪传统的东欧成了欧洲的"欠发达"区域。另一拉开东西欧差距的促因是黑死病：黑死病造成了人口大量死亡、劳动力极度短缺，东西欧的处理方式截然相反：西欧通过市场化来吸收流动人口，东欧则通过"第二次农奴化"将农民牢牢地固定在土地上，更让对角线两侧在经济、政治形态上判若两"欧"。基于此，学者范赞登指出在工业革命引发拉开东西方差距的"大分流"前，商业革命已经引发拉开东西欧差距的"小分流"。[11-9]

虽然商业革命的中心在漂移，但所到之处，"革命"的内容是相似的：

首先，贸易的复苏带动了城市中的各行各业，工匠们忙制造，借贷者忙融资，贸易商忙交易。过去被"放任自流"的城市在富裕起来后，主动向贵族购买自治权，而贵族正好急需货币来购买远方而来的奢侈品，所以乐见其成。至于城市该如何"自我"治理，表面上是议会管理，背后是行会掌控。在12世纪后，纺织业者、金匠、屠户、蜡烛匠、石匠、鞋匠、木匠、铜匠、制帽匠、画匠、缝纫工、编制工、修补匠、染工、理发匠、面包师、厨师、香肠师、医生、律师、公证人、仆人、大学、娼妓等纷纷成立了各自的行会。行会囊括了几乎所有市民，那么不管通过直接选举，还是通过间接选举，都足以控制议会。控制了议会，就等于控制了城市的立法、司法与执法。在相当长的时间内，这意味着制造业的极大利好，据统计，伦敦市在1747年的职业数量达215种，50年后更扩大到492种。[11-10] 由于英国中小业者之多，亚当·斯密在《国富论》中称英国为"小店主之国"。

接下来，商业与制造业的繁荣带动了金融业。因为大量的货物需要大量的资金支持，而大量的资金呼唤新金融工具的出现，下面这些都是最早在意大利出现，然后被荷兰及比利时继承，继而被英国发挥得淋漓尽致，最后传播开来变为今天耳熟能详的。

—— 公司形式

古代常见的形式是合伙公司，通常限于家庭成员或熟人间，如果有合作者变故，则公司解散。[11-11] 到12世纪的意大利，在威尼斯与热那亚等地，出现了股份公司的形式，即以法律的形式将投资项目划分成比例、然后按比例承担风险并分配收益。这尤其适合远航等资金量大、回报时间长的项目，因为陌生人也能放心认购、转让、继承股份。即使远航的船长不是股东，也可以其专业能力入股，在今天被称为"职业经理人"。而且，股份有限公司可以长期乃至永远存续，就像获得了独立身份，在今天被称为"企业法人"。

荷兰与英国很快继承了股份公司的形式并加以"责任"二字。这是针对合伙公司及股份公司都有的一个缺点：投资人承担了无上限的风险，如果投资失败，连自己的住所等都可能变为追索的目标，让投资人三思而行，甚至不"行"。"股份有限责任公司"，顾名思义，就是把投资者的风险仅限于股本金额，如果公司破产或欠债，不会追溯到个人财产，这又有利于超大规模、超长期的项目需求。1600年英国出现了东印度公司。在1688年（光荣革命）后的七年间，股份公司的数量从22个增加到了150个。[11-12] 在工业革命中，英美的运河、公路、铁路等项目，大都以股份公司向公众发行股票的形式集资完成。

不久，荷兰与伦敦又出现了股票证券交易市场，进一步扩大了"陌生人交易"的范围，即，任何人都可以用货币去"股市"购买股票，承担有限责任并享受回报，所以这些股市中的公司今天也被称为"公众公司"。伏尔泰赞誉道：

"请走进伦敦的交易所去,这是比各种不同的小朝廷还更值得尊敬的地方。在那里您可以看到各民族的代理人为着人类的利益而聚集起来"。【11-13】

—— 汇票与保险

英国有庞大的海外贸易网络,这就要求伦敦的金融中心提供远程服务。汇票,即银行为远程交易出具现金和外汇的付款承诺;保险,即保险公司为贸易提供意外风险的赔付承诺,这两种形式在古代就存在,只是在商业革命中变得交易量异常庞大,体系也异常复杂。

—— 银行

银行是民间与企业间的资金桥梁。从逻辑上看,它其实是最简单的低买高卖,只不过买卖对象从商品换为了货币:银行以低利率吸收存款,再以高利率投放贷款,中间的差额就是银行毛利。据统计,伦敦在1725年有24家银行,1786年增加到52家。而伦敦以外的乡村银行,在1755年有12家,1793年增加到400家,1815年增加到900家,可见英国金融业发展之迅猛。【11-14】

在上述的金融工具外,国家银行与国债是由国家背书的金融工具:前者以国家为名发行货币;后者是以国家名义发行债券,国家为借款方、百姓为贷款方、一般约定长期的固定收益(如10年每年10%等)。这两种形式在国王时代也都有雏形,但运行不佳,到宪政改革后才大放异彩,这背后的原因,留待宪政革命中再讲。

资本渠道越来越多的征兆之一是贷款利率越来越低,在英国从16世纪的10%,降到1625年的8%,再到1651年的6%,又到光荣革命后的3%—4.5%【11-15】相比起古代任何时间乃至当时世界的其他地方,这都是最低的。【11-16】这里插一句,今天大家常听到央行调节利率的消息,但未必理解背后的意义:银行利率决定了实体能否盈利,大规模制造业与商业往往通过借贷周转资金,假如利率太高,就会出现利息侵蚀利润的情况,俗称"企业为银行打工"。利率还决定了社会资本的走向,如果利率很高的话,为什么不选择投资钱庄收息,或投资土地收租呢?即使同等回报,钱庄与土地都是优选,因为更易于打理;相比之下,制造业与商业少不了人、货、场地的麻烦。

由于16—18世纪英国的利率很低，远低于商业与制造业的利润，社会资金被充分调动起来、流向实体，投资、回报、储蓄、再投资、再回报、再储蓄……。资金是没有国籍之分的，它总流向最畅通的地方，全欧洲的资金都流向了伦敦：投资、回报、储蓄、再投资、再回报、再储蓄……这让英国的商业、制造、金融滚动成为前所未有的庞然大物。

● **革命的结果**

如果仅仅说到这里，贸易繁荣、金融发达，那还没讲到商业"革命"的实质，因为这些古代都有过，只是局部而静态罢了。商业革命的根本不同在于，它是有生命力的：不仅商业革命中经济体都保持了相当长时间的增长，而且近现代经济持续增长，这被称为世界经济史上的"奇迹"。在空间上，商业革命从意大利扩散到了荷兰，荷兰扩散到了英国，英国又扩散到了美国、德国、法国、北欧、南欧、日本，20世纪又扩散到了新加坡、香港和台湾地区，今天已经扩散到了世界大部分地区。

有人把现代市场经济形容为一台停不下来的机器，[11-17]但机器是动而无生命的，尚不足以形容上述"奇迹"。更确切的比喻是生命，生命是动且活的。当氨基酸、蛋白质等分子在适当的条件下组合形成细胞时，"生命的奇迹"就发生了：细胞开始攫取资源并进行自我复制和分裂。类似地，当静止的、局部的市场要素组合为市场经济时，"奇迹"出现了，它开始自然生长、自行扩散。

上述比喻只是为了理解方便，更严谨的经济学解释来自亚当·斯密。在《国富论》的第一章中就指出，劳动分工提高了劳动效率，这正是国民财富增长的来源。[11-18]接下来，劳动分工的专业化会导致收入增加；增加的收入可以用来消费、储蓄或投资，这扩大了市场；在更大的市场中，消费呼唤更多样的产品，而储蓄呼唤更好的项目；这些都推动劳动分工进一步细化。于是就出现良性循环如下：劳动分工—收入、消费、储蓄的提升—市场扩大—劳动分工再细化—收入、消费、储蓄再提升—市场再扩大……这解释了英国近代经济的自然增长。

亚当·斯密的后继者李嘉图进一步指出，上述逻辑不仅适用于单一经济体，还适用于不同经济体之间：劳动分工可以让不同区域间优势互补，提升彼此的生产效率，从而在更大范围内扩大市场、消费、储蓄，从而鼓励劳动分工更精细、效率更高、市场更扩大……这解释了近代世界的经济总量也始终在增长……【11-19】

"奇迹"当然是有条件的，否则的话，商业"革命"岂不早就发生了。亚当·斯密指出，要让无形的手发挥作用的方法很简单，就是给它自我调节的空间、放任自流。亚当·斯密宣扬自由贸易，似乎给人感觉好像英国当时的经济不自由似的，但其实在他写书之前，英国经济已经自然增长了两百年，原因就在于各项经济要素加速流通，亚当·斯密只是在呼吁障碍更小、流通更快罢了。这正是古代所欠缺的，生产、消费、投资各个环节的各种限制，使得集市局部而僵化。因此，市场化的过程就是一个给经济要素松绑的过程；经济要素自由了，市场经济的"奇迹"就自然显现，它无孔不入、无所不在，让俗人得以崛起、工业革命得以发生。【11-20】【11-21】

瓦特与博尔顿要开办工厂，不仅仅需要自由贸易、资本、消费，还需要自由的劳动力与土地。前者可以来自城市，而后者只能来自农村。【11-22】这意味着，要奠定工业革命的基础，市场化止步于商业革命是不够的。必需的下一个环节是农业改革。

无形的手

亚当·斯密在其一生的所有著作中，仅仅两次提到"无形的手"。一次在《道德情操论》中，一次在《国富论》中。由于后一本经济学专著往往更受重视，而前者则常被忽略。但起码从原文来看，亚当·斯密的逻辑是连贯的：先有人的市场，才有市场中的物。或者说，市场机制在不同层面有不同作用：在人的层面，市场机制把私利与公益无缝对接起来，就好像一双无形的手在作用。在物的层面，市场把供需关系无缝协调起来，又好像一双无形的手在作用。

这样的协调是有时发挥作用，还是总是会发挥作用呢？答案是，在自由市场中，总存在互惠与竞争。供应方提供的产品与服务如果与其他家相比不够优质，需求方给出的价格如果没有其他需求方的出价高，都会被淘汰，这就是竞争。卖方只有满足买方的需求，买方只有满足卖方的价格，才能成交，这就是互惠。于是，供应与需求，这两个看似矛盾的东西，在自由市场中，被强迫地无缝衔接起来，无须任何人的安排。让我们来重温下亚当·斯密在《国富论》的原文：

他们通例没有促进社会利益的心思。他们亦不知道他们自己曾怎样促进社会利益。他们所以宁愿投资维持国内产业，而不愿投资维持国外产业，完全为了他们自己的安全；他们所以会如此指导产业，使其生产物价值达到最大程度，亦只是为了他们自己的利益，在这场合，像在其他许多场合一样，他们是受着一只看不见的手的指导，促进了他们全不放在心上的目的。他们不把这目的放在心上。不必是社会之害。他们各自追求各自的利益，往往更能有效地促进社会的利益；他们如真想促进社会的利益，还往往不能那样有效。【11-23】

【11-1】保尔·芒图. 十八世纪产业革命：英国近代大工业初期的概况[M]. 杨人楩，陈希秦，吴绪，译. 北京：商务印书馆，2009：69.

【11-2】亚历山大·格申克龙. 经济落后的历史透视[M]. 张凤林, 译. 北京：商务印书馆, 2012：56.

【11-3】米尔顿·弗里德曼, 罗丝·弗里德曼. 自由选择[M]. 张琦, 译. 北京：机械工业出版社, 2013：16. "市场的作用在于传递信息、激励、竞争、分配"。

【11-4】查尔斯·霍默·哈斯金斯. 大学的兴起[M]. 梅义征, 译. 上海：上海三联书店, 2007：91.

【11-5】《路加福音》第6章。

【11-6】弗雷德里克·L.努斯鲍姆. 现代欧洲经济制度史[M]. 罗礼平, 秦传安, 译. 上海：上海财经大学出版社, 2012：85.

【11-7】A、罗伯特·海尔布隆纳. 经济学统治世界[M]. 唐欣伟, 译. 长沙：湖南人民出版社, 2013：11.

B、另见斯坦利·L.布鲁, 兰迪·R.格兰特. 经济思想史[M]. 邱晓燕, 等, 译. 北京：北京大学出版社, 2014：177. 给出的例子：1685年德意志地区易北河的贸易状况, 60块木板从萨克森到汉堡, 最终到达目的地的只有6块, 因为沿途缴费站收了相当于54块木板的费用。另见德国经济学家李斯特在1819年对该地区贸易屏障的描述："38项关税壁垒削弱了国内贸易, 就像绷带阻碍了血液的自由流通。汉堡与奥地利, 或柏林与瑞士之间的商业贸易必须穿越多个联邦, 必须弄清楚多道关税, 必须连续支付多次通行税。如果有人不幸居住在三四个联邦的边境线上, 他就不得不终日周旋在充满敌意的收税者与海关官员中间；他是一个没有国家的人"。

【11-8】亨利·皮雷纳. 中世纪的城市[M]. 陈国樑, 译. 北京：商务印书馆, 2006：19-23.

【11-9】扬·卢滕·范赞登. 通往工业革命的漫长道路：全球视野下的欧洲经济, 1000—1800年[M]. 隋福民, 译. 杭州：浙江大学出版社, 2016：113.

【11-10】据罗伯特·艾伦所做统计。

【11-11】A、科大卫. 近代中国商业的发展[M]. 周琳, 李旭佳, 译. 杭州：浙江大学出版社, 2010：79-85. 在古代中国 "作为公司的宗族"中, 宗族的收益被分割为 "份", 至于宗族的产业则必须经各房一致同意才能处置。

B、曾小萍, 欧中坦, 加德拉. 早期近代中国的契约与产权[M]. 李超, 等, 译. 杭州：浙江大学出版社, 2011：215. 家族合伙制的案例见 "自贡盐场多重所有制的管理"。

C、社会学家涂尔干、桑巴特、韦伯、滕尼斯等都将 "陌生性合作"视为现代的特性之一：股份公司是陌生人合作, 股市是陌生人买卖, 媒体是陌生人交流, 议会是陌生人政治, 人们轻松地 "与陌生人的日益频繁邂逅", 这是古代人不习惯, 而现代人觉得稀松平常的事情。

【11-12】道格拉斯·诺斯, 罗伯特·托马斯. 西方世界的兴起[M]. 厉以平, 蔡磊, 译. 北京：华夏出版社, 2009：221.

【11-13】伏尔泰. 哲学通信[M]. 高达观, 等, 译. 上海：上海人民出版社, 2014：27.

【11-14】参考：

A、波德. 资本主义的历史（从1500年至2010年）[M]. 郑方磊, 任轶, 译. 上海：上海辞书出版社，2012.

B、T. S. 阿什顿. 工业革命：1760—1830[M]. 李冠杰，译. 上海：上海人民出版社，2020：113.

【11-15】关于当时的英国利率，见：

A、T. S. 阿什顿. 工业革命：1760—1830[M]. 李冠杰，译. 上海：上海人民出版社，2020：10.

B、亚当·斯密. 国富论[M]. 郭大力，王亚南，译. 南京：译林出版社，2011：306.

【11-16】利率的比较，参考：

A、扬·卢滕·范赞登. 通往工业革命的漫长道路[M]. 隋福民，译. 杭州：浙江大学出版社，2016：28-30.

B、宫崎市定. 东洋的近世[M]. 张学锋，译. 上海：上海古籍出版社，2018：131. 140.

【11-17】海尔布隆纳. 经济学统治世界[M]. 唐欣伟，译. 长沙：湖南人民出版社，2013：15-16.

【11-18】《国富论》中的劳动分工创造财富的例子：纽扣的制作过程包括铁线的拉直、切断、装圆头等十八道工艺。如果每人从头做到尾，那每天可以生产20个纽扣，但在让每人制作其中两三道工序后，人均每天可以生产4800枚纽扣。生产效率的提升来自劳动者技能的专业化、节省转换工艺的时间、机器取代部分工艺等方面的节约。亚当·斯密. 国富论：上[M]. 郭大力，王亚南，译. 南京：译林出版社，2011：1-2.

【11-19】关于如何解释近代经济增长奇迹，还有其他解释：

——哈林顿认为与产权有关；

——西美尔与萨林斯强调货币在现代经济中的作用；

——熊彼特强调创业与创新的作用；

——兰德斯和布罗代尔等强调资本主义文化的作用；

——马克思强调资本主义对生产关系的破坏性；

——鲍莫尔强调市场经济的强制性。

【11-20】就像对斯密的其他理论一样，对他关于市场经济的自由属性也始终存在质疑：主要集中在市场经济是否真自由、自由是否真是好事。但其实，"自由"只是相对的概念，斯密时代的市场无疑比古代更自由，而今天的市场无疑比斯密时代更自由。并且，"自由"具有不可否认的两面性：从短期看，看不见的手的失灵有时导致经济危机，但从长看，看不见的手也在不断化解危机，这是现代市场经济中的个体利益与社会利益复杂博弈造成的，平衡短时存在，随时可能失去，再恢复、再失去……总之，瑕不掩瑜，质疑者们与其说否决了斯密的观点，不如说澄清了斯密的观点。

【11-21】W. W. 罗斯托在《这一切是怎么开始的：现代经济的起源》一书中，从反面探讨了阻碍经济增长的三个因素：人口压力、低行政效率和战争。W. W. 罗斯托. 这一切是怎么开始的：现代经济的起源[M]. 黄其祥，纪坚博，译. 北京：商务印书馆，2017：9.

【11-22】"城市里聚集了欧洲的食利者、官吏以及大资本家，他们专力于贸易、行政和服务，而不从事工业"。——查尔斯·蒂里. 引自王国斌. 转变的中国：历史变迁与欧洲经验的局限[M]. 李伯重，连玲玲，译. 南京：江苏人民出版社，2020：39.

【11-23】备注18，亚当·斯密. 国富论[M]. 郭大力，王亚南，译. 南京：译林出版社，2011：24.

第十二章　农业先行——让地流通

卡梅伦："农业部门的商业化不过是整个商业化过程的一个侧影"。[12-1]

前面两件事（专利法与商业革命）都是先发生在意大利与荷兰等地，英国只是跟进罢了。相对而言，下面三件事代表了16—18世纪英国的独特性。

俗话讲，兵马未动、粮草先行，没有农业改革，就没有足够的粮食养活非农人口，更不用说工业化所需的厂房、土地和劳动力。这些资源都来自工业革命前的农村，却是中世纪农村所无法提供的，也是16—18世纪英国外的其他任何农村无法提供的。那么，我们就要问：改革难在哪里？又如何在英国发生了？

● 中世纪的小农与自足经济

古代的农业模式，虽然随地区、时段各异，但在小农与自足的模式上高度一致。

"小农"描述的是古代农业的生产方式：耕作的土地被划分为一个个小格子；随着家庭人口的增加，格子会越分越小。即使传统的庄园与村落，总面积很大，但分配到各家各户，又变为了一个个小格子。

"自足"描述的是古代农村的消费方式：农民们自己种地、织布、挤奶、制作工具；在正常年景刚好能满足家庭糊口；遇到好年景，多余的产品也没地方卖，就储存起来；遇到天灾，也没地方买粮食，如果没余粮就只能挨饿。

这样的经济模式不仅对工商业不利，更对农业不利：小规模的耕作效率低，多种作物无法安排，帮手请不起，复杂机械施展不开，想象联合播种收割机在那时出现的话，完全派不上用场。

如果把中世纪欧亚大陆形容为一个大农村的话，中世纪欧洲就是农村中的农村。相比之下，古代中国很早就进入了行政制度，而中世纪欧洲还处于类似于中国周朝的分封制阶段。即，国王（King）分封土地给贵族（Noble），贵族分封土地给领主（Vassal），领主分封土地给骑士（Knight），每层分封都被附加了包括兵役、劳役、效忠礼仪等义务。这一条条义务的锁链把所有人都固定在一块块土地上。优先被锁住的是贵族，因为有土地，就有为上级封建主出征的任务，就不能随便走动。

在锁链的末端，早期欧洲又采用封建制中最原始的"农奴制"。农奴比奴隶自由点，但又有点像奴隶。领主通常将土地通过长达99年的协议交给村民耕种，约定村民有为庄园主免费劳役的义务，在协议期内无法随便离开土地。即使99年的协议终止后，也只有在固定的窗口期、经过领主同意并缴纳一笔费用后，方可离开土地。由于谁也记不住到期日，这99年就会无限滚动下去。

上述叠加起来，封建制下的农奴制，把早期欧洲的农村推向了小农与自给自足的极端，没有人有交易的必要或离开的自由。[12-2] 但话说回来，"锁链"之所以为锁链，就因为它极其坚固，以至于历经近千年而不坏。那么，它是如何瓦解的呢？

● **农奴制的解体**

正如英国市场化的进程常常被简化到单一环节，进而，英国农业改革又常常被简化为单一步骤。但同样，下面的步骤加起来才构成英国农业改革的完整过程。[12-3]

有人说，欧洲农业改革从农奴制的解体就开始了。没错，这是个开始。促因来自市场：前面说的商业革命慢慢从城市渗透到了农村，庄园中贵族们想要购买城里的茶、咖啡、糖等奢侈品就需要货币，于是鼓励农民交租用货币来替代劳役；农民也愿意，因为这样时间更灵活，还能用余粮换回些城里的新工具。在你情我愿下，双方都倾向于把农奴制改为佃农制。到了14世纪中叶，黑死病的流行导致劳动力锐减，进一步加剧了双方以租代役的意愿，西欧的统治者也顺应了这一市场的趋势。到15世纪中叶，西欧的农奴制基本瓦解殆尽。

西欧的农奴制解体了，但小农经济与自给经济的体制没有改变，人也还是原来的人，地还是原来的地。获得自由的农民可以但仍不愿意离开原地，因为已经习惯于祖祖辈辈留下的土地关系；领主也习惯了，而国王则巴不得不变，不变最稳定。【12-4】

其实，欧洲的情况并不特殊。它在农奴制下属于"更落后"，而农奴制解体后只是恢复到"正常落后"。如果横向比较下就发现，中国的农奴制在秦朝就解体了，但在从秦朝到清朝的两千年间，小农与自足经济仍在继续：家家户户随着子女增加、代数增多，土地被分得越来越小，人均产量、人均工具用量、人均收入都在减少……直到饥荒出现。王朝明知这对经济不利，但为了避免土地兼并与人口流动，也宁可家家户户困守在土地上……直到起义爆发。

无论中世纪欧洲的农业，还是"亚细亚生产方式"（马克思语），都印证了小农与自给自足经济的顽固性。要瓦解它，光靠农奴制瓦解不够，还必须经历一场腥风血雨的洗礼。

破：圈地运动【12-5】

这场腥风血雨的洗礼就是"圈地运动"，让我们通过澄清对这个名字的若干误解来了解它。

首先要讲清楚"地"是哪些"地"。英国的庄园农牧交错，大多数庄园中有农田也有牧田，这一点与中国古代的南方以农业为主、北方以畜牧业为主的经济布局不相同。除了庄园，英国乡间还散布着草场、沼泽、荒地、树林等，理论上属于领主所有，"人们有时把它称为领主的荒地"。【12-6】但上百年甚至数百年来，都被村落的农民用来放养牲畜，没人管理，也没人重视，因此又被称为"公地"。

其次要澄清下"圈"字，它给人以强占的感觉，但总体来说，圈地是在英国法律体制下进行的。一般认为，1235年的《默顿法令》与1285年的《威斯敏斯特法令》是圈地运动的早期法律依据，法案允许英国贵族在自己领地中的"公地"周围设置矮墙或篱笆，但考虑到公地归领主所有、又为村落公用的既成事实，英国王室要求领主应与村民协商并对后者补偿后，方可把这些草地、沼泽、荒地、树林等合法地圈占起来自用。理论上，协议与补偿是自愿进行的，没有一方能强迫另一方签字，但鉴于那时双方地位悬殊，以大欺小的情况时有发生。这种类型的"协商圈地"一直延续到17世纪早期，但圈地面积仅占据整个圈地运动面积的极小部分。[12-7]

从17世纪的宪政改革开始，议会介入了圈地进程。即，圈地协议不仅要得到双方同意，还必须经议会确认对原集体使用者的"公平补偿"后，才被宣布有效。议会作为强势仲裁者的介入，不仅压制了贵族的强势地位，还弥补了村民的弱势地位，使得协议与补偿更加公平。到了工业革命发生后的18、19世纪，议会多次颁布圈地法令，1740—1750年，38个法案，1750—1760年，156个法案，1760—1770年，超过480个法案。[12-8]最后，国家以圈地法的名义收回剩余的闲置土地，"凭借圈地法，几乎所有剩下的敞田以及大多数公共用地被一扫而空"。[12-9]

最后需要澄清"运动"这个词，它可能会让人误以为这是一场速战速决的活动。然而，正如前文所述，圈地运动从13世纪开始，断断续续地持续了五个世纪，直到18世纪才结束。其背后的原因在于，"运动"的动力来源于市场，而市场的行情总是处于变化之中。

在早期圈地运动中，每当羊毛价格上涨时，英国的庄园主和自由农就有很大的冲动去提高牧场面积。因为畜牧业提供了高价值的肉、奶、毛、皮。羊毛是可以保存及运输的纺织原料，不仅英国纺织业，就连欧洲大陆的纺织业都大量需要。尤其黑死病造成劳动力大量死亡时，考虑到畜牧业比农业需要的人工少，扩大牧场的面积就变成很划算的选择，但作为粮食基础的农田又不能太少，于是，庄园主就把目光投向了"公地"。[12-10]

到了圈地运动的晚期，每当粮食价格上涨时，庄园主又有很大的冲动提升耕地面积。在工业革命中，城市人口剧增拉升了粮价，工业用地扩大拉高了地租，而地下蕴藏着的煤矿和铁矿正变为重要的工业资源，这些都让土地变得很值钱。英国法律很早就规定：谁的土地中发现矿，矿就属于谁的；如果是无人土地，谁发现矿产，矿产就属于谁。可以想象，那时候，如果谁家地里发现了煤矿，就好像后来谁家后院打出了石油一样，立即身价暴涨。于是，领主们又把目光投向了"公地"。

除了基于个人利益的考量，还有基于社会利益的呼声。例如，17世纪的学者约翰·洛克指出：上帝所赐予的每一寸土地都不能浪费，而低效的"公地"是明显的浪费。20世纪的生态学家加勒特·哈丁给出了一个形象的比喻：想象在一片草原已经达到了承受的极限，但每个牧民都清楚，如果再养一只羊，收益归自己，而害处集体分担。结果是，在无人维护的状态下，难免发生"公地的悲剧"。让我们来看看那个时代人对"公地"的描述：

笛福写道，"新方法的实行碰到了一个阻碍：这就是敞田的存在。这些没有圈围的田地，大多数都耕种得很坏：耕地虽有休耕年，但地力被同类的庄稼无变化的轮种所耗竭了；几乎任其自流的牧场则长满了灌木和金雀花"。[12-11]

18世纪农业经济学家阿瑟·扬（Arthur Young）曾指出："敞田的生产效率是十分低下的，条块分割的条田不仅浪费了时间和劳动，而且集体支配土地的做法也严重阻碍了引进新的农作物"。[12-12]

圈地运动如腥风血雨般划过，却只触动了小农及自足经济的皮毛，因为它仅仅涉及农村土地的一小部分，还是与产量关系不大的那部分：公地的使用权明确了、使用效率提升了，但耕作完全没涉及、耕种效率没变。

比如赞美者说圈地运动摆脱了黑暗的中世纪，为工业革命输送了劳动力，[12-13]我质疑这高估了圈地的力量。其实，中国古代早在商鞅变法时期废除了井田制，推行了封建土地私有制，提高了农业生产效率。如果说仅仅靠圈地运动就能实现现代农业的话，那么中国的春秋时期就应该实现了，但事实相反，从商鞅变法到近代，中国农村的小农经济变大生产效率提升有限。

反过来，批评者说圈地运动摧毁了田园牧歌式的中世纪，造成了农民流离失所，[12-14]我同样质疑这是种高估。因为公地不允许放羊了，但自己的私地还在,那就回去种田呗,英国法律保护土地的保有权,保有权与使用权的主要区别在于长期性和所有权性质。换句话说,如果佃农宁死保留自己田地的保有权,领主也没有什么办法。【12-15】

这些高估背后的原因是把圈地运动当作了农业改革运动的全部,从而要求它承担全部责任,而事实上,它仅仅是农业改革运动中"破"的部分。如果农业改革到此为止,那工业革命所需的东西几乎什么都没奠定下来。有"破",还必须有"立"。

● **立:大农场的出现**

市场在摧毁旧体制的同时,也在催生新体制:大农场是相对于小农而言的。先界定下"小与大":一般认为,100英亩可以算作界限。一个小农家庭能耕种的最大面积是60到100英亩;超过100英亩的集中耕地则必须通过雇佣劳动力来完成,已经不太算小农;而农业改革后的英国农场平均面积达到400公顷(约6000亩),肯定算"大农场"了……【12-16】

要问从小到大的转型是如何发生的,答案还是在于市场。【12-17】在货币与商品的冲击下,土地变成了钱,雇工变成了钱,农产品变成了钱,于是,谁愿意出钱谁就可以来经营农场,不再需要认识农村中的任何人。【12-18】这时,一些城里人主动来到了农村,目的很明确:赚钱。方式也很简单:花钱,他们从领主那里租赁土地、雇佣工人工作、销售畜牧业产品,于是,在原本农村世代相传的领主–佃农结构中,插入了一个新兴的中间阶层,农场经理。他既不是所有者,也不是生产者,却成了现代农场的灵魂。【12-19】

这就好像小时候我家旁边有个四季青公社,从来只是遥遥相望、井水不犯河水,但在改革开放后,我去村里承包200亩地、雇佣了几个人,开办了个菜场。你说我是农民呢,还是地主呢? 都不算。我就是个生意人,以赚钱为目的,把蔬菜当成了商品、农场当成了"工场"而已。

大农场一旦出现,就有越来越大的趋势。这是因为,更大面积的农场能产生规模效益，把成本摊薄。农场面积增大还有利于引进机械，机械化犁地、机械化播种、机械化收割，这些大家伙在大块土地上才能施展开。并且，大面积也有利于规划，如将土地分为三到四个区域（三圃制或四圃制），分别用于冬季作物、夏季作物、休耕或放牧，这样可以加入高价值农作物，并降低单一品种遇到灾害的风险。"小麦为萝卜准备了土地，萝卜为大麦准备了土地，大麦为三叶草准备了土地"。[12-20]

基于规模化、机械化、合理化的优势，大农场的成本更低、品质更好、抗风险能力更强。相比之下，小农的效率低、作物单一、技术落后造成其产品在质与价上无法竞争。其实，不仅自由农，连大庄园也无法竞争，因为大庄园中的小农仍然是分散的。在市场竞争面前，小农们只有两种选择：或者淘汰出局，或者跟上集约化的形势、自己成为大农场。不管哪种，结果都一样。据估算，从13—16世纪，大农场的面积已经比小农耕作面积增加了一倍；17世纪初时小农仍然为农业生产的主要形式，大中型农场所占比例仅仅为11.6%，而到了19世纪的工业革命时期，大中型农场的比例上升到了55.1%。[12-21]

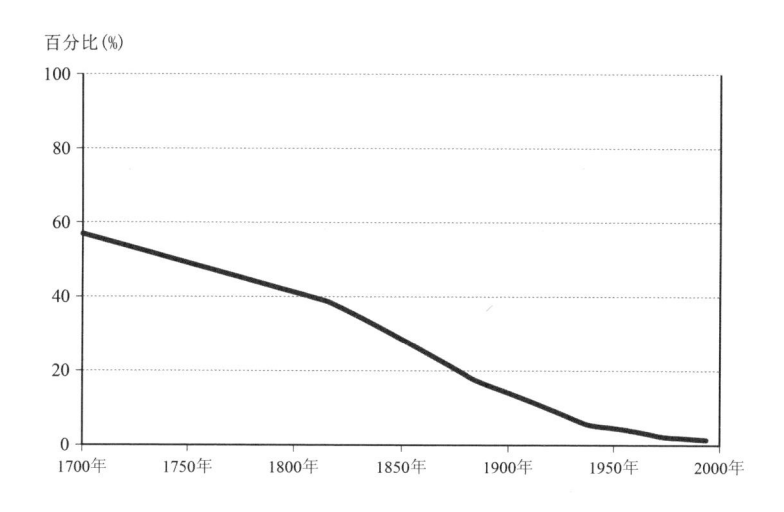

图7-1 英国从事农业生产的劳动力比例

资料来源：数据来自Maddison, The World Economy: A Millennial perspective, 95, and Maddison, Monitoring The World Economy, 1820–1992, 39.

图示出自：威廉·伯恩斯坦.繁荣的背后[M].符云玲,译.北京：机械工业出版社,2011:184.

另参考：罗伯特·艾伦.近代英国工业革命揭秘[M].毛立坤,译.杭州：浙江大学出版社,2019:89.

至此，英国农业改革才完成，才适合给出完整评价：它为工业革命奠定了粮食基础：古代的情况是人多粮少，或人粮正好，即使最富裕的时候，每个农民也就养活1.25人左右。而在农业改革后，每个英国农民可养活1.5个非农业人口；到1830年，变为了2.5人；到1850年，变为了5人。[12-22]

更重要的是，农业改革为工业革命奠定了劳动力的基础。随着小农被迫退出市场，农民进城变成了自然的趋势，他们或者到分包商那里承接订单，或者到新型工厂去工作，或者加入远洋贸易的船队，总之，开始流动。[12-23]

但就像任何一剂猛药，农业改革也带来了副作用：小农消失、失地农民涌入城市，让整个社会陷入混乱中。好在，混乱是暂时的，[12-24] 1688年宪政改革后的议会代表了民意基础，推进农业改革稳定前行，看看今天的英国就知道，农村恢复了平静，而农业改革的成果永久留下来了。回首往事，我们只能说，"改革"不可能不付出代价：假如小农与自足经济不瓦解，那么瓦特与博尔顿们就无法崛起，工业革命就无法发生，人类社会就永远进入不了现代！

在这一切眼花缭乱的改革背后，我们又能看到那双无形的手在运作。但它还需要再加一把劲才行，因为英国农业改革只是把劳动力提供出来，接收还要靠新工业——这是古代农业改革进行不下去的原因之一，因为农村即使不需要那么多人种田，多余的人也没地方可去，于是只好大家原地不动，直到下次歉收的来临；同时，这也是早期圈地运动搞得怨声载道的原因之一，因为小农失去土地后如果没有足够的工作可做，就会流离失所。这些问题都被16—18世纪英国新兴工业的兴起解决了，但前提是，市场化还有最后一程要走：行会的解体。

【12-1】此外，关于农业改革的市场性的评述，还可参考如下：
A、詹姆斯·弗农.饥饿：一部现代史[M].沈凌，译.北京：北京大学出版社，2021：5.
B、威廉·詹姆斯·阿什利.英国的经济组织[M].王丽，译.北京：商务印书馆，2018：107.
C、斯密《国富论》第三卷，第四章。
【12-2】"一种由土地和自然经济占主要地位的生产方式，其中劳动力和劳动产品都不是商品，直接生产者——农民，和生产资料——土地，以特有的社会关系结合在一起"。佩

里·安德森.从古代到封建主义的过渡[M].郭方,刘健,译.上海:上海人民出版社,2016:107.

【12-3】A、保尔·芒图.十八世纪产业革命:英国近代大工业初期的概况[M].杨人楩,陈希秦,吴绪,译.北京:商务印书馆,2009:144.

B、阿诺德·汤因比.产业革命[M].宋晓东,译.北京:商务印书馆.2019:81.

【12-4】约翰·希克斯.经济史理论[M].厉以平,译.北京:商务印书馆,2017:111.

【12-5】威廉·詹姆斯·阿什利.英国的经济组织[M].王丽,译.北京:商务印书馆,2018:第一讲与第六讲.

【12-6】保尔·芒图.十八世纪产业革命:英国近代大工业初期的概况[M].杨人楩,陈希秦,吴绪,译.北京:商务印书馆,2009:118.

【12-7】阿诺德·汤因比.产业革命[M].宋晓东,译.北京:商务印书馆.2019:19.

【12-8】T.S.阿什顿.工业革命[M].李冠杰,译.上海:上海人民出版社,2020:68.

【12-9】威廉·詹姆斯·阿什利.英国的经济组织[M].王丽,译.北京:商务印书馆,2018:106.

【12-10】钱乘旦,许洁明.英国通史[M].上海:上海社会科学院出版社,2002:120.

【12-11】保尔·芒图.十八世纪产业革命:英国近代大工业初期的概况[M].杨人楩,陈希秦,吴绪,译.北京:商务印书馆,2009:124.129.

【12-12】石强.英国圈地运动研究:15—19世纪[M].北京:中国社会科学出版社,2016:58.另见马特·里德利.美德的起源:人类本能与协作的进化[M].吴礼敬,译.北京:机械工业出版社,2015:197.

【12-13】正面的评价,如保尔·芒图:"随着最富裕的和最有知识的人希望开发利用其土地时,旧土地制度越来越受到威胁:这就是18世纪整个英国农村的历史。"保尔·芒图.十八世纪产业革命:英国近代大工业初期的概况[M].杨人楩,陈希秦,吴绪,译.北京:商务印书馆,2009:122.143."整个英国农村的历史"有所夸张。

【12-14】负面的评价,如托马斯·莫在1516年的《乌托邦》一书中提到的所谓"羊吃人"的说法,在圈地运动的早期,很多新圈起来的土地被临时用来放羊了,造成了无业游民的增多。但这样的说法同样夸张,因为从长期看粮食价格上涨意味着种粮食比放羊更划算,但也不适合称为"粮食吃人",更合理的说法,还是土地利用平衡的过程。

【12-15】有人认为因为公地被圈占造成小农靠自己的土地收益无法独存。这种说法主要基于英国的情况及事后的结果推测,其实不然:首先,大部分、大面积的圈地运动出现在工业革命之后,这是有原因的,原因就在于工业革命的吸引力。见:阿诺德·汤因比.产业革命[M].宋晓东,译.北京:商务印书馆,2019:53.T.S.阿什顿.工业革命:1760—1830[M].李冠杰,译.上海:上海人民出版社,2020:69.其次,英国小农消失持续了很长时间,并且主要从工业革命后才加快。见克拉潘.现代英国经济史:上卷第1分册[M].姚曾廙,译.北京:商务印书馆,1977:148。最后,古代中国的情况很好提供了反例,即使家家户户都在自己的小土地上,即使收益越来越低,农民也没有离开的必然性。

【12-16】关于大农场的定义,可参考如下:

A、石强.英国圈地运动研究:15—19世纪[M].北京:中国社会科学出版社,2016:262.270-271.

B、沈汉.英国土地制度史[M].上海：学林出版社，2005：340.以一百英亩作为小农场和大农场界限。

C、克拉潘.现代英国经济史：上卷第1分册[M].姚曾廙，译.北京：商务印书馆，1977：156.按照100英亩、300英亩、500英亩，区分小田庄、中田庄、大田庄及"广田"。

D、威廉·詹姆斯·阿什利.英国的经济组织[M].王丽，译.北京：商务印书馆，2018：107.

【12-17】约翰·希克斯.经济史理论[M].厉以平，译.北京：商务印书馆，2017：108.

【12-18】巴林顿·摩尔.专制与民主的社会起源[M].王茁，顾洁，译.上海：上海译文出版社，2013：8.

【12-19】威廉·詹姆斯·阿什利.英国的经济组织[M].王丽，译.北京：商务印书馆，2018：4-5.

【12-20】亚·沃尔夫.十八世纪科学、技术和哲学史[M].周昌忠，苗以顺，毛荣运，译.北京：商务印书馆，2012：634.

【12-21】关于英国农村小农消失的速度，参考如下：

A、肯尼思·O·摩根.牛津英国通史[M].王觉非，等，译.北京：商务印书馆，1993：400."富裕的资本主义农场主，他们通常是乡绅地主阶级的佃农而不是地主本人，逐渐成为农村的统治者，而在这些阶层之下的人则越来越多地变为没有土地的劳动者。这个过程有时被夸大了，但是在18世纪这个进程肯定是加速了"。

B、阿诺德·汤因比.产业革命[M].宋晓东，译.北京：商务印书馆.2019：44.46."在17世纪末，在英格兰有180000名自由土地持有者，但在不到100年之后，小自由土地持有者实际上已经消失了。""然而，小自由土地持有者的兼并起初进行得很慢，消失的过程大约从1760年持续到19世纪初。"

C、皮尔·弗里斯.从北京回望曼彻斯特：英国、工业革命和中国[M].苗婧，译.杭州：浙江大学出版社.2009：47-48."到十八世纪末，大约一半的英国耕地掌握在地主手中，人均拥有土地约400公顷。大型农场都要靠雇工经营。"

【12-22】罗伯特·艾伦.近代英国工业革命揭秘：放眼全球的深度透视[M].毛立坤，译.杭州：浙江大学出版社，2012：28.数据稍有出入，1500年，一个农民养活1.35人，1800年，一个农民养活2.86人。

【12-23】关于英国农业人口进入城市的统计，参考如下：

A、大卫·兰德斯.解除束缚的普罗米修斯[M].谢怀筑，译.北京：华夏出版社，2007：6.英国农业人口占总人口比例，中世纪为95%，1500年为74%，1800年为35%，1850年为20%，1912年为12%，1951年为5%。

B、龙多·卡梅伦，拉里·尼尔.世界经济简史[M].潘宁，等，译.上海：上海译文出版社，2009：196-197.英国农业人口占总人口比例，17世纪末60%，19世纪初36%，19世纪中期22%，20世纪初10%。

【12-24】农业改革引发过短暂的暴动，包括瓦伦泰勒起义，持续时间很短，并且，诉求也仅仅是要求国王授予农民与贵族平等的地位，而非推翻政权。

第十三章　行会解体——让人流动

"行会的基础是兄弟般的平等，不是竞争原则"。[13-1]

今天，我们想开办工厂，随便办个手续就行，但在工业革命的年代，这个手续是要经过城市行会批准的。前面讲到，瓦特早期以格拉斯哥大学技工的身份研究蒸汽机，实属不得已，因为只有"挂靠"到大学这样的单位才能获得执业资格。[13-2]试想，如果工业革命中的所有发明者都要经过行会批准才能开业，那么十一条线的起飞无异于天方夜谭。而如前所述，这十一条线最终起飞了，因为行会制度已在解体中！但请注意，晚至瓦特时代，行会也尚未彻底瓦解，足见其顽固。那么，它为何如此顽固，又为何最终解体了呢？

● 行会的威权

一种常见的误解是把行会理解为今天的行业协会，那样的话，我们会想"找工商局不更好吗？"但其实，对中世纪的手工业者来说，行会就是法律授权的主管部门、"中世纪的工商局"。

前面讲到，中世纪早期的行会覆盖了城市中的所有行业，诸如纺织业、矿业、造船业、玻璃工业、眼镜业、印刷业、食品业、建筑业、金属加工业、皮革业、运输业等，也就几乎覆盖了所有市民，也就通过选举控制了议会；而议会负责城市的立法并监督城市的执法。这意味着行会可以间接地确保城市法对自己有利，并间接地监督着城市为自己护法。

最早的例子出现在意大利半岛。从1250年开始，佛罗伦萨的行会控制了议会，进而推举出城市的执委会，在9人的执委会中，7个大行会占据了7个名额，14个小行会竞争2个名额。有人将佛罗伦萨毛纺工人起义视为早期工人运动的重要事件之一，但其实，作为起义者的佛罗伦萨纺织行会会员并不想推翻行会制度，而只要求新增三个梳毛行会，以便与其他小行会争夺名额。结果也颇有戏剧性：肉商行会发起了反击，屠户们利用"使用锋利武器的职业技能"，粉碎了新成立的梳毛行会，维持了21个行会的原状。【13-3】

到了中世纪晚期，商业革命已经蔓延到西欧，行会—议会—城市的模式也扩散到西欧城市：在巴黎，1292年"有130个有规章的行会：18个属于食品业，22个属于金属加工，22个属于纺织和皮革，36个属于服装等等"。在伦敦，1377年有48个手工业行会的代表参加了伦敦市议会。【13-4】"到15世纪中期，英国的所有城镇无一例外地建立起了行会组织，并在行会组织的基础上建立起了市政机构"。【13-5】

既然新兴工业者绕不过行会，那接下来我们会想"加入行会不行吗？"可能性很小，这里面的关键还是在于"利益"二字。要知道，英国各阶层，王室、贵族、平民都对新兴工业阶层相对友好，因为不存在根本的利益冲突。王室希望新兴工业缴纳更多税收、装备海军和陆军，甚至帮助王室来抗衡贵族阶层；贵族们希望冶金业能在自己的领地内发现煤矿、希望纺织业能购买自己领地的羊毛、希望任何新兴工业能用更高的租金租赁土地；平民希望有更多的工作机会选择。可唯一的例外是城市中的行会，它与新兴阶层间存在着难以调和的利益冲突。

这就要讲到行会的本职工作：议会只是其社会活动，行业管理才是其本职，包括：一、价格管理。行会监督价格不能低到会员没有利润，也不能高到市民不能接受，为此制定了合理的报价规范。二、品质管理。行会监督产品不能差到损坏本行业的声誉，也不能好到让其他会员没饭吃，为此规范了工具、工艺、材料、运输等。三、人员管理。行会监督开业者的数量不能过多，也不能过少，为此，规定了人员的筛选、培训、晋级、待遇。中世纪的作坊一般包括师傅、见习工和学徒三类人员；学徒需要七年以上才能出师，这是英国《学徒法令》的要求；出师后成为待遇稍好的见习工，在五到十年间为师傅工作；等到哪一天行会有名额了并且被批准了，见习工才能成为独立执业的新师傅。在行业管理之外，行会也成了工匠间友谊的纽带，它甚至为离世会员料理后事，并照顾遗孤。

行会既然以维护本行业的秩序为己任，那就要时刻提防"捣乱者"。传统的捣乱来自别的行会，比如，工匠与商人分属不同的行会，那么，商人越界制造、工人越界贸易，就属于恶意竞争。经济学家斯坦利·布鲁和兰迪·格兰特列举了一个生动的例子：在巴黎，卖烤鸭的和卖家禽的商人争吵了半个多世纪，针对未加工的家禽的销售权；厨师对制酱商人取得了胜利；然后，卖烤鸭的又与厨师产生了纠纷。在服装领域，经营旧衣服的零售商与裁缝之间进行了长达300多年的诉讼。【13-6】

到了工业革命时期，一种全新的"捣乱"来自新兴工业：机器展现传统手工业者无法抗衡的优势，行会必须扼杀这个苗头！新兴工业者希望随意发明、随意聘用人员、随意设厂，属于破坏秩序；而行会有城市法的背书，将新兴工业者拒之门外，完全是依法行事！

● **城乡之间**

行会权力如此之大、管理如此严密，按说很难瓦解。但市场是无孔不入的，这次它渗透到了城乡之间。同英国的农业改革一样，这个"前工业化"的过程也常常被简化为某一环节，但其实，下面的环节加起来才能勾勒出完整的路线。【13-7】

1 家庭手工业

从12—15世纪，贸易先把农村与城市拉到了一起。在农村这边，随着贸易的复兴、农奴制解体，农民开始把自用的工具拿到集市交换；在城市这边，行会也非铁板一块，虽然手工业者是行会的主体，但商人、进出口商、银行家也有自己的行会。比如城市的出口商人有了羊毛的订单，按说应该分派给城里的羊毛工匠，但他们发现从农村购买的羊毛更便宜、人也更友好，就把订单转去农村做。因为这事发生在城外，一出了城墙，就超出了城市法乃至行会的管辖范围，所以城里的手工业者不高兴，但很难反击。农村家庭手工业就这样发展了起来，有人说它就代表了"前工业化过程"，但其实，它只代表了绕过行会的第一个苗头。

2 外包加工

贸易进一步发展，就出现了"定制"的需求：城里的贸易商发现，与其从农村人那里购买，不如直接让农村人按照要求做。尤其，出口贸易商收到海外客户的订单，很难买到完全符合标准的现成货物。除了让农村手工业家庭定制，贸易商为控制生产渠道，还常常预付货款、租借设备、提供原料，而自己只负责验收、包装、运输。贸易商转变为了分包商，让自己的地位急剧上升，因为他们既可以把订单给城里的工匠们，也可以分派给农村人生产；谁得罪分包商，谁就拿不到派单。【13-8】这就好像过去打车很难的时候，计程车司机态度很牛，可有了网络打车后，网络变成了老大，计程车司机反过来讨要订单。就这样，外包加工的形式流行起来了，也有人把它当作"前工业化过程"的全部，但在这个阶段，行会与新兴工业仍然并行。【13-9】

3 工厂下乡

随着外包生产的成功，商人们又有了"下乡"的冲动：与其把订单承包给农民，不如自己加工自己的订单。在城里办工厂是要经过行会批准的，但在农村没问题，新兴工业为农民们提供了就业机会、为领主们提高了地租收益，而农村为新兴工业者提供的是劳动力和庇护所。这是两厢情愿的事。

就这样，在城乡的里应外合下，大工厂兴起了。大工厂是相对于小作坊而言的，正如大农场之于小农，但这里"大小"不是按面积衡量，而是按机械化水平：机器可以全天候生产，生产的规模几乎可以放大到无限；机器占地很小、产值很大、运行成本很低；机器生产的东西就像一个模子刻出来似的，于是，规模化、专业化、合理化的优势得以"最大化"。

在效益法则的推动下，大工厂也有自行变大的趋势。比如，当机器被赋予蒸汽动力时，阿克莱特的工厂用上了几千台动力纺纱机，其价格、质量、精度都比传统的手工纺织品好很多，迅速占领了市场。相比之下，小作坊生产严重依赖于人力，产品质量则取决于技艺，产量受空间限制。它们面临了同小农一样的两难：或者选择退出市场，或者选择跟上集中化生产的潮流、自己开办大工厂。不管哪种选择，新兴工业都成为大势所趋。【13-10】

行会的反对变得更激烈。合法的手段不行，它就试图鼓动工人用非法手段去摧毁机器。但遗憾，机器可以移动，摧毁了这里的，别处又冒出来。早期的许多工厂，如阿克莱特的动力纺纱工厂，都设在乡村，不仅因为地租便宜、劳动力充足，还因为那里远离城市的威胁。这种情况很像今天电商与实体店的竞争，实体店承担着额外的房租，而电商在同等货物上价格更便宜，前者当然竞争不过后者，甚至找都找不到"电商"位于哪里。也有人把工厂的兴起当作"前工业化过程"的全部，但这时的行会虽然失去了乡村，却仍然控制着城市，在那里负隅顽抗！

4　行会解散

行会因为城市法兴起，其解体也不可能绕过城市法。换句话说，要为上述市场化过程一锤定音，还要走法律程序。

在中世纪的晚期，城市中的议会大都由行会指定，城市居民也认可行会作为稳定制造业的力量。而在宪政革命后，情况变得很不同，深受启蒙运动熏陶的知识阶层充斥于议会中，而当行会鼓动工人去摧毁机器时，它就站到了知识阶层的对立面，这也让普通市民们意识到行会从对制造业的保护变为了障碍。【13-11】于是，在民意支持下，议会陆续出台了限制行会的法规，时间进程与第一次工业革命大致重合：

1769年，针对手工业者屡次摧毁机器的暴动，议会通过法律禁止破坏机器。

1779年，阿克莱特的水力纺纱厂被失业的织布工人烧毁，但最终，英国议会授予了他一万英镑的赔偿。

1802年，英国《健康与道德学徒法》开始改革学徒制度。

1814年，英国通过法案逐步废除《学徒法令》，标志着行会制度最终结束。

至此，英国前工业化的过程才基本完成，也才适合给出完整的评估：对它的指责与对英国农业改革的指责同样多，因为大工厂对小作坊的冲击重演了大农场对小农的冲击，短期看，机器冲击了现有行业、造成了工人失业是短时的，而长期看，劳动力转移到了新兴领域，农民变成了建筑工人，普工变成了技工，技工变成了控制室的操作员，操作员变成了电脑工程师……现代市场的特性就在于自由流通，包括商品、资本和劳动力。我们只能说，这是任何猛药都免不了的副作用：如果没有英国前工业化的流通基础，那么，工业革命中的十一条生产线乃至今天的上百条线，就无法全面起飞！

● 小结

上述眼花缭乱的过程发生得那么自然而然，背后又好似有一双无形的手在运作。泛而言之，商业革命、农业改革、行会解体发生得那么自然而然，都是市场经济边形成、边作用的过程。伏尔泰评价道："商业已使英国的公民富裕起来了，而且还帮助他们获得了自由，而这种自由又转过来扩张了商业；国家的威望就从这些方面形成壮大了。商业渐渐地造成了海军的力量，从而英国人也就成为海上的霸王。当时他们已经拥有两百多艘战舰。也许后世要惊讶起来，说这样一个小岛，它本身资源有限，仅有少量的铅、锡、煤炭和粗羊毛，怎么由它的商业而会变成这样的强大，竟可以在1723年同时派遣三个舰队到世界上三个辽远的地区。"【13-12】

市场经济的意义如此之大，但它的完整成型却来得如此之晚，原因恰恰在于可能的"副作用"：商品在流动、资本在流动、人员在流动、小作坊在解体、小农者在失地、手工业者在破产，这些都是古代统治者所无法承受的。当农业改革剧烈到引发动荡的地步时，几乎所有农业文明的统治者都会息事宁人；面对新兴工业与行会之间的矛盾，大多数欧洲王朝的统治者也会息事宁人。而16—18世纪英国走出了步步险棋，也可以说走出了步步妙棋，这背后的底气何来？法律环境的保障。

【13-1】于尔根·科卡.资本主义简史[M].徐庆,译.上海:文汇出版社,2017:81.

【13-2】英国行会的势力在每个城市中是不同的。瓦特所在的格拉斯哥市是行会势力传统而强大的一类。相比而言,在曼彻斯特与伯明翰等新兴城市,行会实力较为薄弱。

【13-3】玛格丽特·L.金.欧洲文艺复兴[M].李平,译.上海:上海人民出版社,2008:35.

【13-4】雅克·勒高夫.试谈另一个中世纪:西方的时间、劳动和文化[M].周莽,译.北京:商务印书馆,2018:126.

【13-5】威廉·詹姆斯·阿什利.英国的经济组织[M].王丽,译.北京:商务印书馆,2018:26.

【13-6】斯坦利·L.布鲁,兰迪·R.格兰特.经济思想史[M].邸晓燕,等,译.北京:北京大学出版社,2014:30.

【13-7】关于原始工业化时期的细分阶段,下面的学者对此曾经做过详尽的研究:

A、富兰克林·门德尔斯及查尔斯·蒂利将1500年到1700年间的工业革命前阶段命名为原始工业化时期proto-industrialization。

B、阿什利《英国的经济组织》第二讲,将原工业化分为四个阶段;迈隆·古特曼(Myron Gutmann)把从农业到工业的转型分为三个阶段。

C、王国斌.转变的中国:历史变迁与欧洲经验的局限[M].李伯重,连玲玲,译.南京:江苏人民出版社,2020:38.

D、卡尔·波兰尼.大转型:我们时代的政治与经济起源[M].冯钢,刘阳,译.北京:当代世界出版社,2020:179.将从农业社会到工业社会的转型分为三个阶段:土地商业化、农业工业化、海外殖民化。

【13-8】费尔南·布罗代尔.十五至十八世纪的物质文明、经济和资本主义[M].顾良,施康强,译.北京:商务印书馆,2017:753."批发商掌握一切,他既是商人,又是银行家,保险人,船东,工业家。"

【13-9】大卫·兰德斯.解除束缚的普罗米修斯[M].谢怀筑,译.北京:华夏出版社,2007:45.中提及,到1400年,英国毛纺织品中大约有一半是在农村生产的,而另一半是在城市生产的,可见分包模式之普及。

【13-10】阿瑟·刘易斯.经济增长理论[M].周师铭,沈丙杰,沈伯根,译.北京:商务印书馆,2016:162.

【13-11】弗雷德里克·巴斯夏.经济学诡辩[M].麻勇爱,等,译.北京:机械工业出版社,2010:11.40.巴斯夏曾为新兴工业的竞争辩护,以讽刺的口吻在"蜡烛商关于阳光不正当竞争的请愿"中写道:"恳请你们务必通过一项法律,要求关闭所有窗户、屋顶窗、天窗、百叶窗、窗帘布、窗扉、小圆窗、舷窗,堵住所有出口、洞口、裂缝及所有能漏进阳光的缝隙,这样一来,太阳光就不可能进入房间,如果阳光进入房间就损害了产业中的公平。我们很自豪地说,我们的国家不会、也不能无情无义,置我们于如此不平等的竞争而不管不顾。""要看穿这个谬论(机器造成失业),必须记住人类劳动不是结果,而是手段。这样就再不会有失业,因为一旦克服一个阻力,转而会冒出另一个阻力等待人们去克服"。

【13-12】伏尔泰.哲学通信[M].高达观,等,译.上海:上海人民出版社,2014:48.

第十四章　君主立宪，让国王退休

经济学家杰瑞米·本森："离开法律，所有的经济繁荣都会停滞。"[14-1]

法律环境的意义不言而喻，没有它，就没有对市场经济的保障，更谈不上对发明者个人权利的保障，甚至没有基本的和平与稳定。工业革命中的"工程型"发明需要的时间长、参与的人数多，这要求法律保障对社会而言是长久的、对个人而言是普惠的。今天我们称这样的法律环境为"法治"，而它的雏形可以追溯到16—18世纪的英国。[14-2]这就涉及本书要讲的最后一场革命，宪政革命。

关于法治的定义，在今天的法律教材中，它已经变得多样而复杂。但说实话，我认为古人的想法要简单得多，"法治"就是字面的意思，法律治国。这么推断的理由在于，古人并不是凭空想出的这个概念，而是在现实中遇到了人治的麻烦：是人就会犯错误，再开明的君主也不可能在所有时候、所有事情上都正确。在一件事上英明、在另一件事上愚蠢的君主，在年轻时英明、在年纪大后糊涂的君主，屡见不鲜。退一步讲，是人就会死的，再开明的君主也无法确保其继承人同样英明，或其继承人的继承人同样英明。迟早，愚蠢的君主会出现，并杀死下金蛋的母鸡。为了避免人治的不稳定，一种模糊的理想很早就出现了，如果社会能按照法则自转，那就会稳定许多。即，古人之所以想到"法治"，只是朴实地把它当作"人治"的解药。

解药的理想有了，配方却始终是个难题。首先，有法律绝不等于有法治。自从文明出现之后，统治者说出来的指令就是法律，这是一大进步，因为有规则总比没规则好。公元前1754年左右出现的《汉谟拉比法典》被认为是最早的法律文本之一，这是又一大进步，因为写下的规则总比口头的指令清楚。但口头与文字只是形式的区别，在古代世界的大多数地区的大多数时间里，法律性质都一样：君主可以随便改变规则，哪怕是自己刚刚发布的指令，这当然是人治。

其次，法律制度也不等于法治。在轴心时代的中国战国时期，法家学派倡导把法律制定得更具体与精确，形成制度，然后昭示天下，让下级官员及百姓依照执行。这又比意向性的法律有进步，因为除了皇帝之外的人至少可以照办了。但本质上仍没变，因为皇帝本身在律法管束范围之外，他作为律法的最高制定者，可以随时改变或取消制度；作为律法的最高执行者，可以随时违法而不受制约；作为律法的最高仲裁者，可以随意判决或赦免。由于最终决定权都在君主一人，说是"王子犯法与庶民同罪"，但其实因人定罪，结果对皇帝下面的人而言，制度从来也不绝对。事实证明，从秦到清两千年间，律法越来越严，帝王却越来越专横，等级观念越来越重，这当然是人治。

在轴心时代的古希腊，出现了另一种"法治"的尝试。哲学家柏拉图在《理想国》中用一个故事来说明人治的危害：如果把一个魔法戒指给一个不法之徒，他会用这个戒指作恶；但如果把这个魔戒给一个有德行的人，会不会好呢？答案是不会，因为"没人能有这样钢铁般的意志，坚定不移地做正确的事情"，柏拉图以此推论，假如不受制约的话，再英明的统治者也可能堕落。而柏拉图的弟子亚里士多德则在《政治学》中正面论述了法治的优势：人有情感，法律没有情感，法律出错的机会比人出错的概率小；君王一人处理不了这么多事情，法律才能确保所有公民受同等制约。接下来，亚里士多德给出的药方是"良法与善治"。遗憾的是，这在柏拉图与亚里士多德所在的雅典城邦，已被证明很难实现。雅典采用的绝对民主代表了公民的意志，按说符合良法的要求，起先治理也还行，它领导希腊联盟战胜了专制的波斯帝国，但希腊联盟不久就陷入内战，民主制的雅典城邦居然被寡头控制的斯巴达城邦击败。痛定思痛的柏拉图与亚里士多德认为：专制不是办法，但绝对民主也不是。

在下面的两千年中，欧洲人做了各种实践，都证明良法善治难实现、更难长久。古希腊之后的罗马共和国尝试了介于民主与专制之间的贵族共和制；最初也很成功，罗马共和国成为执政官、元老院、罗马公民的三位一体，但当罗马共和国拥有广袤的领土后，共和制日趋陷入混乱。恺撒、奥古斯丁及其后继将领们开始专权，元老院名存实亡，人民默不作声，共和制回归了帝制。罗马帝国崩溃后，欧洲进入了中世纪，这一时期也被称为黑暗时代。

当欧洲走出低谷时，出现了商业革命与文艺复兴的意大利半岛，成为各种政体的实验室：以佛罗伦萨为代表的绝对民主制，以威尼斯为代表的贵族民主制，以米兰为代表的开明民主制，都曾尝试依法治国的理想，都曾短暂兴盛，但最终，皆因动荡而回归君主制。

此后，欧洲人把更多期盼投向开明君主制。开明君主之所以被称为开明，是因为他们倡导重视科学与教育，但他仍然是君主，因此摆脱不了人治的根本。在破坏制度这点上，明君与昏君之间并无区别，明君越能干，成就可能越大但错误可能同样致命，路易十四如此，乾隆也如此，凭一人之兴就把整个民族拖入歧途，这是英武之君的悖论。即使一辈子少犯错的君主，也无法确保其继承者同样：英国在伊丽莎白后不久出了被砍头的查理一世，法国在路易十四去世后不久出了被革命者处决的路易十六，德国在威廉一世去世后不久出现了挑起第一次世界大战并惨败的威廉二世；这些昏庸之君都以为能轻易超过前人的功绩，却被证明缺乏自知之明。由此产生的悖论是：君主越开明，人们反而越担心好景不长，往往这样的担心很快就会应验。

总之，在17世纪之前，"法治"的理想始终存在，而实践彻底失败。这就要提到英国在现代化进程中的示范意义。

● **宪政革命**

关于英国的现代化进程，如果不说明可能产生混淆的是，它在经济上与它在政治上进入现代的时点不同，于是，这两个时点都曾被不同的学者当作英国近现代的开始。我以为，最清楚的方法是把整个过程分三段来讲：

第一期是中世纪的英国，无论从商业还是法律环境看都属于古代。

第二期是近代的英国，在商业环境上已经进入了现代，在法律环境上仍然停留在古代；一只脚跨入了现代大门，另一只脚还留在门外。这是最容易混淆的阶段。

第三期是现代的英国，无论从商业还是法律环境看都进入了现代。

1　中世纪的英国

英国从1160年起才建立完整的封建专制体系，比欧亚大陆的诸多王朝晚很多。相应地，它也从欧洲大陆照搬来了封建等级：国王、贵族、教会、平民。国王作为贵族的首脑，也是贵族的一部分，理论上应该接受贵族元老会的制约。较有特点的一件事是，在1215年，英国国王与贵族签署了一份名为《大宪章》历史性文件，明确国王加税、维持内陆军队、终止法律、拘禁公民等，都要经过贵族会议的同意，作为回报，贵族有义务向国王效忠。但画外音是，如果国王违约，那贵族的效忠义务也就不复存在。

监督《大宪章》执行情况的机构是英国议会，上议院由土地贵族和教会代表组成，下议院由平民代表组成。在平时，英王不需要也不愿意与议会打交道，因此常常无限期地拒绝召开议会，而只在下面两种情况下才不得不召开议会。一是新立法，"如果没有上、下议院的同意，则君主无立法权"。[14-3] 二是新加税，比如遇到与国外打仗，国王就不得不召开议会征收外派军队的费用。

有人说，是《大宪章》让英国的法律从源头上就比较开明，但其实，荷兰、丹麦、瑞典的王朝也曾有类似《大宪章》的文件。又有人说，是议会制让英国的法律从源头上就比较开明，但其实，英国的议会制是随着法国早期对英格兰的入侵及统治，从欧洲大陆照搬过来的，前身都是蛮族的贵族元老会，随着时间的推移，都过渡为议会的形式。总之，中世纪的英国始终跟在欧洲大陆国家后面，不可能有什么本质区别，它们属于国王掌权、议会辅助下的封建制。

2 经济变革期

从15世纪或更早开始,英国在经济方面走出中世纪,由于经济转型向来渐变,所以具体开始时间无法确定。这里有必要肯定宪政革命之前的英国王室,尤其亨利八世与伊丽莎白一世在位期间,英国将重商主义作为国策。即便其前后的其他英国统治者,包括信奉新教的爱德华六世、信奉天主教的血腥玛丽、被送上断头台的查理一世、把查理一世送上断头台的护国公克伦威尔、复辟后把克伦威尔鞭尸的查理二世,虽然在外交和宗教政策上反复不定,但都延续了重商主义政策。结果是,在开明君主时代,英国的市场化过程已经开始了一半:随着农奴制瓦解、商业革命、远洋航行,它已然成了军事、经济、技术方面的西欧强国。

有人说英国法律环境的特殊性在于其君主比较开明,但在16到18世纪的欧洲,开明君主制蔚然成风,法国的路易十四、神圣罗马帝国的查理五世、普鲁士的费特烈二世等,都重视富国强兵、教育兴国、商业兴国、技术兴国,因而享有这样的声誉。那时的英国国王只是跟上了时代潮流罢了。

又有人说,英国法律环境的特殊性在于王室的稳定性。但其实,在宪政革命前,英国王室连续却并不稳定,相反,它的迭代更替与所有古代王朝同样血腥。即使像亨利八世这样的开明君主,去世后的几十年间,英国都处于宗教纷争中;即使像伊丽莎白一世这样的开明君主,去世后的宗教与外交矛盾愈演愈烈,终于在四十年后,爆发了宪政危机。

3 宪政革命期间

伊丽莎白的继任者詹姆斯一世还算中庸,但到了接下来的查理一世继位,气氛变得紧张起来,因为查理一世坚信君权神授、视议会为羁绊,终于在1642年酿成内战。内战的结果是,议会派的克伦威尔获胜、逮捕了查理一世并送他上了断头台。克伦威尔自命为护国公,实行军事独裁下的新教专政。当克伦威尔去世后,英国议会及绝大多数英国人都受够了军事独裁与新教专政,又请回查理一世的儿子查理二世作为国王,条件是,查理二世承诺"恢复英格兰的法律和自由议会的权威"。这是第一轮动荡。

查理二世对克伦威尔的支持者进行了清算,但总体还算中庸。到了查理二世的弟弟詹姆斯二世继位,他又开始宣扬起君权神授,并表现出明显的天主教倾向,这再次让国王与议会的关系紧张起来,并最终导致了光荣革命的发生。革命的过程是:议会从荷兰请来了詹姆斯二世的女儿玛丽及其丈夫威廉为英国的共同君主;詹姆斯二世不战而逃;新君同意了君主立宪的架构。这是第二轮动荡。

至于为什么这场革命被命名为"光荣",简单的理解是"和平"的方式。看看人类政权交替的历史,暴力的多、和平的少;推倒重来的多、折中妥协的少。如果政权交替还伴随着制度更替,那就难免更剧烈,如俄国的十月革命、中国的辛亥革命等,无不在炮火纷飞中实现。对比下,1688年英国的光荣革命却在兵不血刃中实现了新旧政权、新旧制度的更替,这无疑是种光荣。但我们会看到,更大的"光荣"不仅在当时,更在于下面两百多年的稳定与进步。【14-4】

从1640年后,议会就开始了对英国法律体制的一系列改革;到了1688年后,进程急剧加速。1694年,议会通过《三年法案》,规定议会至少每三年召开一次。1701年,议会通过《王位继承法》,明确规定王位的继承顺序。1714年到1721年间,责任制内阁逐渐形成,首相开始负责组阁。从1721年到1830年间,由"俗人"阶层组成的下议院地位逐渐上升。1832年,议会通过《选举修正法案》,让新兴工业资产阶级大量进入议会。前后加起来,"宪政革命"指的是从1640年的宪政危机爆发到1832年的选举改革完成,这期间英国议会主导下的英国法律体制的变革。它常常被简化为光荣革命,但其实,后者只是它在1688年的高光时刻。

● **法治的形成**

宪政革命形成了怎样的"宪政"呢?
——君主立宪制

英国在宪政革命前、后都有王室，给人没变的感觉，但注意，此"王室"非彼王室也：宪政革命前是国王执政、议会监督，名义上是"王在法中"，实际是"王大于法"，因为国王违法了，也没谁能有效监督。在光荣革命后，英国议会选择了"名义君主"的折中道路，它既没废弃国王，也不想再换一个国王来作威作福，于是与国王签署了一份名为《权利法案》的补充协议，约定如下：国王不能未经法庭审判而逮捕任何人；不能在和平时期维持常备军；不能废除法律或暂停法律的执行；不能在未经议会同意的情况下征税。在这样的约定下，国王确实变得无事可做，甚至连随意走动都不能。但话说回来，"名义君主"也是宪政的一部分：他只是日常无事可做；在军事政变等情况下，是要出来维宪的，只是从1688年到至今的三百多年间，英国还没有过宪政危机，于是，英王连立功的机会都没有，就只好用加冕、婚嫁、丧礼等一切可能的仪式来刷存在感。

——议会负责制

国王退出国家治理，这已经清除了对法治的最大威胁。取而代之的国家管理者是议会，其责任包括：主持立法，提出并通过法律草案；监督执法，包括监督政府预算、征税、国家银行、国债发行、政府官员的任用及弹劾、对外的宣战与停战等等；议会还负责提名并有权弹劾不称职的法官。议会的权限这么大，会不会自己犯错呢？可能，但议员们自己的利益不在里面，比国王的立场公正，而且，议员做出的表决最终会作用到自己头上，没必要惩罚自己。【14-5】

——选举制

议会由议员组成，议员由选民选举产生，因此，议员与议会如果不站在普通人的角度来思考问题，就会在换届时下台。由于议员常常轮换，这届当选未必下届连任；议会多数党常常更替，这届多数未必下届继续多数，因此，长期的操纵机制也不存在。如果你不满这届议会或议员，那下次投票改选，甚至自己参选呗！

——媒体监督

1695年，英国议会废除了出版审查制度，这让选民多了一个选举之外的日常监督工具：新闻。在大报、小报、狗仔队的监督下，英国皇室、官员与议员的丑闻不断，但政权始终在稳定运行中。1936年，爱德华八世因为与美国已婚妇人恋爱而辞职。伊丽莎白二世女王好不容易拍了张亲民自驾照，被人质疑是否超过了合法的驾驶年龄。王妃凯特因为修剪了一张自己的照片而不得不对"作假"嫌疑向公众道歉。其实，没有任何法律程序要求她们这样做，全因媒体全天候监督的压力。

让我们回顾一下法治的基本定义：法律治国。16—18世纪的英国"宪政"实现了这样的雏形，国王仅仅是最高级的公务员，需要受媒体、议会、法院的监督，这已经满足了王在法下的要求，王在法下也就满足了法律至上的要求。【14-7】下面就看能不能"稳定治国"了。

● **稳定与进步**

历史上的古希腊、佛罗伦萨城邦等，都曾短期实现"法律至上"，但无法"稳定治国"。英国在王室统治的前六百年间，动乱更没有中断过。而在宪政革命后，英国却始终保持了稳定中的进步、进步中的稳定。究其原因，之前动乱的两大根源被解决了。

一是宗教纷争。16世纪爆发的欧洲宗教改革运动把原来的基督教分为了新教与旧教，而英国的亨利八世创立了英国国教会（安立甘宗）。这样一来，英国就分出了三大类宗教人群：天主教徒希望国王信天主教，新教徒希望国王信新教，大多数英国贵族则希望治理英国的人信奉国教。不管英国王室继承人信哪种宗教，另外两类信徒都会不满，这导致近代英国始终处于宗教斗争的腥风血雨中。在宪政革命后，由于议会是多元的，信仰也多元，于是很快就以宪政的形式确定下来宗教宽容原则；国教仍然是国家典礼及国王必须信奉的宗教，但普通人则有信仰其他任何宗教而不受歧视的权利。【14-8】

比宗教纷争更具有普遍意义的是政治纷争，相比起之前的英国国王每每因为出兵海外、需要加税而引发不满甚至动乱,在宪政革命后,军事开支比之前大很多、税收比之前高很多,英国民众对国家的认同感却没有下降,并构成英国对外政策的民意后盾。英国在两次世界大战中的胜利是最近的例证。[14-9]

除了稳定大环境,法治还稳定了市场经济。由于英国经济起步在前,一种误解是以为即使没有宪政改革,市场经济也会继续发展下去,但所有古代王朝的商业繁荣都昙花一现的事实暗示着"未必"二字。而英国在宪政革命后,市场化改革的进程不仅持续,还大大加速了。

这里我们要列举两项天才的金融改革措施,国家银行与国债。它们唯有在政权存续的前提下才能有效兑现,因此无形中把国家与民众的利益捆绑在一起。欧洲各国的王室早就深谙这一道理,于是自文艺复兴后,就尝试委托私人金融机构来发行固定年金的债券。但效果不佳,原因很简单:机构的信誉各异,而国王的信誉最差。国王的收入与支出无规划、无制约、不透明,于是常常随便找个理由违约,甚至一句"不还"了事。

对比之下,在英国与荷兰实现宪政后,议会监督了央行、法院、内阁的运行,用征税系统取代了包税制,用预算遏制了政府滥用、滥印钞票的冲动,连王室的花费都需要议会批准。这些都提高了国家运行的廉洁度、透明度及可预测性,让国家银行真正变成了国民的银行,也让国债真正变成了国民的债券。

1694年,议会批准英格兰银行正式成立,由私人投资、议会监督、为政府服务。其业务包括发行纸币、管理政府账户、处理公债和借贷等。为了消解公众的顾虑,英格兰银行宣布将英镑与硬通货挂钩(银本位与金本位),从此英镑成了稳定、保值、流通、支付的手段。[14-10]直到今天,英国还有一句俗语是"像英格兰银行一样可靠"(As safe as the Bank of England)。英格兰银行不仅稳定了货币,还稳定了利率。政府在战争时会向英格兰银行借款,又会在财政盈余时向英格兰银行存款,这要求英格兰银行的存贷款利率合理,因此逐渐成为其他银行的参考标准。相比之下,在英国成立英格兰银行后,法国也随后成立了自己的中央银行,但该银行仍处于王室控制之下,过度印刷钞票,导致通货膨胀和货币贬值。

1692年，英国议会在政府监督下的正式发行国债，成交量持续上升，到1800年，英国与拿破仑战争期间，英国的国债已经高达当时国民收入的2.5倍之多。稍早前的荷兰国债更夸张地达到国家收入的3倍以上。在过去的三百多年间，英国与荷兰的债券没出现过违约，而同时期，不知有多少国家因政变倒台，次次都将货币与债券化为废纸。【14-11】

无疑，"稳定"仅仅是相对而言，相对于之前的体制，也相对于改革之难。在16—18世纪的英国，在法治雏形形成的同时，司法不公与贫富不均随处可见，示威、抗议、工人运动同步发生，只是都远远没有达到推翻政权的程度。【14-12】原因很简单，百姓心里明白新制度比旧制度好太多，而且，恰恰因为百姓通过游行、新闻、选举等发泄出了不满，反而让起义显得不太必要。

以上，我们仅仅是按照法治的"基本"定义，即法律治国进行论述，这也是它的社会意义。而16—18世纪英国的"法治"比这又要多点内涵。正是因为加入了一点点"个人"的内容，"法治"才从古代走向了现代。

守夜人的意义

"法律治国"意味着法律自转,那政府不就没事做了吗?应该讲,它有时没事做,有时又有事做,有些事不能管,有些事又必须管,亚当·斯密称此为"守夜人"的功能。顾名思义,守夜人白天休息、夜里工作;只防外患、不管内部。类似地,亚当·斯密认为政府的义务在于维护法律、国防、公共设施(即法治的基本框架);而其他(法律框架内的)一切不应该管,也无须管,因为那属于市场经济自主运行的范围。在无形的手的作用下,私利与公益会自动协调,供应与需求会自动匹配,经济会自然成长、渗透。反之,比如以保护国家利益为名实施保护性关税,则悖逆了市场规律,反而不利于国民与国家财富的增长。

亚当·斯密:"除了提供治安、轻赋和尚可接受的司法外,由极度荒蛮走向高度富裕,需要国家所做的几无他物。""任何国家,如果没有具备正规的司法行政制度,以至于人民关于自己的财产所有权,不能感到安全,以至于人民对于人们遵守契约的信任心,没有法律予以支持,以至于人民设想政府未必经常地行使其权力,强制一切有支付能力者偿还债务,那么,那里的商业制造业,很少能够长久发达。简言之,人民如对政府的公正没有信心,这种国家的商业制造业,就很少能长久发达."【14-13】

【14-1】马特·里德利. 美德的起源:人类本能与协作的进化[M]. 吴礼敬,译. 北京:机械工业出版社,2015:174.

【14-2】弗朗西斯·福山. 政治秩序的起源:从前人类时代到法国大革命[M]. 毛俊杰,译. 桂林:广西师范大学出版社,2012:16. "英国是把最高权力者的利益、社会的集体利益、民众的个人利益聚合在一起的第一个大国。"强大且有能力的国家,国家从属于法治,政府对所有公民负责……能取得这种平衡,本身就是现代政治的奇迹。"

【14-3】戴雪. 英宪精义[M]. 雷宾南,译. 北京:中国法制出版社,2016:127.

【14-4】A、G. M. 屈威廉. 英国革命:1688—1689[M]. 宋晓东,译. 北京:商务印书馆,2020:2. 10.

"这次革命的真正光荣之处,并不是为了保证它的成功只使用了最低限度的暴力,而是在于，这次革命的解决办法为后世的英格兰人民找到了一个避免使用暴力的方法"。

B、费尔南·布罗代尔. 十五至十八世纪的物质文明、经济和资本主义[M]. 顾良，施康强，译. 北京：商务印书馆，2017：454.

布罗代尔："这一成就的取得全靠英国公众的态度，他们的公民责任感以及他们对一个始终以稳定为务的货币制度由来已久的信任。不过这一信任也建立在财富带来的保证和信心之上。银行券的保证金肯定不是金银，而是不列颠诸岛巨量的劳动产品。英国用它制造的工业品和它的转口贸易取得的收益向它的欧洲盟友提供数额惊人的资助，从而使他们能打败法国，维持一支在当时叹为观止的舰队以及庞大的陆军，从而在西班牙和葡萄牙扭转局势，使拿破仑陷于困境。在那个时代，任何别的国家都没有能力做同样的事"。

【14-5】A、戴雪. 英宪精义[M]. 雷宾南，译. 北京：中国法制出版社，2016：3. 130.

戴雪关于议会主权的诠释是："在不列颠帝国内，国会有权可以造法，亦可以毁法；在英格兰四境以内，无一人有权利践踏。国会的权力"不受制于任何人"，它"可以创造、可以批准、可以扩张、可以收缩、可以裁减、可以撤回、可以再立，可以诠释法律。它可以改变王位继承大法，可以变更国教，甚至可以变更国会本身的构造。

B、G. M. 屈威廉. 英国革命：1688—1689[M]. 宋晓东，译. 北京：商务印书馆，2020：107.

屈威廉的诠释是："如果法律法律高于过往的意志，法律又可以由议会修改，那么议会就成为了这个国家的最高权力。"

【14-6】杰克·戈德斯通. 为什么是欧洲？世界史视角下的西方崛起（1500-1850）[M]. 关永强，译. 杭州：浙江大学出版社，2010：139.

戈德斯通："18世纪的英国，则拥有着一直保持独立的普通法法院、活跃的议会、由法律保护的不同宗教信仰以及多种不同类型的官方教会，如果从英吉利海峡向大陆望去，从法国一直到土耳其再到中国，都是一片专制王权的海洋"。

【14-7】A、G. M. 屈威廉. 英国革命：1688—1689[M]. 宋晓东，译. 北京：商务印书馆，2020：107.

屈威廉："国王是法律的第一公仆，而不是它的主人；是法律的执行者，而不是它的源泉"。

B、伏尔泰. 哲学通信[M]. 高达观，等，译. 上海：上海人民出版社，2014：37. "英国是世界上抵抗君主达到节制君主权力的唯一的国家；他们由于不断的努力，终于建立了这样开明的政府：在这个政府里，君主有无限的权力去做好事，倘使想做坏事，那就双手被缚了。

【14-8】伏尔泰玩笑地评价道："如果在英国只允许有一种宗教，政府就非常有可能是专制的；如果有两种宗教，人民就会相互残杀；但是如果有各种各样的宗教，人民都会幸福"。

伏尔泰. 哲学通信[M]. 高达观，等，译. 上海：上海人民出版社，2014：27-28.

【14-9】詹姆斯·弗农. 远方的陌生人：英国是如何成为现代国家的[M]. 张祝馨，译. 北京：商务印书馆，2017：51.

"从都铎王朝开始，每个世纪都会发生政府内部的革命。然而，在19世纪中期创造出现代国家的革命面前，它们都显得无比苍白。"

【14-10】A、彭慕兰, 史蒂文·托皮克. 贸易打造的世界: 1400年至今的社会、文化与世界经济[M]. 黄中宪, 吴莉苇, 译. 上海: 上海人民出版社, 2017: 333.

彭慕兰: "真正的世界经济, 乃是有庞大货物、资本、技术游走世界各地的经济, 而这种经济要诞生, 法律和习惯行为必须变得更可预测且为普世所奉行"。

B、卡尔·波兰尼. 巨变[M]. 黄树民, 译. 北京: 社会科学文献出版社, 2017: 29.

"这为全球贸易自律提供了一个完美的机制。英格兰的商号能向各地输出商品, 或在各地投资, 因为它们知道赚回来的货币就像黄金一样可靠"。

【14-11】尼尔·弗格森. 金钱关系[M]. 唐颖华, 译. 北京: 中信出版社, 2012: 第四章和第六章。"如果对比下的话, 18世纪荷兰与英国的公债收益率为3.5%以下, 公债规模却不断扩大。而法国公债收益率在10%之上, 却问者寥寥。"

【14-12】见当时人的评述:

A、亚当·斯密惊呼: 在1600-1760年"这段最幸福、最幸运的时光中", 七场战争、三次叛乱、伦敦大火和鼠疫均未能阻止"英国走向富裕"。转自埃里克·琼斯. 欧洲奇迹: 欧亚史中的环境、经济和地缘政治[M]. 陈小白, 译. 北京: 华夏出版社, 2015: 33.

B、18世纪60年代居住在英国的本杰明·富兰克林写道: "我发现一年之内, 在乡下爆发了各种骚乱, 包括粮食引发的骚乱, 选举引发的骚乱, 济贫院引发的骚乱, 矿工引发的骚乱, 纺织工的骚乱, 运煤工的骚乱, 伐木工的骚乱, 水手的骚乱……"转自罗杰·奥斯本. 钢铁、蒸汽与资本: 工业革命的起源[M]. 曹磊, 译. 北京: 电子工业出版社, 2016: 10.

C、具体如戈登暴乱、勒德分子事件、托尔普德尔殉难、彼得卢屠杀、卢德运动等, 其持续时间及死伤人数在世界范围内相比均属有限规模。

【14-13】亚当·斯密. 国富论II[M]. 郭大力, 王亚南, 译. 南京: 译林出版社, 2011: 687-688.

第十五章 权利是如何下沉的

《牛津法律大辞典》对法治的定义是，"对立法权的限制，反对滥用行政权保护措施，获得法律的忠告、帮助和保护大量的平等的机会，对个人和团体各种权利和自由的正当保护以及在法律面前人人平等。"【15-1】

今天，我们判断一个法律体系是否实现了法治，不仅要看它是否实现了"依法治国"，还要看它是否确保了"个人权利"。这样的定义是从16—18世纪的英国产生的，以至于"权利"已经成了我们今天的口头禅。

但究竟何为权利？

这个词自古就存在，在每个时段的内涵都稍有不同。古希腊有自由本性的理论，古罗马有物权的概念，中世纪有上帝面前人人平等的思想，文艺复兴时期则强调人的平等与尊严，如果从这些说法中提取共同点，可以理解为一种属于个人、无须批准、不可剥夺的私人领域。【15-2】除了上述时段外，其他时段的古代统治者都不太希望提及、更毋宁说澄清"权利"二字，因为怕百姓太清楚不好治理。但在十七世纪的宪政思潮中，洛克等知识分子让这个词再度热门起来；在宪政革命中，议会通过的法令中常常也提到"权利"；在宪政革命后，选民选举议会、议会管理国家，作为国家最终控制人的选民，当然要搞清楚自己有何"权利"。

● **三大宣言**【15-3】

1688年光荣革命中形成的《权利法案》，强调了"权利"的第一个现代特征：绝对性。即"这个王国的人民根本的、古老的、不容置疑的权利和自由"，该法案写道：法庭有自己挑选陪审团的权利……人民有请愿的权利和携带武器的权利，有免于过多的保释金，或罚金，或非酷刑惩罚的权利"。

接下来，1776年的美国《独立宣言》强调了"权利"的第二个现代特征：普遍性。"我们认为这些真理是不言而喻的：即人人生而平等，造物主赋予了他们某种不可剥夺的权利，其中包括生命、自由以及追求幸福的权利。"

接下来，1789年的法国大革命《人权和公民权宣言》强调了权利的第三个现代特征：平等性。在权利方面，人们生来是而且始终是自由平等的。只有在公共利用上面才显出社会上的差别（第一条）。法律对于所有的人，无论是施行保护或处罚都是一样的（第六条）。

今天，《联合国宪章》《世界人权宣言》《国际劳工组织公约》，乃至我国的民法、刑法等也强调了现代"权利"的相同内涵。如联合国《世界人权宣言》写道："人人生而自由，在尊严和权利上一律平等"。"人人有权享有生命、自由和人身安全"。

正是这三个特性，把现代的"权利"与古代的"权力"区分开来：古代的"权力"往往是少数人，甚至某个人的。而现代的"权利"代表着属于自己、无须批准、无法剥夺的私人领域，具有绝对、平等、普遍的特征。[15-4]它是为普通人而设立的。

● **权利的细分**

具体哪些私人领域，即现代权利的具体种类，在宪政革命的前期，针对过去国王随意逮捕与随意没收财产的情况，人们最关心司法与财产权，而到了晚期，人们又把注意力投向了选举权。

——司法权

即每个人在法律上享有平等的权利。[15-5]

洛克写道："不论贫富贵贱，在法律面前一律平等。此外，不会因为特殊情况而破例"。[15-6]

戴雪在《英宪精义》中写道："在英格兰四境内，不但无一人在法律之上，而且每一人，不论为贵为贱，为富为贫，须受命于国内所有普通法律，并须安居于普通法院的管辖权之治下"。所谓"法律主治"，即法律面前人人平等；武断的权利不存在；个人权利是法律的来源。[15-7]

——财产权

即个人财产享有被保障的权利。这里的前提是对财产的清晰划分，包括马克思、普鲁东、洛克、威廉·布莱克斯通在内的大多数近代西方学者对"财产"的定义都是排他性的，马克思写道，"私有财产如果没有独占性就不成其为私有财产"。[15-8] 即你的家具、餐具、玩具、住宅，唯有你有权使用、处置、传承，别人无权干涉，那才算你的。如果某个东西你可以用，别人（比如更高地位的人）也可以用，那算共有。如果某个东西，所有人都可以用，那算公有。

在财产清晰划分的前提下，"财产保护"即以法律的形式确保财产的"排他性"。抛开它是否"神圣不可侵犯"的争议不谈，[15-9] 仅就财产保护的功效而言，大部分现代经济学家都认同，这是现代社会高效运行的前提；反之，如果某社会财产划分不清或可能被侵犯，那么其运行效率将低到"伪现代"的程度。[15-10]

在英国，最重要的财产权、土地产权，是宪政革命后才变得清晰的。之前，国王最终拥有英格兰土地的所有权，而一级级的受封者拥有一级级土地的使用权。国王一般不干涉你使用土地，但只要有需要，就可以随时征用你的土地，或逮捕你并没收土地，或把你的土地奖励给他人，只要一句话，"以国王的名义"。——有人说，英国土地交易从13世纪起就存在了，但这并不影响英国产权混乱的事实，因为在封建制度下，土地使用权转让意味着效忠义务的转让。想象下，你作为卖方，要出卖自己的地，必须征询上级贵族可否；你作为买方，要购买土地，还要向上级贵族三拜九叩，最终难免不了了之；再加上，封建制早期的人们认为世代不变是正常的，转让土地的意愿很低。——有人说，英国土地交易到15世纪后就活跃起来了，那只是因为农奴制瓦解了，买卖的意向多了，英国贵族们也逐渐放弃了效忠礼之类的附加要求，但这仍然没有改变英国产权混乱的事实，因为交易的仍然是使用权，上级贵族乃至国王仍然享有最终所有权。——有人说，圈地运动厘清了英国土地产权，这更牵强，因为圈地不涉及农民的耕地，仅仅涉及"公地"；即使公地，也仅仅涉及使用权。——到宪政革命后，议会在17世纪宣布废除领地制并取消封建义务，让土地所有权从源头变得独立，也让土地成了普通交易的商品。最早这对地主有利，但逐渐地，对每个拥有财产的公民，尤其弱势群体都形成了保护，即自己的家"风能进、雨能进、国王不能进"的典故，[15-11]它出自英国首相威廉·皮特的原文："即使是最穷的人，在他的小屋里也敢于对抗国王的权威。屋子可能很破旧，屋顶可能摇摇欲坠；风可以吹进这所房子，雨可以打进这所房子，但是国王不能踏进这所房子，他的千军万马也不敢跨过这间破房子的门槛"。

——选举权

英国在王室时期的《选举法令》规定，具备一定资产或收入的人才有投票权，这在长时间内都被民众认为是合理的。[15-12]这样的传统延续下来，到1688年光荣革命时及之后相当时间里，议会仍主要由大贵族与乡绅组成。但宪政新体制已经揭示出选举的意义，于是，普通人开始为自己的利益而争取选举权。终于在1832年的《改革法案》中，选举人被扩大为当时成年男子的四分之一；[15-13]1867年，被进一步扩大到包括城市工人在内的约三分之一；1884年，被进一步扩大到包括农村工人在内的约四分之三；1918年，被进一步扩大到英国成年男子及31岁以上英国女性。1928年，普选权实现，即21岁以上的所有英国人，不论性别，不论资产，都具备了选举资格。

——经济权利

法律权利是权利，经济权利何尝不也是？在市场经济中，一块面包就是一块面包，一块钱就是一块钱，对贵族如此，对平民如此，对皇室如此，对囚犯也如此；不仅所有人购买商品，所有人提供商品也都要在同等的价值体系下竞争。有人批评市场经济没有人情味了，只认钱，不认人，但这正是它与等级、熟人社会的区别所在，它的复杂程度超过了任何人的掌控！这里我们可以引用马克思的名言，"商品是天生的平等者"；"货币是天生的比商品更进一步的平等派"。【15-14】

经济权利与法律权利相加，才构成了完整的权利，而完整的权利塑造出完整的公民。今天我们说，人民群众是社会的基石，但基石之所以成为基石，离不开"权利"二字。【15-15】

在古代的金字塔社会中，国王在上，中间是贵族，最下面是臣民。臣民，顾名思义，在经济上与法律上处于非独立、被主宰的地位。虽然在中间有过古希腊城邦、文艺复兴城邦等代议制的尝试，但由于市场经济的缺席，公民的权利从不完整。没有完整的权利，公民社会就缺乏基础。

在1500年前后，随着商业革命波及英国，市场经济带给了普通人经济权利；在1688年后，随着宪政革命的进行，法治带给了普通人司法上的权利。有了完整的权利，基石才有基础，这让臣民变为了公民、金字塔的社会变为了公民社会！

总结16至18世纪英国商业与法律环境的转变。由于专利法的形成、商业革命、农业改革、行会解体、宪政革命的发生，传统的小农与自足经济被市场经济取代，传统的人治为法治取代。这让权利得以形成，公民得以塑造。没错，那时的英国像一只刚刚孵化出的小鸡，相貌不堪、气味难闻、跌跌撞撞，但它前途光明。

恩格斯在1844年评价道："英国无疑是地球上（北美也不除外）最自由的，即不自由最少的国家。因此，有教养的英国人就具有在某种程度上说来是天生的独立自主权利，在这一点上法国人是夸不了口的，德国人就更不用说了。英国的政治活动、出版自由、海上霸权以及规模宏大的工业，几乎在每个人身上都充分发展了民族特性的固有的毅力、果敢的求实精神，还有冷静无比的理智，这样一来，大陆上的各个民族在这方面也远远地落在英国后面了。"【15-16】

我们的结论已经呼之欲出了。

【15-1】戴维·M.沃克.牛津法律大辞典[M].北京社会与科技发展研究所,译.北京:光明日报出版社,1988:990.

【15-2】弗里德利希·冯·哈耶克.自由秩序原理[M].邓正来,译.北京:生活·读书·新知三联书店,1997:171-172.264.哈耶克详尽地阐述了权利的"私域"属性,"个人的权利,乃是承认这种这种私域的结果"。

【15-3】诺曼·戴维斯.欧洲史:下卷[M].郭方,刘北成,等,译.北京:世界知识出版社,2013:728-729.

【15-4】哈耶克.自由宪章[M].杨玉生,冯兴元,陈茅,等,译.北京:中国社会科学出版社,2018:321-348."真正的法律"应该具备的特征:事的普遍性、人的平等性、判决的确定性。

【15-5】关于法律平等的必要性,请参考:

A、约翰·麦克西·赞恩.法律的故事[M].于庆生,译.北京:中国法制出版社,2019:37."正义便是将所有的人置于相通的基础之上,换而言之,正义需要对所有人同等适用规则"。

B、哈特.法律的概念[M].许家馨,李冠宜,译.北京:法律出版社,2018:272."正义的最简单形式,不过是坚持所有人都必须适用同样的一般化规则,不因偏见、利益或恣意而有所偏倚"。

【15-6】约翰·洛克.政府论[M].丰俊功,译.北京:金城出版社,2019:216.

【15-7】戴雪.英宪精义[M].雷宾南,译.北京:中国法制出版社,2016:130.255-269.

【15-8】关于财产的排他性定义,请参考:

A、马克思,恩格斯.马克思恩格斯全集:第3卷[M].北京:人民出版社,1979:425."私有财产如果没有独占性就不成其为私有财产"。

B、理查德·派普斯.财产论[M].蒋琳琦,译.北京:经济科学出版社,2003:1."财产所有权指的是,"所有者所拥有的,为公共权力所正式承认的,既可以排他利用资产又可以通过出售或其他方式来处置资产的权利"。

C、约翰·洛克.政府论[M].丰俊功,译.北京:金城出版社,2019:214."如果有人可以未经我的同意,擅自拿走属于我的东西,我就无财产权可言"。

D、威廉·布莱克斯通.英国法释义[M].游云庭,缪苗,译.北京:商务印书馆,2023."财产权是一人主张并对世界上的外部事物行使的唯一和专有的权利,完全排除了宇宙中任何其他个体的权利。"即"独占的排他的支配"。另见罗伯特·考特,托马斯·尤伦.法和经济学[M].张军,等,译.上海:上海三联书店、上海人民出版社,1995:63.

E、《拿破仑法典》第544条:"所有权是以最绝对的方式享受和支配物件的权利"。

【15-9】前面对"财产排他性"看法一致的学者,对"财产保护"的看法却不同:——质疑的声音是(如普鲁东)土地的最初来源是否合理?财产继承是否会造成不劳而获?——赞同的回应是(如洛克)财产权是"人与生俱来的权利","是保护一切其他权利的卫士"(斯

密）。此外的辩护还包括：不劳而获的情况即使存在，也会很快在市场竞争中被淘汰；即使资本的原始情况无法查明，但在现代社会中普通人的薪资财产是清楚的，而普通人的财产是社会资产的主体。因此，财产保护对现代社会中的大多数人是有利的。

【15-10】现代经济学家通常采取"不论对错，只论功利"的视角。

A、德姆塞茨：产权的功能在于激励，因为"正是权利的价值决定了交换物品的价值"。一是明确的利润划分；投资者是谁需要明确，受益者是谁也要明确。二是投资者要有再投资的意向，前提是财产保护。

B、科斯定律，市场经济在三要素下可以自动调节：明确的产权，低交易成本，透明度。代议制对这三项都是最有利的保护。现代市场的先决条件是个人财产权的强制执行。在之前缺乏这点保障的情况下，交易成本普遍太高。在共有、国有、私有三种产权中，私有产权的效率最高。（参见《关于产权的理论》和《财产制度与制度变迁》）。

C、哈耶克.自由宪章[M].杨玉生，等，译.北京：中国社会科学出版社，2018：122."每人都拥有的财产实际上是无主财产，那么每人都承担的责任就是无人责任"。

D、路德维希·冯·米塞斯.自由与繁荣的国度[M].韩光明，等，译.北京：中国社会科学出版社，2018：106."人类有意义的经济秩序，人类社会的共同生活如果背离了这一基础就会完全进行不下去"。

【15-11】雅克·巴尔赞.从黎明到衰落[M].林华，译.北京：中信出版社，2018：647."在19世纪的大部分时间里，要求选民必须拥有一定的财产是理所当然之事，也是符合逻辑的。一个人若想负责任地运用自己享有的那份权利，就得拥有社会共同财产的一部分，就像股东投票选举公司董事会一样。"

【15-12】在更早之前，英国大法官爱德华·柯克和英国哲学家约翰·洛克有过类似的表述。

【15-13】另一说法是八分之一。见：R.R.帕尔默.现代世界史01 [M].何兆武，孙福生，董正华，陈少衡，等，译.北京：世界图书出版公司，2013：55.从55万人增加到81.3万人。

【15-14】马克思.资本论：第1卷[M].中共中央马克思恩格斯列宁斯大林著作编译局，译.北京：人民出版社，2004：103.152.

【15-15】关于权利的法学基础，请参考：

A、罗纳德·德沃金.认真对待权利[M].信春鹰，吴玉章，译.上海：上海三联书店，2008：21."权利是必要的，它给公民这样的信心，即法律享有特别的权威……在所有承认理性的政治道德社会里，权利是使法律成为法律的东西"。

B、约翰·穆勒.功利主义[M].徐大建，译.北京：商务印书馆，2019：53.62-63."正义就是对每个人的法定权利的尊重，非正义就是对任何人的法定权利的侵犯。"

C、戴雪.英宪精义[M].雷宾南，译.北京：中国法制出版社，2016：255-269."凡宪章所有规则，不但不是个人权利的渊源，而且只是由法院规定与执行个人权利后所产生的结果"。

【15-16】马克思，恩格斯.马克思恩格斯全集：第3卷[M].中共中央马克思恩格斯列宁斯大林著作编译局，译.北京：人民出版社，1963：678-679.

第十六章　人没变，激励变了

米塞斯："人们不可能把黑人变成白人，但可以赋予黑人同白人一样的权利"。[16-1]

普莱斯："民主要求公民生而平等，但平等主义坚持公民死而平等"。[16-2]

俗人的崛起促发了工业革命，那什么促成了俗人的崛起？我们当然可以说是市场经济与法治，但如果以它为答案，会有几个缺憾。首先，前面的推理主要基于瓦特与博尔顿为代表的创新与创业者的角度，但要说所有人都受益于市场经济与法治土壤，则要找出一种无差别的且最直接的机制。另一个问题是，市场经济与法治，听起来像两个而非一个答案。能不能是两者之一呢？不行，因为从全面现代体制形成的过程看，法治保障市场经济的发展，市场经济巩固法治的基础，它们就像DNA双螺旋结构那样彼此成就、难解难分。

好在，市场经济与法治是从社会层面讲，如果从个人层面讲，就还可以回到"权利"。市场经济为每个人提供了经济权利，法治为每个人赋予了法律权利，它们作用于同一个人。这之间的直接的作用机制就是权利。如果我们要激励某个人、某个阶层，可以采取有针对性的激励措施，但如果要激励所有人，包括连想都想不起来、找都找不到的张三和李四，那么唯一的方法就是无差别的激励——权利正是这样的伟大发明，其绝对性、普遍性、平等性为国王、议员、官员、百姓提供了一个公平的起点。公平的经济权利意味着公平的机会，公平的法律权利意味着公平的保障。从这样的起点出发，尽管结果未必相同，也难以预料，但每个人都能看到希望。

有人质疑公平是一种假象，[16-3]但公平是相对的，相对于特权，平权无疑公平得多。更重要的是，公平意味着可能性而非结果，在个体条件存在差异的前提下，公平的起点应该导致不同结果才对。反之，要求所有百米赛跑选手在同一时间到达终点、要求所有考生考试成绩相同、要求所有劳动者待遇一样、要求所有案件法院的判决相同，恐怕是世界上最不公平的事！

事实也证明了普遍激励的存在：在16—18世纪的英国，整个社会像着了魔似的追逐梦想，甚至为了梦想而冒险。说来奇怪，英国王室与贵族带头冒险。16世纪的伊丽莎白女王就投资了海盗生意，并获得巨额回报！榜样作用巨大……英国贵族实行长子继承制，长子之外的其他子女都要另谋出路，于是参与到探险或贸易的远航中！再加上自商业革命后，英国的贵族与商人阶层之间常常联姻，这让英国贵族与商人之间的界限变得模糊。比如发现进化论的学者达尔文，他的祖父辈是传统的土地贵族，他的祖母辈韦奇伍德是瓷器商人，他的父母继续两个家族之间的联姻。

理论上，权利对所有人都有效。但在历史上，贵族们处于强势的地位，而平民阶层处于弱势地位，因此，权利的绝对、普遍、平等的特性对平民阶层的激励最大！追求世俗利益的普通人从来不敢期盼天上掉下来的馅饼，只要能有从劳动中获得馅饼的机会，以及馅饼不被夺走的保障，已经谢天谢地了！因此，对平民阶层而言，榜样固然有益，而"权利"已经足够。

如前所述，16—18世纪的英国工商阶层是商业与技术冒险的直接受益者，他们的数量不管纵向相比，还是横向相比，都前所未有之多，所以英国才获得了"小店主之国"的称谓。在工商人士之外，如律师、医生、教师、经理人、银行家、会计师、公务员、职员、技师等"专业人士"服务于冒险者，同样是受益者，不仅经济收入大幅度提升，而且体现在，越来越多的知识精英成为议会议员乃至政府要员。

除上述冒险的受益者之外，占比更大的普通工农的生活水平则存在不同视角的评估。如果仅从人均收入角度看，16—18世纪的英国在当时的世界中遥遥领先。据统计，到1750年，英国各项人均经济指标都位居欧洲前两位，仅次于荷兰；英国工人的收入是法国人的两倍，是西班牙和意大利工人的三到四倍。在识字率方面，荷兰为68%，英国为53%，法国德国为35%，东欧为20%。【16-4】【16-5】

平均收入提升的另一个证明是大众消费的潮流。劳动阶层变成了需求的主力军。对1675年到1725年间的家庭财产清单的研究证明，很多普通人拥有书籍、钟表、眼镜、窗帘、瓷器、饮茶和煮茶的茶具，乃至多层碗柜、抽屉柜、壁橱以及新型的桌子和椅子等家具。【16-6】到18世纪早期，英国非熟练工人的平均工资已经足够支付以下的食谱：面包、肉、鸡蛋和奶酪、大豆、豌豆和啤酒，剩下的钱还可以购买做饭和取暖用的燃料、蜡烛、亚麻布、灯油和肥皂。在耐用品与必需品之外，更能说明大众消费趋势的是奢侈品：在16世纪前，下列都被认为属于贵族专享，而在16世纪后，却越来越以平民为对象：饮食方面如糖、巧克力、咖啡、茶、辣椒、烟草等；穿戴方面如饰品、皮鞋、怀表、五颜六色的棉布等；家居方面如刺绣、餐具、家具、挂毯、镜子、瓷器、珠宝、钟表、图书等；娱乐方面如酒馆、咖啡厅、剧院、舞厅、餐厅、商店等。【16-7】让我们再次看看当时的人的描述：

1728年，当时的著名作家，《鲁滨孙漂流记》的作者，丹尼尔·笛福在其《英国商业计划》一书中，描述"即使那些我们称为穷人、匠人、苦命的工人的人，都可以实现这些：温饱有余、生活富足、工作勤奋、基本上没有什么短缺。"【16-8】

"这个地区完全致力于工业，人口的一半是海员，另一半是从事制造业的，看不到游手好闲之徒，每个人都忙于生活中的主要事务——赚钱。"【16-9】

大众消费继续演变下去，还出现了大众投资的趋势：普通人可以投资于股市；具有专业化管理技能的职业经理人通过期权等获得股票；原始股东则经过数代的稀释与分散后变为普通投资者。发展到今天，美国联行、通用电气等背后的股东是千千万万的股民，仍由原始股东控制的大企业已很少见，而CEO往往由职业经理人出任。

普通人生活水平的提升，不仅体现在收入上，还体现在地位上：越来越多出身于平民的人成为各领域的翘楚。

一个例子是发现血液循环的著名医学家威廉·哈维（William Harvey），他的父亲是个农民，后来成为商人并跻身于上流社会。农民出身的哈维在剑桥受教育，留学意大利，并成为詹姆斯一世及继位者查理一世的御医，提出并证实了血液循环及心脏的功能。

另一个例子是钟表匠约翰·哈里森（John Harrison）。他出身贫寒却完成了发明航海经线仪的壮举。在16世纪后的大航海时代，困扰航海者们的一大难题是如何在海上知道自己的经度位置。西班牙国王最先为这项发明设立了奖金，没人破解；荷兰决定追加奖金，仍没人破解；英国议会把奖金升高到两万英镑（约合今天一百万美元），伏尔泰称此巨奖为"我所见到的最惊奇的事情，类似路易十四对艺术家的豪华气派"。[16-10]最终，钟表匠约翰·哈里森通过精确计时的钟表完成了任务，其发明的难度在于：船舶经过不同地区的温度不同，再加上航海颠簸，都会破坏计时的准确性。哈里森尝试了多种不同的金属及设计来补偿金属的变形，终于在1735年获得成功。

稍晚的例子是英国首相小罗伯特·皮尔（Robert Peel）。他的祖父是小自耕农，父亲老罗伯特·皮尔先是纺织工人，后来开办纺织厂，因为对国家财政有功而被封为准男爵。但现实地讲，小罗伯特·皮尔是典型的农民后代与工人子弟，在今天看来根正苗红，在那时看来则是反面。他先后担任议员、内务大臣、议会领袖，并于1834年至1835年间、1841年至1846年间两次出任英国首相。"在四分之一的世纪里，他是英国的第一公仆"。[16-11]

另一个例子是著名的库克船长（James Cook）。他出身于农场工人家庭，只受过基础教育，当过学徒、工人，后加入海军，由于功勋卓著被提升为船长。1768年，他率领"奋进号"对南太平洋地区进行探险，历时三年，其间，帮助英国皇家学会对金星进行了观察、带回了3万件植物标本；之后，还测绘了澳大利亚、新西兰、夏威夷等地的地图。

另一个著名的例子是发电机与电动机的发明者法拉第（Michael Faraday）。他出身于铁匠家庭，仅仅上过小学，当过报童、学徒，后作为著名科学家戴维的实验助手而跻身科学界，于1821年及1831年分别发明了世界上首台电动机及首台发电机，如果离开了这两项发明，很难想象今日世界继续运行。

没错，古代也有鲤鱼跳龙门的情况，但历史上从来没有哪个时代，有这么多的鲤鱼同时涌进龙门，以至于让人怀疑龙门是不是变成了普通门！

没错，在成功者之外，失败者更多。但反过来想，这恰恰彰显了激励的作用：无数的普通工匠、农民、士兵、水手、律师、理发师、商人、贵族，明知失败概率大，仍然前赴后继地向着自己心中的小目标狂奔，因为成功的可能性再小也已经前所未有之大，而且，谁知道呢，没准我就是那成功的下一个！

● **由下而上**

在权利的激励机制下，社会发展的模式也颠倒了过来。

古代的金字塔结构决定了自上而下的发展模式，帝王们独占财富、独揽大权，而工匠的创造或者被动，或者虽然自主进行，但随时面临被制约、被否决、被没收的不确定性，这让发明者无法预测成功的收益。在这种模式下，社会发展的确取决于有没有明君与天才的出现，而发明的偶然与断续成为常态，古代的历史证明了这点。

当市场经济与法制为公民赋予"权利"后，被赋予了完整权利的公民就像完整的种子那样，爆发出向上的生命力。这让公民社会从下往上生长，聚木成林、聚沙成塔：

——前面提到过的16—18世纪出现的"勤勉革命"，原因在于，工业革命前的普通人已经意识到自己可能改变自己的命运，于是愿意以更多劳动换取更多收入。

——前面提到的18—19世纪工业革命中创新与创业者们的梦想，原因在于，之前两百年间，工匠阶层与商人阶层已经形成，并且梦想实现的可能性大幅提升。

——前面提到工业革命后技术进步的速度持续、加速、转向，这被称为"现代经济持续增长的奇迹"，原因在于，当最基本的人群（普通人）与最基本的目标（世俗利益）结合在一起时，其释放出的能量巨大而持久。

回到本书开头的讨论：现代性。何为现代性？在财富积累、技术进步、文化转型、社会变革的背后，我以为，最根本的现代性莫过于"普通人的可能性"，而普通人的一切其他可能性都取决于物质利益的可能性。今天，过去帝王的衣、食、住、行已经变为大众消费，过去精英的专属都在加速平民化：以前唱歌是歌星的专利，今天被卡拉OK平民化了；以前健美是运动员的专利，今天被健身房化了；以前发表是记者的专利，今天被自媒体化了；以前技术史的专业话题"工业革命"，今天，也被你我这样的俗人思考其背后的缘由……

● 完整的因果链

现在，我们可以把完整的因果链列出来了：[16-12]

追问"究竟什么发生了革命？"，纵观漫长的古代，人类社会的财富与技术水平处于低水准波动之中，在工业革命中由于重大发明的"空前"涌现，直到今天都保持了高水平发展的模式。因此，重大发明的"空前"涌现，这是古今转折的关键，也是工业革命的核心。

继续追问"工业革命的原因何在？"在第一次工业革命中重大发明"空前"涌现的背后，我们看到的是众多追求世俗利益的普通人所爆发出的创造力，因此，俗人阶层的崛起，这是工业革命发生的短时段促因。

继续追问"人的原因背后的环境原因何在？"在16—18世纪的英国，市场经济带来了经济权利，法治带来了法律权利；完整的权利塑造了完整的公民，由此形成了从下而上的自发力量。公民就是权利，权利就是公民，因此，公民权利的形成，这是俗人阶层崛起的原因，也是工业革命的中时段、结构性原因之一。

继续追问"是什么推动着人类社会在追逐财富与技术的历程上不断前行？"本书的第一章就已经揭晓了答案：人类特有的逐利性推动着追逐财富与技术的历程，工业革命是这个历程中的关键节点，而在人类的无限欲望的推动下，这个历程还会继续下去。因此，人的逐利本性，这是工业革命发生的长时段、根本原因。

至此，工业革命"为何发生"之谜告破。

【16-1】路德维希·冯·米塞斯.自由与繁荣的国度[M].韩光明，等，译.北京：中国社会科学出版社，2018：68.

【16-2】Roger Price, The Great Robe Revolution, 1970，转自保罗·福塞尔.格调[M].梁丽真，等，译.南宁：广西人民出版社.2002：30.

【16-3】此处仅举一例，莫斯卡《统治阶级》写道："在任何时候，在所有人类团体中，总有少数统治者和多数被统治者"。加塔诺·莫斯卡.统治阶级[M].贾鹤鹏，译.南京：译林出版社，2012：97.

【16-4】A、罗伯特·C.艾伦.全球经济史[M].陆赟，译.南京：译林出版社，2019：11-27.

【16-5】一些经济学家的统计数字显示1688到1962年间英国社会的贫富差距不仅没扩大，反而缩小了，另一些则显示长期趋势是先上升，再下降。不管哪种，都说明平均值并非因为最高值而被拉高。请参考：

A、伊恩·莫里斯.人类的演变[M].马睿，译.北京：中信出版社，2016：115. 长期基尼基数趋势。

B、龙多·卡梅伦，拉里·尼尔.世界经济简史[M].潘宁，等译.上海：上海译文出版社，2009：87.

C、格里高利·克拉克.告别施舍[M].洪世民，译.桂林：广西师范大学出版社，2020：262. 通过比较1630年与2000年英国人在身高、寿命、存活子女和识字率等收入外其他层面而得出类似的结论。

【16-6】罗杰·奥斯本.钢铁、蒸汽与资本[M].曹磊，译.北京：电子工业出版社，2016：262-263.

【16-7】关于英国工业革命前英国普通人的生活水平，请参考：

A、罗伯特·C.艾伦.全球经济史[M].陆赟，译.南京：译林出版社，2015：32.

B、卡尔·波兰尼.巨变[M].黄树民，译.北京：社会科学文献出版社，2017：64.

C、罗杰·奥斯本.钢铁、蒸汽与资本[M].曹磊，译.北京：电子工业出版社，2016：6.

【16-8】大卫·兰德斯.解除束缚的普罗米修斯[M].谢怀筑，译.北京：华夏出版社，2007：48.

【16-9】Daniel Defoe，A Tour through the Whole Island of Great Britain，p95

【16-10】伏尔泰.哲学通信[M].高达观，等，译.上海：上海人民出版社，2014：127.

【16-11】英国历史学家戈德温·史密斯语。

【16-12】这里我们借鉴的是法国历史学家费尔南·布罗代尔的历史分期法：短时段的原因对应突发事件，中时段的原因对应缓慢变化的社会结构，长时段的原因对应相对稳定的自然地理因素。在《菲利普二世时代的地中海和地中海世界》一书中，他以地中海为隐喻：最表面的白沫象征政治事件，缓慢流动的中间层象征经济和社会变革，而静止不变的深层水域则象征前工业化时期的农民生活（Fernand Braudel, The Mediterranean and the Mediterranean World in the Age of Philip II）。唯一区别在于，布罗代尔认为最长期的因素是自然地理因素，而本书认为在于人性。

第四部分｜潜能——为何没能更早或在别处？

回到本书开头的追问，"这一切是如何开始的？"另一种问法是，这一切为何没有更早、以别的方式开始？要知道，工业革命率先发生在18世纪英国的事实，与之前的人类历史形成了反差：在此之前，人类已经出现了两百万年，埃及王朝及巴比伦王朝已经有五千多年，罗马帝国及中国的秦帝国也过去了一千多年，但工业革命并没发生。再横向看，在中世纪的欧亚大陆上，从西到东出现过如阿拉伯文明、中亚文明、古印度文明、古中华文明等，都曾是古代世界财富与技术的中心，截至18世纪，工业革命也没发生。那么，为什么现代没能更早到来？为什么没率先来到曾产生辉煌成就的欧洲大陆、小亚细亚半岛、阿拉伯世界、古代印度、古代日本、古代朝鲜、古代中国？

为了回答这个问题，在这部分中，我们会将镜头拉宽，审视下18世纪前的所有古代文明的发展路径，答案仍然与人有关：人可以被环境激励，也可以被环境抑制。

第十七章 明君、盛世、天才、重奖

完整的工业革命之谜,不仅包括"工业革命为何发生",还包括"工业革命为何没发生"?对于反事实的追问,福尔摩斯就更帮不上忙了,他侦破的是谋杀案,没人会追问为什么自己没受害。但我们侦破的是工业革命,读者当然想知道这般好事怎么没早点来、先到自家来?好在,福尔摩斯的侦破已经为我们打下了因果链的基础:市场经济与法治促成了俗人的崛起、俗人的崛起促成了工业革命的发生,有因、有缘、有果。那么反过来,因、缘不俱足,结果也不会出现。

● 天才与明君

这里的"因",即创业与创新的人数。原始社会的人口本来就少,每个部落的人数不会超过几十人,即使刚刚定居的早期村落也不超过数百人;在人口密度很低的状态中,部落中的孤独天才发明的新工具,只能在小范围内使用、传播;由于部落生活始终处于流动之中,技术也很容易失传。

进入古代文明后,人口总数迅速增加、人口高度集中,但真正参与创造的人数仍然有限,因为占人口绝大多数的平民,既无资源,也无动力;不仅发明者的人数不足,就连消费者的人数也不足。于是,不奇怪,在工业革命之前,重大发明的出现都处于断续而偶然的状态,而财富水平则深陷在马尔萨斯循环的泥潭中。

这时,会有人指向两类特殊人物:天才与明君。他们以一当百、以一当万,能否弥补凡人数量上的不足呢?

在中学的教科书上,我们已经读到了阿基米德、鲁班、墨子、达·芬奇等

的才华与成就，如果把他们集中在一本教科书里，会显得"天才辈出"，但平均到几千年中的各个时代，则一个个都好像石头缝中蹦出似的——少而偶然。事实上，正因为少而偶然，他们才被古人冠以"天才"的称谓。这带来了几方面的问题：

最直观的是，同代的发明者少，发明规模就小。阿基米德与鲁班再能干，每人发明的东西，掰着手指头能都数得过来。

不太直观的是，同代的发明者少，发明的方向也单一。木匠鲁班如果需要交流金属方面的鲁班，或陶瓷方面的，或橡胶方面的，或流体方面的，都难找到。哪怕木匠鲁班希望与另一个木匠鲁班进行思想碰撞，也难找到。在既缺乏跨行业的合作者，又缺乏同行的竞争者的情况下，鲁班就只好一辈子做个孤独的灵魂！

更不直观的是，后继的发明者少，还危及发明的延续性。鲁班与阿基米德再优秀，也没怎么听说过其接班人如何，更没听说过其接班人的接班人如何。这中间有形的技术与无形的技巧都可能失传。而要等到下一个鲁班、下一个阿基米德出现，还要再过几百年！

上述加起来，伟大的阿基米德、鲁班、墨子、达·芬奇等，改变不了古代重大发明的基本面，但会不会出现某个绝顶的天才，一鼓作气发明了蒸汽机，从而改变了一切呢？不可能。因为工业革命中的重大发明如蒸汽机、火车、轮船等都包含成百上千项机械组合，要求众多行业的无数发明者交流协作，甚至几代发明者持续完善。因此，即使某个绝顶的天才出现，也不可能让同时代的人都配合着变为天才；即使这一代冒出诸多绝顶的天才，也很难让下一代也配合着成为天才；即使几代天才从天而降，还面临着社会需求的严重不足。因此我断言，蒸汽机、火车、远洋轮船的发明，就别指望单靠天才了！

那么，英明神武的"明君"呢？他们自己就能组织项目，还能委派贤臣负责金字塔、大皇宫、长城这样的宏伟项目，但仍然解决不了"人数"的问题，因为这里的"人数"不是人口总数，而是独立思考的头脑的数量。在压制"独立头脑"上，明君与昏君并没有本质区别，君主之所以是君主，就因为他是独断的，只不过明君独断的成功率高些、昏君独断的失败率高些罢了，不管哪种独断，一旦失败，都面临彻底的失败。像拿破仑这样英明的君主也放弃了蒸汽船的发明，否则赢得英法海战的可能是法国。更常见的情况是人存政举、人亡政息，郑和远航的开始与终止确实具有很大的随意性，否则，发现新大陆的可能是明朝。

如果说君主的独断专行对凡尔赛宫、紫禁城的兴建还有些作用，那么对工业革命中工程性发明所需的发散性思维，则是窒息的。在通常情况下，明君选拔出来的人，不过是其方针的执行者。即使某位英明贤明到不再像君主的地步，能不拘一格降人才并放手让人才去创造，那撑死了也就选拔几十个能臣，与工业革命中同时出现的成千上万的发明者相比，尚有数量级的差别。如果像蒸汽机、火车、轮船等这样改变世界的发明仅靠少数人就能实现的话，那工业革命就不称其为工业革命了！

"人数"问题在古代解决不了，天才与明君也不管用，但通过前面的介绍我们知道，是有解的：在工业革命中，普通人的参与让一个新思想带出两个，两个新思想带出四个，四个新思想带出八个……大众参与带来发明的规模与多样性，还引发社会需求同步增长。由于供、需两旺，工程性的发明源源不断地涌现出来，这是自然生长与"拔苗助长"的区别！

● **盛世与重奖**

既然普通人的参与能解决"人数"问题，在今天看来这么简单，为什么之前的社会办不到呢？这就涉及商业与法律环境的"缘"，即条件。

原始社会处于一盘散沙式的无序状态，在朝不保夕的状态中，人们不仅难以安心发明，甚至偶然有的发明也难以保存下来。进入古代社会后，一盘散沙的社会变为了金字塔式的社会：在欧亚大陆的古文明中，通常前三个阶层的人数相加大约占社会总人口的1%左右，而平民阶层的人数占据了社会总人口的99%左右。这个金字塔比埃及的金字塔还要失衡，却比埃及的金字塔还要稳定：贵族生下来就是贵族，平民生下来就是平民，农民世代务农，商人世代开店，工匠世代做工匠，医生世代行医。有没有可能，平民通过立功或发明实现阶层跨越呢？有，但可能性不大。在和平时期，普通人受教育的机会就不多，立功的可能性也不大。再加上，等级是代代世袭的，要说服贵族阶层接纳一个新贵族，并不容易。除非改朝换代，但不过是那1%的洗牌，因为农民起义领袖们也只希望成为新的王公将相，对底层的那99%而言，谁称王、谁起义，真无所谓。

被固化在金字塔中底层的普通人，与原始时代相比有了基本秩序的保障，但权利则谈不上：朝廷有集市，但统治者视天下为己物，可以随意没收、征用、罚款、加税！朝廷有法律，但统治者可以随意制定、更改、判决！在古代罗马、古代中国、古代伊斯兰、古印度、中世纪都存在不完整的财产保护，但国王是一切财产的最终拥有者，贵族是法律的执行者，他们都可以名正言顺地侵犯平民的财产。

想象下古代世界的工匠们——所有古代文明都有自己的瓦特，如果他们的好想法难以从市场受益，自然发明的意愿就低；即使为了改善生活而发明，在改善生活后也没有继续发明的必要；即使他们自己这样头脑发热地做下去，后继者们也很可能头脑冷静下来。

想象下古代世界的商人们——所有古代文明都有自己的博尔顿，但如果他们的利益无法长期保障，自然投资的意愿就低；即使短期投资能盈利，盈利后继续投资的必要性则不大；即使他们以投资为乐而无限投资，继承者也不会愿意继续。

想象下古代世界的消费者们——99%的平民，他们年复一年过着重复的日子，不指望也不需要新技术的出现；大多数时间连温饱都勉强维持，更不用提对新技术的消费！【17-1】

于是，古代体制构成了一种稳定的恶性循环：重大发明的偶然而断续，让它无力走出低水平波动的陷阱，于是只能靠金字塔结构来维持稳定。反过来，金字塔结构又压制了普通人,让发明者与消费者都很少,于是重大发明出现得偶然而断续。

这时,有人会指出两种特殊情况:盛世与重奖,它们对普通人也有激励,那么,能否弥补体制上的不足?

我们每当看到电视剧中的"大唐盛世""大明盛世""大清盛世"时,总会产生一种"近现代"的错觉,但还是那句话,古代的东西再像现代也改变不了其本质:盛世下的市场比较繁荣,但城市中的集市仍然局部而僵化,农村中的小农经济与自足经济依然牢固。盛世之下的律法比较鲜明,但摆脱不了等级制度的影子。于是,只要金字塔的结构不改变,作为底端的普通人就没有公平的机会,也没有公平的保障,积极性就有限,盛世也不例外。而且,所谓大唐盛世、罗马盛世、蒙古盛世、阿拉伯盛世等,之所以被后世传颂,就是因为它们太稀有的缘故。比如中国汉朝文景之治只有大约40年的光景,唐太宗的贞观之治只有大约20年的光景,罗马帝国五贤帝统治时期总计也才约96年。于是,在时间上也无法满足工业革命中重大发明所需的条件。

那么,重奖呢?俗话讲,重赏之下必有勇夫。聪明的统治者当然会设立重奖,甚至不止于经济奖赏,还可能加官晋爵。这种方式对特定人士、特定目标是有效的。比如激励将士斩首对方将领,那么,的确,重赏之下确有勇士。但对工业革命中的重大发明来说,效果则大打折扣。

首先,奖励的目标就不明确。比如,我们今天知道火车可以翻山越岭,也知道远洋轮船可以跨越大洋,但古代坐船与轿子的帝王们想象不出这些玩意,自然无法事前设奖。工业革命中的大多数发明大都属于前所未见、前所未闻的东西。

退一步讲,就算哪位帝王脑洞大开之下,安置个"蒸汽轿子"或"蒸汽龙舟"的发明奖,昭告天下,但谁相信又打个问号:在古代等级森严的社会中,普通人想觐见皇帝绝非易事,普通工匠可能已经投入毕生的精力、倾家荡产发明后，却觐见无门，这是不确定一。即使辗转见到皇帝，皇帝可能不识货，这是不确定二。即使皇帝识货，他也有权变卦或罚没，这是不确定三。即使过了皇帝这关，下面的贪官污吏还可能从中作梗，这是不确定四。如果不信的话，看看春秋战国时期和氏璧的故事就清楚了，自从有了和氏璧的惨痛教训，就再没听过类似和氏璧的故事，如张氏璧、王氏璧、李氏璧、陈氏璧的后续……老百姓心里有本账。

从现代的转型我们已经知道，社会结构的问题是可以解决的——市场经济提供了公民平等的机会，而法治保障了现代公民平等的权利，最普遍地调动了普通人的积极性，由此引发了重大发明的"空前"涌现，从而实现了现代经济持续增长的"奇迹"。如果哪个王朝也能实现这样的无差别激励，那它就不再是古代，而是现代了！

洛克写道："君主专制与公民社会是格格不入的"。[17-2]

派普斯也指出："普遍而独立的法律制度，在世袭的专制制度中是没有容身之地的。在那里，法律只是政府的一个分支而已，旨在加强而不是约束君主的权力"。[17-3]

这就呼应了本书在序言中对"现代与古代"的分期：古代与现代，不仅仅是时间概念，更是社会概念；不仅仅因为时间的远近，更因为社会结构的迥异。

● **各不相同的路径**

逻辑尽管如上，但考虑历史路径千差万别，我们还是具体文明具体分析为妥。这既出于对各文明的尊重，也为了验证前面的结论。前面提到，市场经济与法治促成了俗人的崛起，进而促成了工业革命的发生，但是否存在反例：某种文明既有法治又有市场经济，却没有产生工业革命？如果被发现，将降低我们结论的可信度；反之，则提升。——并且前面提到，市场经济与法治不可分割，也最好验证下：是否存在某个文明的商业环境很接近市场经济但法律环境差，却并没有发生工业革命，或者反过来，法律环境很接近法治但经济环境差，没有发生工业革命？如果是的话，将印证了我们结论的可信度；反之，则降低。

稍有抱歉的是，由于"为什么没发生"与"为什么发生"是追问的两面，回答难免有重叠又有不同。如果仅仅关注于古代中国的读者，不妨快进到第二十章，但我希望通过更完整的横向比较为您铺垫的基础信息是：古代中国绝非古代世界的特例，更非差生；它只代表了古代世界的普遍情况。

在把审视的焦点聚焦于欧亚大陆前，先说下这样做的理由：工业革命的发生要求一些基础条件，缺少金属材料这样的硬件，机器组装不起来；缺少文字、数字这样的软件，知识就不可能传播与传承。而这些基础条件，恰恰是截至1750年左右的非洲、美洲、大洋洲，都欠缺的。

1　非洲

非洲地域广袤，但人口从来不密集；埃塞俄比亚、马里、津巴布韦等地出现过不同形态的王朝，但地域间都相对隔绝。至于非洲文明形态为何如此，加州大学的生态地理学家贾雷德·戴蒙德给出了很好的解释：相比起东西走向大陆（欧亚大陆）上的文明属于同一温度带，便于流动与交流，南北走向的大陆要跨越不同的温度带，流动与交流都很困难。[17-4]非洲就属于后一种典型，它纵贯南北，中间地带要么沙漠太干燥，要么丛林太潮湿，于是，那里的文明不管想去邻居家打劫还是串门，都不那么容易。在各自孤立的状态下，各个非洲文明的市场有限，重大发明也有限，就连引进技术都有限，"没有轮子，没有犁"。[17-5]

2　美洲

美洲文明的原始人口来自欧亚大陆，自从到达美洲大陆后，就分散在几个区域各自发展。根据贾雷德·戴蒙的说法，美洲大陆和非洲大陆都具有南北走向的地形特征，因此早期文明的形态类似。北美、中美、南美出现过不同的文明，尽管都辗转听说过彼此的存在，但要想南下或北上去说声问候，或交换东西，或占领土地，都要克服极大的地理屏障，于是长期以来都彼此隔绝。如果从每个地区的文明单独看，则北美洲的文明更分散些，相对聚集的是中美洲与南美洲。

在中美洲，今天的墨西哥和危地马拉半岛地区，相继出现过包括玛雅文明、阿兹特克文明等几十个地区文明。它们的共同特征是发达的城市、农业灌溉工程、天文观测和祭祀用的金字塔。此外，玛雅文明以复杂图案的文字、计数与日历著称，而阿兹特克帝国以黄金饰品及大规模的市场著称。在古代文明中，中美洲文明不仅先进，而且独立演进，这点十分难得。但独立演进也带来了各方面的局限：工具及武器的材料局限于石头与木头；搬运主要靠人力；玛雅文字不仅刻在石头上，也用于其他媒介，虽然复杂的壁画，难以记录大量信息，更难于传播信息。

在南美洲，今天的秘鲁与智利高原与海岸，也陆续出现过几十个独立的城邦。最后出现也最著名的是印加帝国，它以发达的城市、穿山越岭的道路、驿站传递、农业灌溉等著称。南美文明也是独立发展出来的，既难得，又局限：印加文明还没发展出文字，无法进行复杂的记录；他们发展出了结绳记事的方法，但不适合复杂的计算。在材料与能源方面与中美洲帝国类似，以木制品和石制品为主要材料，虽然驯化了羊驼，但搬运重量有限。

在15世纪，上述两个地区的伟大文明被人数极少的西班牙侵略者摧毁，这背后的原因在于，那时的美洲文明不管在硬件上，还是在软件技术上都已经落后于欧亚大陆许多。欧洲侵略者有马、牛、驴、骡等大型牲畜，有车辆、铁器、火器，有高效的文字、科学与航海知识，而美洲文明还都没有发展出来这些。

3 大洋洲

散落在太平洋上的岛屿，有大岛与小岛之分。澳大利亚与新西兰这样的大岛，面积大但人口稀疏，人口密度制约了市场规模；夏威夷、斐济等小岛，人口稠密但面积小，岛屿面积也限制了市场规模。在这些岛屿之间，大海构成了天然的屏障，阻碍了交流与竞争。于是，这些岛屿上的土著居民停留在相当原始的物质与文化水平上，即使其祖先从其他地方漂流来时带过来的技术，到岛上后，有些长期不用也退化了。

截至1750年前，上述地区远落后于欧亚大陆，这并不是非洲人、美洲人、澳大利亚土著人不如欧亚大陆人聪明的缘故，更不是不渴望财富与技术的缘故。在进入现代后，非洲、美洲、大洋洲在工业化水平上取得了显著进步，成了"现代奇迹"中的奇迹。这再次证明所有民族都有工业化与现代化的潜质。

通过上述对比，我们就更能理解欧亚大陆的特殊性：它是古代世界中最发达的区域，既有复杂的文字、数学、科学、航海知识等软件，也有复杂的工具、金属材料、机械、牲畜、帆船等硬件，让我们沿着从西向东的次序，审视下该地区在工业革命前的状况。

【17-1】关于古代社会不均等的评价：

A、马克斯·韦伯.世界经济简史[M].李慧泉，译.上海：立信会计出版社，2018：255. "印度和中国宫廷的奢侈是欧洲从未有过的，可并未发展出任何对资本主义工业有意义的重大刺激……向资本主义发展的关键只有一个来源，就是大众市场的需求"。

B、龙多·卡梅伦，拉里·尼尔.世界经济简史[M].潘宁，等，译.上海：上海译文出版社，2009：96. "虽然中国较早有了科技发展，但并没有迎来任何技术突破，带领国家进入工业化的时代。工艺制品是供朝廷官员、皇室和少数地主贵族们享用的。农民大众过着穷困清贫的日子，根本买不起如此精致的工艺器皿"。

【17-2】约翰·洛克.政府论[M].丰俊功，译.北京：金城出版社，2019：183.

【17-3】理查德·派普斯.财产论[M].蒋琳琦，译.北京：经济科学出版社，2003：220.

【17-4】贾雷德·戴蒙德.枪炮、病菌与钢铁[M].王道还，廖月娟，译.北京：中信出版集团，2022：433.

【17-5】埃里克·琼斯.欧洲奇迹[M].陈小白，译.北京：华夏出版社，2015：123.

第十八章　为什么欧洲大陆起步较晚

最爱追问"工业革命为什么没发生？"的，还轮不到远在天边的我们，而是与英国隔海相望的欧洲大陆近邻：他们历史相似、文化相承；在近代欧洲复兴中，英国紧随欧洲大陆的步伐，成了商业革命的最终受益者；在第一次工业革命后，欧洲又追随英国的步伐，成了第二次工业革命的发生地，因此，欧洲自认为是英国之外最可能率先发生工业革命的地方。

需要说明的是，以1750年为观察点的欧洲版图，与今天的有所不同。西欧差别不大，中东欧则很大：在两百年前，德意志地区与意大利地区都由分散的邦国组成，所以只能以"地区"相称；奥地利与匈牙利地区那时是号称神圣罗马帝国的哈布斯堡王朝的根据地；巴尔干半岛那时仍为奥斯曼土耳其帝国所占领。换句话说，德国的统一、意大利的统一、奥匈帝国的解体、巴尔干半岛的解放，都是十九世纪才发生的事。

回到1750年的欧洲大陆版图，按照与英国关系的远近，我们可以分出三类地区，对每类地区的主要国家，让我们审视下商业与法律环境对"工业"的影响。

● 核心圈的商业城邦

在传统意义上的"欧洲核心圈"中，一类是以荷兰、意大利诸邦国为代表的商业城邦。它们与英国不仅地理位置近，而且比英国更早就形成了议会负责制、财产保护制、专利保护制的雏形，区别在于搞工业所需的人口、市场乃至和平资源。

1　意大利半岛

欧洲商业革命开端于13世纪的意大利半岛，基于其特殊的地理优势：它自身就有极发达的交通网,又位于地中海的中心,运河又直通欧洲内地。更特殊的是,罗马是西欧天主教的教皇与教会所在地。起初,天主教禁止高利贷,但由于教皇与教会需要处理从欧洲各地收取的税金,逐渐放宽了对借贷的限制,允许热那亚、威尼斯、佛罗伦萨等地设立银行。银行除了为教会与教皇服务,还为商业与市民提供储蓄与借贷服务。在商业与金融的繁荣下,股份合伙公司、保险、复式记账法等雏形被创造出来。

意大利半岛的另一个特点是政体多元的城邦。其中,威尼斯、佛罗伦萨、比萨、热那亚等地采取议会管理的共和制,而米兰、那不勒斯等地属于传统公国,而教皇国则作为单独的存在。它们都在一定程度上沉浸在崇尚艺术、知识、财富、技术的共同氛围中。

在宽松的经济与政治环境下,不奇怪,意大利半岛出现了最早的专利制度,也涌现出不少发明家。比如,艺术家达·芬奇就在笔记本上留下了包括飞行器、蒸汽机等"超现代"的构思。诸多"天才"的涌现,让意大利半岛成了13到15世纪欧洲工艺美术、军事、船舶、纺织、玻璃等领域的中心。让我们看看当时最著名的两个城邦。

佛罗伦萨共和国:从《正义法案》开始,行会控制了议会,甚至直接派代表进入执行委员会。其中,毛纺织行会最大,拥有两百多家作坊,并与整个城市中约1/3的人口有关。其次是银行公会,包括了美第奇家族在内的八十多家银行,服务对象包括教皇、全欧洲的教堂、全欧洲的领主以及意大利半岛的政府及市民。

威尼斯共和国:从更早些开始,那里的两百个商业家族的代表就组成了议会及执行委员会。"政府就像一个股份公司;统领就像总经理;参议院就像董事会;公民就像股份持有人。"[18-1]拥有欧洲著名的造币厂、葡萄酒厂、冶炼厂、玻璃厂、珠宝厂、眼镜厂、纺织厂、制革厂、船坞及武器厂等。在先进的制造业、海军舰队、商船舰队、航运知识的支持下,它称霸地中海达500年之久,到1500年的大航海时代,其海上霸权才结束。

无疑,在13到15世纪之间,意大利半岛衍生出某种市场经济与法治的雏形,但毕竟，雏形不等于成型。那里的制造业从来没有扩展到"工业革命"的规模，因为有来自几方面的限制：首先，意大利半岛城邦分散、面积太小，木、煤、铁资源都不足；其次，人口太少导致市场需求及供给都不足，威尼斯才十万人，佛罗伦萨二十万人；再次，专利的激励在如此小的市场中也作用有限。最致命的隐患来自意大利半岛外部局势，并且最终，随着外部局势的动荡，意大利半岛没落了下去。

1453年，奥斯曼土耳其占领了拜占庭帝国的首都君士坦丁堡，让地中海成为了基督徒与北非穆斯林的战场，这破坏了意大利向西的航线。不久在1500年前后，葡萄牙与西班牙发现了直通美洲与亚洲的航线，这让意大利半岛向东的贸易也不再有竞争力。在失去了东、西方贸易枢纽的地位后，意大利半岛又在几十年间失去了独立的政治地位，北部沦为神圣罗马帝国的附属，南部由西班牙控制，中部的教皇国多次遭到洗劫。在动荡的环境中，商人们将闲置资本购买土地，变身为土地贵族。相应地，欧洲的经济中心从意大利地区转移到了荷兰—比利时地区。

2 荷兰

荷兰被认为是最类似于英国的，略早于英国崛起的国家。在《十七世纪的荷兰文明》中，约翰·赫伊津哈总结了荷兰崛起的四个优势：商业立国、社会和谐、海洋运输、思想开放。这些也都是英国的优势。

同英国一样，荷兰拥有议会民主的传统。1477年，荷兰的统治者玛丽·德·博尔就签署过与英国《大宪章》类似的文件：《大特权》。1581年，荷兰的七个省份组成了"联合联省议会"，不久宣布成立共和国；1688年，荷兰共和国还派兵帮助英国完成了"光荣革命"。

同英国一样，荷兰也曾拥有海上霸权。17世纪是荷兰的海上黄金时代。它的海军陆续击败葡萄牙的船队、西班牙的船队、汉莎同盟的船队，之后，荷兰东印度公司控制了海外殖民地与贸易网络。在一个世纪后，海上霸权才转移到了英国。

荷兰与英国都有宗教宽容的传统。在西班牙、法国等地迫害并驱赶犹太人时，两国成了大批犹太工匠、商人与知识分子的避难所。

荷兰与英国都十分重视商业。继意大利之后，两国先后成为欧洲的新经济中心。荷兰继承了意大利发明的现代商业工具，还衍生出证券交易所、国债与国家银行等新形式。前面提到英国的金融利率不断降低，其实从13到17世纪，荷兰的利率也呈现类似趋势。"他们是欧洲的代理商和经纪人"。[18-2]

基于商业与法律环境的相似，不出意外，荷兰与英国都有高素质的劳动力：在16—18世纪的欧洲，两国的工资水平、识字率水平、城市化水平、人均寿命位居前两名。[18-3]而且，荷兰人与英国人一样，都有把技术与知识结合的实用传统：荷兰发明了对人类意义非凡的光学仪器，眼镜、显微镜与望远镜[18-4]：眼镜延长了人眼的年限，显微镜打开了人的微观视野，望远镜扩展了人的宏观视野。把实用传统发挥到制造业中，荷兰人将有限的资源发挥到了极限：它开发泥煤作为燃料、以风力推动风车、以水力推动水车，[18-5]应用于渔业、船舶、纺织品、酿酒业、磨面、锯木、造纸、榨油、排水等行业。荷兰的传统制造业如此小而精，以至于在工业革命后，它把风车与水车换成蒸汽机，就迅速跟上了工业化步伐。

荷兰在鼎盛时期也没出现工业革命，原因与意大利类似：它国土面积太小，自然资源匮乏到土地要填海、淡水要自制的程度；荷兰的人口才不到两百万，相比起英国的六百万人，市场的供需有限，专利刺激也效果有限。更可怕的制约来自外部，荷兰的金融与贸易高度依赖于外部稳定，却始终面临战争威胁：先是西荷战争与西班牙交战，然后是英荷战争与英国交战，然后是法荷战争与法国交战，荷兰本土数次遭受破坏，能幸存下来已经属于万幸。最终，随着英国取代荷兰成为新的海上霸权，伦敦也取代了阿姆斯特丹成了新的国际金融与贸易中心。[18-6]

3　比利时与瑞士

这两个地区无法作为独立的政治经济体被评估发生工业革命的可能性。在

1500年到1800年之间，它始终夹在欧洲列强的争斗间，既摆脱不了西班牙、法国、奥地利的巨大影响，但又因此受战争的蹂躏较少。直到工业革命发生后，乃至拿破仑战争结束后，这两个地区才彻底摆脱了外界干扰，并迅速跟上了英国工业化的步伐。

● **核心圈的农业大国**

在传统意义上的"欧洲核心圈"中，另一类是法国、西班牙、奥地利等农业大国。它们不仅与英国距离近，还都拥有巨大的经济体量，但主要区别在于制度。

1　法国

英法两国隔海相望，在历史上的渊源剪不断、理还乱。从10世纪起，两国不是在备战，就是在交战；到了18世纪，英国工业革命、法国大革命发生时，两国还在战争中。竞争延续到文化领域，英国这边有牛津、剑桥，法国那边有巴黎大学，都是欧洲最著名的大学之一；英国这边有培根、霍布斯、洛克、牛顿等，法国那边有笛卡尔、帕斯卡、帕潘、拉瓦锡等，都是享誉世界的大师。纷争再传导到技术领域，英国这边宣称瓦特改良了蒸汽机，法国这边宣称帕潘早已发明具备蒸汽压力功能的高压锅。口角之争再延续到老百姓中，英国人说自己喜欢法国但不喜欢法国人，法国人回敬说，自己喜欢英国但不喜欢英国人。

除上述历史渊源，两国的农业也各自代表了两种类型：虽然都从传统小农经济起步，但英国逐渐形成了农商结合的模式，并最终发展出大规模农场；而法国仍以小农户为主，土地分散，被马克思形象地比喻为"一堆土豆"；因此，法国的农业生产效率长期落后于英国。[18-7]

更大的差别在于，它们的君主制也各自代表了两种类型：英国以弱势君主著称，甚至退化为"名义君主"；法国则以强势君主著称，法王路易十四自称为"太阳王"，宣称"朕即国家"。在工业革命前的一段时间里，英法两国都以

"重商主义"为国策，但英国是市场主导，法国由王室主导：从路易十四到路易十六统治期间，法国政府直接拥有地毯厂和军舰厂，"事无巨细地管控所有行业，规定了每英寸布匹所需的丝线根数"。再如，法国银行紧随着英国银行设立，由政府出资并控制；法国科学院紧随英国皇家学会而设立，也是政府出资并控制的官方机构。这些设置都被证明与市场脱节：法国人沃康松发明过一只能像鸭子一样走动的机械鸭，法国人德·齐弗瑞在美国人富尔顿前就发明了蒸汽船，法国人巴尔泰勒米·蒂莫尼耶发明了世界上第一台投入实际应用的缝纫机，法国人艾梅德·阿尔冈发明了卷筒芯油灯，这些法国的巨匠大都在穷困潦倒中死去，因为其发明无法产生商业效益。[18-8] 更愚蠢的是，路易十四颁布的敕令，迫使约20万的新教商人及手工业者移民荷兰与英国，不仅陷法国于落后，还助推了他国的兴起。[18-9]

法国学者基佐评价："这个政府只信奉绝对权力的唯一原则，建立在这唯一基础上，它的衰落旋踵而至也是理所当然的，路易十四统治下的法国所缺少的是独立的、自生自主的，也就是能自发地采取行动和进行抵抗的政治性的社会组织和力量"。[18-10]

在英国的新兴工商阶层通过宪政革命而逐渐控制政权后，那时的法国商人与工匠还被称为"第三等级"，受到"第一"与"第二"等级的公开歧视。最终，在路易十四去世后仅仅几十年，等级间的矛盾酝酿出1789年的法国大革命。从1789年法国大革命开始后的26年间，法国经历了内部的腥风血雨及对全欧洲的持续战争，直到1815年拿破仑战败后，法国人才恍然意识到：第一次工业革命在英国已接近完成。

2 西班牙与葡萄牙

葡萄牙与西班牙位于欧洲西南角的伊比利亚半岛上，它们与英国同属于海洋国家，但起步更早。在15世纪末开始的大海航行时代，葡萄牙就建立了印度洋上的殖民点并占领了南美洲的巴西，西班牙则占领了南美洲的其他部分以及太平洋上的菲律宾。南美洲的黄金与白银被大量运回伊比利亚半岛，让欧洲各国眼馋得不行。这些"从天上掉下的馅饼"，又是怎么被生生挥霍掉的呢？

今天的经济学家有时提到一种"资源魔咒"的现象。就像一个突然中彩票的赌徒会忘乎所以，把事业、爱情、亲情抛在脑后而只顾享受。类似地，当一个经济体突然发现资源时，它开始不储蓄、不制造、不种植而只消费，当资源消耗完后，才发现原来的产业结构也不复存在。今天拥有石油资源的阿拉伯国家正在试图避免这一"魔咒"，但更早的例子来自16至18世纪的西班牙——

在16世纪前，西班牙的"原生态"就不利于创新。它有专制的王室及严格的贵族等级，这两个阶层加起来仅占人口的约3%，不用交税，尽享奢华。相反，工匠、商人、农民们占总人口的约97%，却负担沉重的赋税，还被鄙视。1492年，西班牙王室出于天主教的狂热，宣布驱逐犹太人与摩尔人等异教徒并剥夺其财产，迫使大量的犹太人带着知识、技能与创业精神搬到了荷兰和英国。

当殖民地财富在16世纪轻易而来时，西班牙贵族就更不喜欢常规劳动了，西班牙王室也变得更为好战、用掠夺来的金银开展对欧洲其他国家的战争。但1588年，西班牙无敌舰队在英吉利海峡败于英国，不久，西班牙舰队又在加勒比海败于荷兰舰队。在失去了海上的控制权后，西班牙王室仍未罢手，不是开展内陆战争，就是开展内战。连年战争造成原料成本疯狂上升、税赋不断加重、生活成本增加，压迫得制造业与农业至奄奄一息。[18-11]但王室仍然需要从英国、法国、意大利进口奢侈品，于是用从南美掠夺来的黄金和白银来交换。[18-12]到1650年之后，从美洲运来的黄金已经枯竭，西班牙王室三次宣布破产，即，拒付国外银行的借款。

屈维林评价道："全盛时代的西班牙人，是一流的军人及殖民者，是次等的航海者，无出息的商人，和不可教的政客及治理者"。[18-13]

西班牙学者马丁·塞洛里戈评论西班牙大起大落的过程：如果说西班牙没有金钱，那是因为它曾经拥有这些，如果说西班牙贫穷，那是因为它曾经富有。其实，不管贫穷还是富有，西班牙产生工业革命的概率都很小。

顺带讲下葡萄牙。葡萄牙比西班牙体量小很多，由于在王室、语言、文化、历史等方面的渊源，它想摆脱西班牙的影响都难。比如，西班牙自己迫害犹太人和穆斯林，也施压葡萄牙采取同样的政策；再如，西班牙曾短期吞并过葡萄牙；又如，拿破仑进攻西班牙时，也顺带占领了葡萄牙。在这么多负面影响下，如果工业革命没在西班牙发生，可以说，它在葡萄牙发生的可能性几乎为零。

3 德意志地区、普鲁士、奥地利

顾名思义，中欧位于欧洲的中部，距离英国远一些，还算在传统欧洲的核心圈之内。它大致分为三个区域：

偏南的奥地利，作为神圣罗马帝国的所在地是德语区的传统中心，政权稳定、经济发达。但反过来，也为传统所束缚：农奴制把劳动力、土地、资本等市场要素都捆绑在一起、无法流动。直到1848年，第一次工业革命已经结束时，马克思与恩格斯还在《共产党宣言》中写道，"那里（中欧）的资本主义刚刚开始反对封建专制的斗争"。【18-14】

位于北部的普鲁士，是一个军事强国。腓特烈二世常被称为一位贤明的君主，他重视军事、教育与文化，并谦卑地自称为"政府的第一仆人"。【18-15】但现实情况是，弗里德里希二世治下的整个国家都在为战争服务，如同大兵营一般，也就谈不上什么经济发展与技术创新。

夹在南、北欧中间的是"德意志地区"，由诸多独立的公国组成。在14、15世纪，商业革命中波及波罗的海及其内河沿岸。吕贝克、不来梅、科隆、汉堡等城市，很像文艺复兴时期意大利半岛上的自治城邦，自行征税、自管司法、自铸货币并自行结盟。那里出现过强大的汉莎同盟，其舰队控制着波罗的海的贸易，但在败给丹麦后，又失去了海上控制权。更灾难性的是，在1618年到1648年的三十年宗教战争中，德意志地区成了主战场，造成土地荒芜、人口剧减，但封建割据却未减少，在战后依然存在两百多个小公国、一千多个更小的骑士领地。到18世纪，拿破仑法国、普鲁士、奥地利又一次把德意志地区当作战场。也就是说，直到第一次工业革命发生时，德意志各邦国尚未形成统

一的市场及法律制度。直到19世纪中叶，德国在统一后崛起，才给人们留下了"强大德国"的印象。[18-16]

4　丹麦与瑞典

北欧，顾名思义，位于欧洲的北部、英国的正北方，那里气候寒冷、日照时间短、人口稀少，但好的方面是，它与欧洲其他区域的贸易顺畅，政治体制也相对宽松，丹麦王室与丹麦贵族在1282年签署过《国王法令》，瑞典王室与瑞典贵族在1350年签署过《权力书》，都是与英国《大宪章》类似的限制王权的文件。在今天的北欧五国中，挪威、芬兰、冰岛都到近代才独立，因此我们只需要关注丹麦与瑞典，它们才是历史上的北欧强国。

丹麦位于北欧与欧洲大陆接壤处，交通枢纽的位置带来了贸易的繁荣，但也带来了无尽的战争。它先是为争夺斯堪的纳维亚半岛领导权而与北方的邻居瑞典长期作战，接着又在1618—1648年的三十年战争中与神圣罗马帝国作战，战败后逐渐衰落。

瑞典的位置更北，由于不属于贸易枢纽，反而比较重视制造业。在17世纪，瑞典的冶金及军事工业曾有过短暂的繁荣，但需求不是来自内部，而是来自西欧。随着瑞典在与俄国彼得大帝的战争中先胜后败，其制造业的微弱火花也就慢慢沉寂了。

到19世纪中叶，第一次工业革命已经结束后，北欧国家才逐渐跟上英国的步伐。

5　欧洲的外围圈

在欧洲传统的核心圈外，还有一个包括俄国、东欧、巴尔干半岛等地的外围圈。顾名思义，外围圈在地理上、历史上、文化上与英国乃至西欧差别很大。[18-17]这些国家倒很少把自己当作工业革命的可能发生地，但为了勾勒一幅完整的画面，让我们还是把它们走一遍。

6 俄罗斯

俄罗斯位于欧洲的东北边缘，在很长时间里，都不怎么被欧洲人当作欧洲的一部分。那里比北欧气候更冷、交通更不方便，相比起北欧与西欧间有海陆贸易，俄罗斯与西欧间基本封闭；再加上，它在历史上曾经被蒙古帝国统治过两百年，体制上有欧亚两边的影子：沙皇类似蒙古皇帝，是国家的主宰者、一切土地的所有者、不受限的征税者。但在形式上，俄国贵族又组成了类似欧洲议会的杜马，可以在沙皇空缺时推举沙皇。

部分出于沙皇专制的需要，也部分由于俄国的地理环境，农奴制被视为最适合俄国的统治工具。它将人口固定在土地上，既方便沙皇征兵和征税，也有助于农奴生存，尽管他们生活得很差。1580年，伊凡四世颁布法令限制农民的迁移；1649年，阿列克谢一世颁布《法律大全》进一步限制农民的外出必须得到领主同意。【18-18】

在沙皇的威权下，法治无从谈起；在农奴制下，市场经济也无从谈起；但话说回来，俄国倒出现过不少英明的沙皇。最著名的是彼得大帝。他在英国的第一次工业革命启动前的几十年，发起了近似全盘西化的改革，从西欧引进武器、舰队、学校、医院、奢侈品、新发型、法文、德意志公主……一切都被改变了，唯独沙皇体制和农奴制没变。相反，彼得大帝强化了沙皇权威、解散了杜马。

下一位明君是彼得大帝的继任者，叶卡捷琳娜大帝。这位来自德意志地区的公主执政后，再次推进了俄国西方化的改革。她在颁布的《贵族权利和特权诏书》及《城市权力和利益条例》中承诺"维护和保障每一个公民的财产"，并赦免贵族与商人的体罚与兵役。但叶卡捷琳娜大帝再次加强了沙皇体制，并维持了农奴制。

终于等到1861年，真正的明君亚历山大二世大笔一挥，解放了俄国农奴。那时第一次工业革命已经在西欧基本完成，而俄国的现代化才刚刚开始。俄国的大文豪屠格涅夫、托尔斯泰、契诃夫、陀思妥耶夫斯基等都是十九世纪出现的，并非偶然。

7 波兰

波兰同样位于欧洲的东北部，比俄国距离西欧近些，但仍然属于外围地带。在中世纪，波兰曾经在贵族共和制下有过一段时间的辉煌，但到了近代早期，却面对了凶险的局势：它夹在俄国、普鲁士与奥匈帝国几个强邻之间而无险可守，这时波兰的贵族们又走向内讧，甚至发展为周围强敌的内应。内外交困下的波兰于1772年、1793年、1795年三次遭到瓜分。在动荡之中，谁还有心思发明技术？而且，波兰的农奴制也属于最顽固的一种，在没有人员与商品流通的情况下，谁又去生产、购买新技术？

8 巴尔干半岛

巴尔干半岛位于欧洲的东南方，包括今天的匈牙利、罗马尼亚、保加利亚、阿尔巴尼亚、希腊等国家，直到19世纪前，还处于奥斯曼土耳其帝国的控制下。那里不仅远离西欧的中心，也远离奥斯曼帝国的首都伊斯坦布尔，于是不管在哪边人眼里，都属于基督教世界与伊斯兰世界的"交战区"。由此带来的结果是信息不畅、贸易不畅、交通不便，更不用提多信仰和多种族的冲突持续到今天。

总结下，18世纪前的欧洲大陆的情况印证了我们的结论：没有良好的商业与法律环境，就没有俗人的崛起、工业革命的发生。但在两种环境中，欧洲尤其揭示了市场经济的重要性。这么说是因为，欧洲的法律制度是多元的，有城邦议会制，有开明君主制，有专制；在局部时段，甚至可以是超前的，古希腊的雅典、文艺复兴时期的佛罗伦萨共和国、意大利半岛、荷兰都实现过代议制民主，只是在经济上仍然与现代相去甚远。而相比起法律制度的多元，整个欧洲大陆在一点上是共同的，那就是市场经济的缺位：城邦国家则因为面积小而受限，农业大国因为小农作业而分割，国与国之间因为壁垒森严而贸易不畅。

让我们继续从欧洲大陆往东看。

【18-1】黄仁宇. 资本主义与二十一世纪[M]. 北京：生活·读书·新知三联书店，2008：66.

【18-2】《鲁滨孙漂流记》的作者丹尼尔．笛福（Daniel Defoe）对17世纪荷兰人的描述. 转自乔伊斯·阿普尔比. 无情的革命资本主义的历史[M]. 宋非，译. 北京：社会科学文献出版社，2014：43.

【18-3】罗杰·奥斯本. 钢铁、蒸汽与资本[M]. 曹磊，译. 北京：电子工业出版社，2016：8.261. "在17世纪，普通的荷兰人可以买得起代尔夫特瓷砖、橱柜、桌子和椅子，以及烟斗、表、银器、壁毯和瓷器，这些都是由本地工匠制造的。这不是狂热的消费主义，也不是狭隘地追求社会地位；人们选择从当地传统手工业中得到高质量的产品是为了营造一种家庭和美的感觉". 另见：罗伯特·C.艾伦. 全球经济史[M]. 陆赟，译. 南京：译林出版社，2015：26.

【18-4】关于眼镜最早出现于何处，有说意大利半岛的，也有说伊斯兰世界的，但毫无疑问，最早投入商业用途的是荷兰。

【18-5】卡洛·M.奇波拉. 工业革命前的欧洲社会与经济：1000-1700[M]. 苏世军，译. 北京：社会科学文献出版社，2020：362. "在17世纪中叶，荷兰有大约3000台风车在运行，相当于5万马匹的能源。"

【18-6】约翰·赫伊津哈. 十七世纪的荷兰文明[M]. 何道宽，译. 广州：花城出版社，2010：123. "我们的国家突然失去了强权地位，就像它突然兴盛一样"。

【18-7】数据依据：

A、罗伯特·艾伦. 近代英国工业革命揭秘[M]. 毛立坤，译. 杭州：浙江大学出版社，2012：31. 按照1800年的数据，法国从事农业生产的人占总人口的比例为59%，英国为35%，荷兰与比利时为40%。

B、费尔南·布罗代尔. 十五至十八世纪的物质文明、经济和资本主义. 第3卷[M]. 顾良，施康强，译. 北京：商务印书馆，2017：712. "法国的土地在革命前已经有2,500万公顷，如今更达11,500万公顷"。

【18-8】威廉·罗森. 世界上最强大的思想：蒸汽机、产业革命和创新的故事[M]. 王兵，译. 北京：中信出版社，2016：278. "在1740—1780年间，法国人倾向于奖励那些为获取津贴和奖金的发明人，而不奖励那些行使天赋权利的发明人，这就使得有近700万里弗的奖金——大约为今天的6亿美元——奖给了某类发明人，他们发明的装置完全被人们忘记了"。

【18-9】伏尔泰. 风俗论[M]. 梁守锵，译. 北京：商务印书馆，2019：419. "英国感觉到逃亡到他们那里的法国工人给了他们很大的好处，就给了这些工人150万英镑，并且用公众的钱在伦敦城中供养了13000名这些新市民达一年之久"。

【18-10】基佐. 欧洲文明史[M]. 程洪逵，沅芷，译. 北京：商务印书馆，2005：257.

【18-11】道格拉斯·诺斯，罗伯斯·托马斯. 西方世界的兴起[M]. 厉以平，蔡磊，译. 北京：华夏出版社，2009：187. "随着王权财政困难加剧，侵占/没收/单方面改变合同便成了屡见不鲜的事情，最终影响了从事商业，工业，以及农业的每个团体"。

【18-12】埃里克·S.赖纳特. 富国为什么富，穷国为什么穷[M]. 杨虎涛，等，译. 北京：中

国人民大学出版社，2013：66. 西班牙财政部长路易斯·奥蒂斯在1558年一份致国王菲利普二世的备忘录中写道："那些外国人花1弗罗林货币从西班牙和西印度群岛购买原材料，尤其是丝、铁和胭脂虫（一种红色染料），然后他们把原材料生产成制成品再卖回到西班牙，这样他们就能获得10到100弗罗林货币。其他欧洲国家以这种方式对西班牙的侮辱比它们强加在印度人身上的侮辱更大。西班牙人用价值大致相等的小饰品去交换金银；但他们却用高价买回他们自己的原材料，西班牙人成了全欧洲人的笑柄"。

【18-13】屈勒味林. 英国史：上[M]. 钱瑞升，译. 北京：东方出版社，2012：381.

【18-14】《共产党宣言》P167

【18-15】弗雷德里克·巴斯夏. 财产、法律与政府[M]. 姚中秋，译. 北京：商务印书馆，2018：223. 有个故事说，普鲁士的腓特烈二世正在建造自己的行宫，他发现规划中的一条林荫道的视线被一个磨坊挡住了，于是召来磨坊主，开出很高的价钱希望购买。而磨坊主拒绝了。腓特烈大怒道，"你难道不知道，只要我乐意，我就可以用暴力拆掉你的磨坊？"这位磨坊主回答说，"哈哈，当然，假如柏林没有法官的话，你可以这么做"。最后，腓特烈允许磨坊主保留了自己的磨坊。

【18-16】关于德意志地区的市场分割，请参考如下：

A、詹姆斯·W. 汤普逊. 中世纪晚期欧洲经济社会史[M]. 徐家玲，等，译. 北京：商务印书馆，2018：180.

B、斯坦利·L. 布鲁，兰迪·R. 格兰特. 经济思想史[M]. 邸晓燕，等，译. 北京：北京大学出版社，2014：177.

【18-17】大卫·兰德斯. 解除束缚的普罗米修斯[M]. 谢怀筑，译. 北京：华夏出版社，2007：12. "欧洲越往东走，资产阶级或资本主义对于封建领主社会来说就越像是个异域的赘物。贵族瞧不起他们，而人身仍依附于当地庄园主的农民阶级对他们的态度也是仇恨或惧怕"。

【18-18】俄罗斯史的权威理查德·海尔评论道："莫斯科（沙皇）到1650年为止，几乎控制了三大经济要素中的两个：土地和劳动力，而且对于第三个要素——资本，也有潜在的控制"。转自迪尔德丽·N. 麦克洛斯基. 企业家的尊严[M]. 沈路，等，译. 北京：中国社会科学出版社，2018：419.

第十九章　来自阿拉伯、奥斯曼、印度帝国的启示

在欧洲大陆到中国之间，广袤的亚洲草原把小亚细亚半岛、阿拉伯地区、波斯地区、印度半岛、蒙古等地区连接起来，于是，在这些地区崛起过的奥斯曼帝国、阿拉伯帝国、莫卧儿帝国、蒙古帝国等都经历了相似的发展轨迹：它们最早都是草原上的游牧民族，在征服周边的定居文明后，自己定居下来并建立了帝国。它们初期的军事成功来自游牧的渊源，而从游牧到定居的转化程度决定了它们在经济、制度与技术上走多远。大致而言，阿拉伯帝国最完全地实现了定居转型，奥斯曼帝国和莫卧儿帝国定居了下来但改不掉掠夺的习性，蒙古帝国从未认真定居下来。于是，它们在经济、制度、技术的成就也依此排序。

● 阿拉伯帝国

阿拉伯人原本属于沙漠中默默无闻的游牧民族。在穆罕默德创立了伊斯兰教后，统一了各部落；又经过几位莫哈默德后继者的卓越领导，形成了地跨阿拉伯半岛、中东、伊朗、北非的大帝国。随着帝国的形成，管理方式也相应改变：7世纪出现的伊斯兰倭马亚王朝定都于叙利亚，将推选部落首领制改为王朝世袭制。8世纪取而代之的阿巴斯王朝定都于巴格达，停止对外扩张并启用稳健的帝国体制，已经与欧洲或中国的定居王朝没什么差别。

商业是阿拉伯人的强项。他们原本就擅长于沙漠中的转手贸易，在帝国成型后，更把中转贸易扩展到亚、非、欧大陆：从远东进口丝绸、香料、纸张，从俄罗斯进口蜂蜜与毛皮，从非洲进口黄金与奴隶。从《一千零一夜》的故事中可见一斑，其中与金银财宝、商人大盗有关的很多，与种田、织布、农民有关的很少。为方便长途贸易的结算，阿拉伯商人还启用了汇票/信用系统，这在当时算

极其先进的金融工具，也反映了当时的业务量之大。

阿拉伯帝国保护商业契约及财产分割，但不是无条件的。阿拉伯君主集世俗与神圣权威于一体，高于任何"人"的制约，其专断程度比欧洲及中国的帝王更甚，随时可以剥夺生命，毋宁说财产权。由于伊斯兰法高于世俗法，在君主之下，掌握司法解释的神职人员又在世俗人之上。在神职人员之下，伊斯兰信徒又在非信徒之上。加起来，所谓契约与财产保护，要先看谁与谁才能判定。布克哈特评价道："它容许特定条件下甚至渴望物质财富，但无论何时何地，它都没有为生产提供安全的环境"。[19-1]

在有限的市场与法律环境下，不出意料，阿拉伯的技术人才与成就也有限。虽然欧洲人把风车、水车、星盘航海术、三角帆的运用、炼金术、纺织品、地毯、香水、化妆品业、玻璃、冶金等，都冠以"阿拉伯技术"之名，但哪些是阿拉伯人独创的，哪些是改良的，哪些是买卖的，则分不清楚。阿拉伯文明太擅长于贸易，带来的副作用就是不太热心于制造。作为东西方交流的纽带，它引进产品、诠释消化、重新输出，这当然也算巨大的贡献。但正因为如此，从头到尾制作就不太必要。退一步讲，就算这些属于"阿拉伯"独立制作，其新颖性也远不如中国古代的四大发明，复杂性又远不如工业革命中的"工程性"发明。

最终，"黄金时代"总有褪色的一天，阿巴斯王朝在公元一千年后败落。到13世纪，蒙古大军如摧枯拉朽一般入侵。与理性的征服者要求对手臣服不同，蒙古人是非理性的征服者，他们为屠杀而屠杀、为摧毁而摧毁，屠杀了巴格达的大部分人口，并摧毁了巴格达周边的水利设施，导致该地区在之后的几个世纪里难以恢复。在首都被摧毁后，阿拉伯世界的其他地区陷入了分崩离析中。

● 奥斯曼土耳其

奥斯曼原本属于中亚突厥中的一支，在游牧过程中，辗转迁徙到了小亚细亚半岛、阿拉伯帝国的边缘。在那里，它以阿拉伯帝国附属的身份壮大，在阿拉伯帝国衰落后，更把占领区扩大到小亚细亚半岛全部、巴尔干半岛、中东、埃及及北非，最终形成了一个横跨欧亚非三洲的大帝国。从1453年奥斯曼帝国攻陷君士坦丁堡，到1683年它最后一次围攻维也纳失败，可以算作其鼎盛时期，在之前酝酿了很久，在之后衰落了很久。

奥斯曼帝国的成功与失败都在于战争。它宣称自己是伊斯兰世界的继承者哈里发，但深知其突厥的身份难以服众，于是只能靠战争来维持其合法性。即使在帝国建立后，奥斯曼帝国也从未放弃战争，在西边，它与哈布斯堡王朝交战；在东边，它与伊朗的萨菲王朝争斗。"仿佛哪一年不打仗，帝国就失去了存在的意义。"琼斯评价道："奥斯曼帝国是一台掠夺机器，它总是需要丰厚的战利品和广袤的土地来做燃料"。[19-2]

对被征服的地区，奥斯曼帝国采用军事采邑制，类似于军事管理下的农奴制，非常接近奴隶制。在残酷的压迫下，面积辽阔的帝国居然人口有限，在1600年左右才大约2800万人口，到1800年左右竟然下降到2400万。[19-3]在军事奴隶制的管理下，也少有人有创造的冲动。

有人说，奥斯曼帝国的首都伊斯坦布尔是发达的大城市，应该有市场。但商品供应对象主要是王室和军队，而商品供应来源主要是国外，都与普通百姓没什么关系。当时欧洲的访问者把伊斯坦布尔形容为一座"大兵营"。

有人说，奥斯曼宫廷里有波斯人、巴尔干人、东欧人等各民族人士，还有些被选为首相、大臣或王妃，看似很包容。但苏丹的几十个兄弟都可能被随时勒死，更不用说帝国的首相、大臣、王妃了。苏丹一视同仁地把所有人都当作奴隶。

有人说，奥斯曼帝国对枪炮技术很感兴趣，它用大炮攻破了君士坦丁堡、击溃了埃及和波斯。但奥斯曼贵族从来鄙视劳动，早期是请欧洲工匠来铸造大炮，到后来直接进口欧洲枪炮。于是，它在军事装备方面始终落后于欧洲。

最终，酷爱战争的奥斯曼帝国也败于战争。从17世纪起，它在西面被欧洲击退，在东面遭到波斯帝国的抵抗。更糟糕的是，葡萄牙、西班牙、荷兰、英国早已开辟通往亚洲与美洲的商贸路线，奥斯曼帝国失去了欧亚中转站的地位，经济能力也一路下滑。

● 印度文明

从中亚继续向东南看，是包括今天的巴基斯坦、印度、孟加拉国、尼泊尔在内的南亚次大陆。该地区在历史上的大多数时间段中很少统一过，外部的原因在于中亚的游牧民族从西北方的缺口持续入侵，而内部的原因在于南亚次大陆地貌复杂而交通不便，地处热带而瘟疫流行。在长期分裂中，各地区乃至各村落各自过着信息闭塞而自给自足的生活。

比地理上有形分割更严重的是种姓制度带来的无形隔阂：印度特有的种姓制度严格地区分了人的职业，工匠就是工匠，制造但不能出售；商人就是商人，出售但不能制造。黑格尔举的例子是，"士兵种姓出身的士兵不得去挖战壕，不愿意挑任何东西，也不愿意去拉大炮，而必须由其他人去做这些事……一个少尉需要有30人来服侍，一个上尉需要50人，因为每人都只干他自己的行当"。[19-4] 兰德斯列举的例子是：直到19世纪，印度人宁愿用木头，也不用铁器；宁愿用手工，也不愿用机器；宁愿用头顶着货物，也不用手推车运输。[19-5]

上述分割加起来，古印度的市场就像切糕那样，被横着切为无数层，又竖着切为无数块。这让商品流通相对于欧亚大陆其他地区困难许多。16世纪到此的欧洲殖民者对此大为惊讶，就连十九世纪末到印度旅行的康有为还在抱怨找不到饭馆。

与市场被分割得清清楚楚形成强烈反差，印度法律写得极其模糊，因为在其军事化的统治者及官僚看来，这样才便于随意罚没、收税与逮捕。本来就不好的市场经济，加上严刑峻法，让印度村落里的普通人处于赤贫状态，没什么工具作为发明的基础，也没什么财产可以传承。[19-6] 古印度的建筑、艺术品、纺织品与皇宫很精美，但都是王公贵族的专享，与底层百姓的生活形成鲜明反差。[19-7]

203

● **蒙古帝国**

蒙古人原本是蒙古草原的一群零散部落，在成吉思汗的领导下，于12世纪凝聚为一支军事力量；又通过野蛮征服，建立了一个横贯亚欧大陆的大帝国。

蒙古王朝建立后，其军事力量保障了长期稳定、交通网络畅通无阻，使得商人可以在七八个月的时间内穿行欧亚大陆。正是借助这样的网络，意大利半岛的马可·波罗来到中国并记录下了中国元朝的城市、运河、商行、纸币等情况。

这虽然加速了东西方的交流与贸易，但在蒙古人的严酷统治下，生命都不安全，财产更别提，因此，苟且求生的人多，想长期投资的人少，民间的发明更少得可怜，工业革命发生的可能性几乎为零！

总结下，18世纪前欧亚大陆中部的情况再次印证了我们的结论：没有良好的商业与法律环境，就没有俗人的崛起、工业革命的发生。法治与市场经济的核心在于平等，而上述帝国均建立在完全相反的基础上：鸿沟。阿拉伯帝国按信仰划分出了一道鸿沟，奥斯曼帝国按宗教和政治划出了两道鸿沟，古代印度按种姓制度划出了无数道鸿沟，蒙古帝国则按种族划出了更赤裸的鸿沟。这些帝国都曾出现过繁荣，但与普通百姓的生活水准无关，甚至可能呈相反的关系。

让我们继续往东看。

【19-1】雅各布·布克哈特. 历史讲稿[M]. 刘北成，刘研，译. 北京：生活·读书·新知三联书店，2014：57.

【19-2】关于奥斯曼帝国的掠夺性的评价：

A、埃里克·琼斯. 欧洲奇迹[M]. 陈小白，译. 北京：华夏出版社，2015：149.

B、雅各布·布克哈特. 历史讲稿[M]. 刘北成，刘研，译. 北京：生活·读书·新知三联书店，2014：99.

【19-3】埃里克·琼斯. 欧洲奇迹[M]. 陈小白，译. 北京：华夏出版社，2015：153.

【19-4】黑格尔. 世界史哲学讲演录[M]. 刘立群，等，译. 北京：商务印书馆，2016：158.

【19-5】戴维·S. 兰德斯. 国富国穷[M]. 门洪华，等，译. 北京：新华出版社，2010：244.

【19-6】梅英. 古代法[M]. 沈景一，译. 北京：商务印书馆，2018：127. "遗嘱所处的地位被收养所占据着"。

【19-7】关于莫卧儿帝国的评价，可参考：

A、戴维·S. 兰德斯. 国富国穷[M]. 门洪华，等，译，北京：新华出版社，2010：162. "在印度，分不清个人财产和不动产之间的区别。人们尽可能地隐藏以防莫卧儿帝国抢走自己的财富。这克制了他们的消费，也使他们在贸易中一直保持着自己的秘密"。

B、尼尔·弗格森. 帝国[M]. 雨珂，译. 北京：中信出版社，2012：24. "1615年罗尔爵士在访印度时也感叹，商人们因为害怕敲诈勒索而主动藏匿财产。"

C、彭慕兰. 大分流：欧洲、中国及现代世界经济的发展[M]. 史建云，译. 南京：江苏人民出版社，2003：261. "没有什么条件保证一个聪明的印度工匠个人能从一项发明中获利"。

D、W. H. 莫兰Moreland："我严格地从经济学家的立场评价，17世纪的印度对于普通人来说肯定是人间地狱。"引自：埃里克·琼斯. 欧洲奇迹[M]. 陈小白，译. 北京：华夏出版社，2015：154.

E、迪尔德丽·N. 麦克洛斯基. 企业家的尊严[M]. 沈路，等，译. 北京：中国社会科学出版社，2018：422. "莫卧儿帝国统治下的印度在许多方面都光辉灿烂，唯独没有创新"。

第二十章　四大发明何以可能

我把大家最关心的问题留到了最后：为什么工业革命没发生在古代中国？

这不仅是我们中国人关心的问题，其实，也是日本人、朝鲜人、越南人共同关心的问题，因为在19世纪之前，我们都同处于一个文明圈，史学界称之为"中华文明圈"。关于这点，古代朝鲜、古代越南争议不大，它们与中国接壤，不可避免地与中国在经济、技术、制度方面相互融合。稍有争议的是日本，大部分日本学者认同古代日本也是古代中华文化圈的一部分，并且，正是日本学者的努力才让这个概念在国际上流行了起来。如日本学者滨下武志指出："中国中心论不仅是中国的偏见，也是各朝贡地区的共识"。[20-1]但近年来也有些学者开始强调日本的特殊性：它与中国隔海相望，这个海比英吉利海峡还要宽很多；日本的大名制度与欧洲中世纪的封建制类似、与中国秦朝之后的编户齐民制度不同；再加上，近代日本又快速进入发达国家的行列，与清朝末年的积贫积弱形成了对照。

在我看来，东亚的每个地区都有其独特性，而日本的海岛地理位置使其独特性更为明显。但如果以此为由把古代日本当作工业革命可能的发生地，则属于过度联想——出于对现代日本科技的崇拜，西方学者往往有这样的联想冲动。要知道，即便隔着那么宽的海峡，古代日本也始终密切地关注中国的风向，主动地跟风，甚至执行得更过分。它从来是最好的学习者和超越者。

让我举几个它在历史上"过度学习"的例子。中国从秦朝开始就把人分类为士、农、工、商，而古代日本则更进一步，把分类变为世袭，出身什么就要做什么。再如，明清中国禁止外国人随便进入，同时期的日本不仅禁止外国人来，还禁止本国人出海，还禁止已经出海的回国。又如，明清中国专制，那时的日本更恶劣，19世纪的孟德斯鸠评论道（由于他还没有见到日本后来的经济起飞，因此意见尚未被污染），"几乎所有的罪犯都会判死刑，违反天皇被判死刑，在法官前说谎会判死刑，赌博会判死刑。最普通的犯罪也按照知情不报罪。一个日本少女会因为没有举报另一位的奸情而被关在布满钉子的柜子里，一直到死"。[20-2] 至于19世纪中叶日本的开放，说实话，也归功于它对中国的密切关注。在1840年的鸦片战争中，昔日的"偶像"清政府惨败于英国舰队，日本人迅速注意到了这一风向转变，生怕重蹈覆辙，接着才出现了美国黑船一到、日本人立即同意开放的场景；如果没有清政府败仗在前，改弦更张不会这么快。

可以理解，上述与今人对现代日本的印象不同，但历史就是历史：古代日本专制、僵化、锁国，如果古代中国先发生工业革命，那么，它跟进甚至超越都有可能的，但如果没有前者发生，它率先自行发生的可能性很小。这意味着，我们要回答"为什么工业革命没有发生在古代日本、古代朝鲜、古代越南？"，还是要回到"为什么没有发生在古代中国？"的问题。

● **厘清问题**

其实，不仅东亚人基于古代中华在古代东方的地位关心上述问题，西方学者基于古代中华在古代世界的地位也关心，如大卫·兰德斯评价道，就经济、技术、科学等方面的水平而言，在古代世界中，"曾经有可能超过欧洲成就的唯一文明的是中国"。[20-3] 但当务之急，我们最好先澄清下问题本身，因为如果追问的出发点太发散，那么答案也分散。

比如，从经济视角出发进行中西方对比的，有著名的韦伯问题。韦伯是德国社会学家，他追问：为什么资本主义革命发生在欧洲，而没有发生在古代中国？[20-4]

再如，从科学视角出发进行中西方对比的，有著名的李约瑟问题。李约瑟是英国科学史家，他的主要工作是对古代中国技术考据，而追问的是"为什么古代中国没能产生现代科学？"类似的，以技术为论据、以科学为论题的追问还很

多。【20-5】

再如，把不同视角混在一起提问的，这种提问方式我以为最混淆，因为它就像高度散光的眼睛，什么都看了，什么又看不清楚。【20-6】

当然也有从技术视角出发、进行中西对比的。【20-7】

本书正是基于这样的出发点。我们追问的是"为什么工业革命没有率先出现在古代中国？"，不是"为什么古代中国没有产生现代科学？"，不是"为什么古代中国没有产生资本主义？"，不是"为什么古代中国没有发现新大陆？"……因此，我们比较的是中西方技术层面的不同，不是科学层面，不是文化层面，不是经济层面，不是军事层面……

聚焦主题，这是澄清问题的第一步，而接下来，这个主题究竟包含了几个问题？细想下，当我们追问"工业革命为什么没有率先发生在古代中国？"时，其实隐含着一种转折：

从汉到宋朝这一千多年，出现了举世震惊的四大发明以及无数的实用发明，汉朝还打开了从西域通往波斯、再由波斯通往罗马帝国的通路——后来被命名为"丝绸之路"。沿着这条通路，东西方的交流加速了很多，沿途的证据也有迹可循。在这段时期，东方技术向西方输出的很多，反向输入的很少；欧亚大陆刮的是东风，所以我们的追问才有基础。【20-8】

转折出现在宋元之交。在之后的近八百年间，中国的重大发明逐渐减少，而西方的技术逐渐兴起直到工业革命的出现，工业化的浪潮传播到世界各个角落，包括中国、日本、朝鲜、越南。今天的电灯、照相机、显微镜、洗衣机、电视机、收音机、录音机、计算机、电报、移动电话、微波炉、制冷机、内燃机、电动机、汽车、轮船、飞机、全息照相、人造卫星、飞船、航天飞机、导弹、核能、潜艇、纳米、激光等都出自西方。在这段时期，欧亚大陆刮的是西风，所以我们的追问才有必要。

通常，赞扬派会列举中国古代技术的前期来说明其先进性，批评派会列举中国古代技术的后期来说明其落后性，但完整画面是一种先抑后扬的转折，那么我们的答案就必须解释两种相反的趋势：一，为什么从汉到宋朝的这一千多年间，中国的技术如此先进，以至于领先于世界？二，为什么在元明清这八百年间，中国的技术又落后了，以至于没能产生工业革命？【20-9】

古代中国重大发明统计图

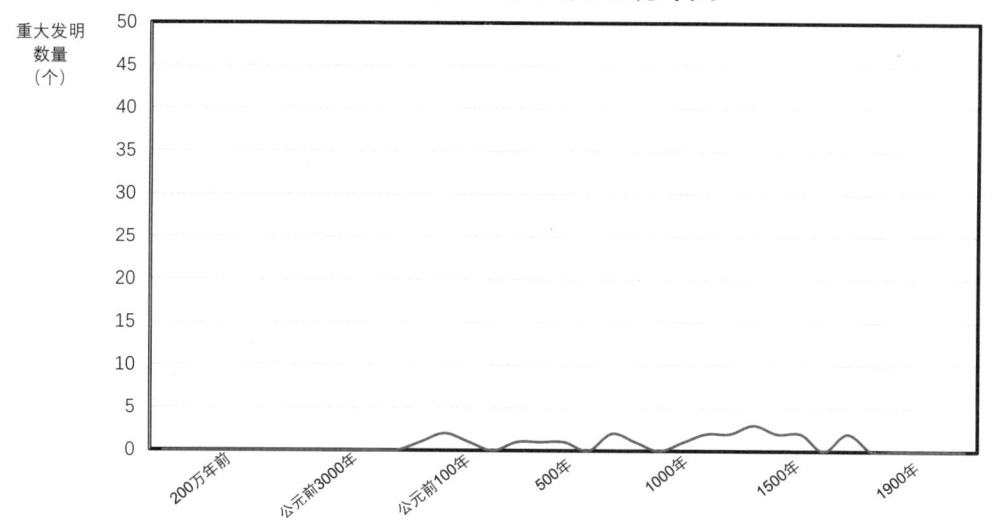

时间	发明数量	时间	发明数量	时间	发明数量	时间	发明数量	时间	发明数量	时间	发明数量
一百万年到两百万年	0	前5000到前400年	0	前1000-前400年	0	0-100年	1	500-600	1	1000-1100	3	1500-1600	0
二十万年到一百万年	0	前4000年到前3000年	0	前300-400年	1	100-200	1	600-700	0	1100-1200	2	1600-1700	0
一万年到二十万年前	0	前3000年到前2000年	0	前200-300年	2	200-300	1	700-800年	1	1200-1300	2	1700-1800	0
前6000-一万年前	0	前2000年到前1500年	0	前200-前100	1	300-400	0	800-900年	1	1300-1400	1	1800-1900	0
前6000-前5000年	0	前1500-前1000年	0	前100到0年	0	400-500	2	900-1000年	2	1400-1500	2	1900-2000	0

图表具体发明数据来自:杰克·查罗讷主编.改变世界的1001项发明[M]张芳芳,曲雯雯译.北京:中央编译出版社,2014.6.

古代中国"重大发明出现频率"在世界范围所占比例示意图。（根据改变世界的1001项发明统计）

● **为四大发明辩护**

一个可以帮助我们把问题具象化的工具是"四大发明"——火药、造纸、印刷、指南针，它们都是活生生的改变生活的具体技术，都出现在汉朝到宋朝之间，产生了举世瞩目的影响，而在它们之后，可以相提并论的重大发明变得销声匿迹。这再次证明重大发明与技术进步的轨迹吻合，不仅本书定义如此，而且古代中国的事实也证明如此。

我们在中学时都学过四大发明，但没学过对它们的争议，让我们通过为它们辩护来补上这一课。最新版本的争议是说，"四大发明不是科学，因此不算伟大。"如果分析下这句话的逻辑，其三段论如下：

大前提：伟大的都是科学的；

小前提：四大发明不是科学；

结论：所以，四大发明不伟大。

这里的大前提就站不住脚：伟大与科学之间没有必然的联系。耶稣、佛陀、孔子、苏格拉底、华盛顿、曼德拉等被认为伟大，小说《战争与和平》、电影《肖申克的救赎》等被认为伟大，却与科学无关。伟大的未必一定科学，科学的也未必就伟大，毒气战、克隆人可能是科学，但很邪恶。

有人说：技术不一样；伟大的技术必然科学、科学的技术才伟大，仍然未必：中国道士在炼丹过程中发明了伟大的火药，但那时还没有无机化学的知识；我曾经在实验室发现过一种罕见的络合物，但在有生之年难见其实际用途，于是转而投入更实际的工业之中。究其原因，科学讲求原理，而伟大指的是功效。

就功效而言，四大发明是无可置疑的。之所以西方学者最早提出这个概念，就是因为它们已经改变了欧洲乃至近现代历史的进程。下面是两段广为流传的文字。

培根在16世纪写道："印刷术、火药和指南针……曾改变了整个世界事物的面貌和状态，……由此产生了无数的变化。这种变化是这样大，以至没有一个帝国、没有一个教派、没有一个赫赫有名的人物，能比这三种机械发明在人类的事业中产生更大的力量和影响"。（培根的原著 Opus Majus）

马克思在19世纪写道："这是预告资产阶级社会到来的三大发明。火药把骑士阶层炸得粉碎，指南针打开了世界市场并建立了殖民地，而印刷术则变成了新教的工具和科学复兴的手段，变成对精神发展创造必要前提的强大杠杆。"（马克思《机器、自然力和科学的应用》）

尤其与本书主题"工业革命"相关的是四大发明中的火药。要知道，古代王朝可能不重视别的技术，但不可能不重视火药与火炮，而它们正是人类利用矿物能源来驱动机械的原型。因为有了火药与火炮，才有了对炮筒精度的要求，才有了工业革命中威尔金森发明的镗床，才让瓦特有了解决蒸汽机泄漏的办法，才让蒸汽机实现了高效与安全运行。

但请注意：培根与马克思肯定火药、指南针、印刷术的贡献，都没有提到它们的源头。这就涉及更早出现的对"四大发明"的争议。[20-10]欧洲人早就知道这些新技术来自欧洲之外，但基于当时中国积贫积弱的状况，也众说纷纭：它们是不是东、西方各自独立的发明？或者源自东方的其他地区，比如阿拉伯半岛或其他亚洲国家？

好在20世纪，艾约瑟、李约瑟等人通过翔实的考据，证明了四大发明的确产生于古代中国，并且，至少四项中的三项，有从中国传播到中亚及欧洲的清晰路径：

造纸术：据记载，中国汉朝时期的蔡伦在2世纪改进并推广了造纸术。在八世纪唐朝对阿巴斯王朝的塔拉斯河战役中，阿拉伯人俘获了造纸的工匠并获得了造纸技术，不久，巴格达就出现了造纸厂。12世纪，意大利通过贸易引进了阿拉伯纸张，并取代了羊皮纸，一个半世纪后，意大利就出现了自己的造纸厂。

指南针：又名司南、罗盘。在战国时，类似的装置已经被用于陆地作战的指向之用。到了宋代，罗盘被用于航海。12世纪后，阿拉伯人引进了它，与星图一并作为阿拉伯海上的导航工具。再到15世纪，葡萄牙与西班牙又引进了它，作为大航海中远洋的必备工具。

火药：唐代的道士在炼丹过程中发明了火药。宋朝为了抵御北方游牧民族，开发出了火柴、火炮、火箭、照明弹、炸弹和地雷等全系列装备。这些技术陆续落入游牧民族手中，并在12世纪，被蒙古人带入阿拉伯世界。阿拉伯人称火药为"中国盐"与"中国雪"，对应能发出"红火"与"白火"的两种硝石。到阿拉伯世界解体后，三个分解出来的帝国，小亚细亚的奥斯曼帝国、波斯的萨非帝国、印度的莫卧儿帝国，都号称"火药帝国"。其中，奥斯曼土耳其用一门巨型火炮攻破了君士坦丁堡的城墙，这让火炮的威力传遍了西方，也让火药技术普及开来。

印刷：雕版印刷在唐代就出现了，到北宋发展出活字印刷，在韩国更发展出金属活字印刷，廉价的印刷书籍在东亚普及开来。在15世纪，欧洲出现了古登堡印刷机，可以确定的是，它与东方的印刷术有明显不同，但也无疑，东方的印刷术出现在先。于是，这成了四大发明中唯一扩散路径存疑的一项。

对四大发明更有力的证明是对其背景的核实。想想看，如果四大发明凭空冒出，那会显得可疑，但李约瑟在其巨著《中国科学技术史》中列举了早期古代中国发明的清单，它们大都出现在宋朝或宋朝之前：中医、纸币、茶叶、水钟、瓷器、丝绸、牛痘接种、铁链吊桥、拱桥、船尾舵、密封船舱、运河水闸、织布机、水力纺纱机、谷物条播机、独轮车、天然漆、马具、马镫、长城、运河等。在如此深厚的技术沉淀背景下，四大发明的出现就毫不奇怪！

总之，我们既没有理由否认四大发明的伟大，也没有理由躺在上面睡觉，我们的思路需要前行：是什么原因导致了中国古代前期产生了四大发明，又是什么原因让重大发明在之后的八百年间绝迹？我们能从中学到什么，又能从中避免什么？这才是真正的四大发明之谜、中国古代技术盛衰之谜。

● 从汉到宋的一路走高

让我们从古代中国前期的状况考察起。在周朝末年的春秋战国时期，技术进步的苗头就显现了，但这些技术的源头也很难考据清楚，但应用是清楚的：铁制品被用作武器与农具，以及都江堰与吴越运河等地区性工程，都在富国强兵的压力下开展了。但同时，连绵战争也带来了破坏与中断。直到汉朝建立后，随着政治形势稳定下来，重大发明与技术进步才变得连续。因此，我们把汉代当作打引号的"发明潮的起点"。

在汉代，基础材料与基础能源得到普及。铁制品受益于模具铸造技术而变为标准化产品，量与质都得到提升，铁制兵器与铁制农具在中华大地上普及开来。相比之下，那时欧亚大陆上的大部分地区仍用锻造打铁，产量零星、质量不稳定。汉代的铸铁技术还催生出对自然资源的利用：为了达到铸铁冶炼的温度，人们开发了鼓风炉来引风；为了驱动风箱，人们又开发了水力驱动的水车。【20-11】

新材料与新能源的基础，为新应用打开了大门。今天人们记住的汉代最重要的技术成就是四大发明中的造纸术，它是由东汉末年宫廷中的太监总管蔡伦改进并推广的，但显然，它仅仅是汉代技术浪潮的尾声。在整个汉代，对农业帝国最重要的农业技术、军事技术，乃至纺织、工程、交通、航运技术等都得到发展。

作为古代中国技术浪潮的第一个高峰，汉代被提到的机会却不多。除了时间久远的缘故，还有就是它被后续的发展盖过了势头。在汉代之后，三国、魏晋南北朝、隋、唐、五代的技术都在持续进步，并最终在宋朝达到了顶峰。这座顶峰让所有山前的丛林都显得黯然失色。

宋朝创造出的铁产量在古代世界中惊人。麦克莱伦在《世界科学技术通史》中考证，"在宋代，铁的生产量直线上升，从公元806年的13500吨陡升至1078年的125000吨，这无疑是出于军事上的需要。可以比较一下，英国在1700年左右的铁产量约为68,000吨，而此时工业革命尚未全面展开。中国的制铁业有许多创新，也相当先进，它在11世纪就已经在使用水力鼓风机，使用焦炭来熔化矿石，这比欧洲出现相应的工艺要早大约700年。凭借如此先进的技术，宋朝的军工生产每年可以提供32000副铠甲和1600万支箭镞，同时还要满足农业生产对铁的需要"。【20-12】【20-13】

宋朝的煤炭开采量也是古代世界中最高的。民间用煤的趋势从唐朝末年就开始了，到宋朝时变得普及。为了避免烟气，宋朝用的是预热中除去了烟气的焦炭，这比第一次工业革命中达比的焦炭发明提前了七百年。【20-14】在家庭取暖外，更大量的煤炭被用于铁器的铸造。

在新材料与新能源的支持下，宋代出现了各式各样的新发明和创新。今天人们印象中的宋朝技术主要是四大发明中的印刷、火药、罗盘，它们代表了宋代整体技术水平的高峰不假，但也是基于更深厚的技术背景：多锭纺织车、封闭船舱、航海用的指南针、踏水轮的船舰、火药、三弓床弩、占仪、水钟等重大发明，也出现于宋代。

在古代世界中，古代中国早期的重大发明最接近工业革命时期，应该无疑；但那时的中国没发生工业革命，也是事实。这该如何解释？

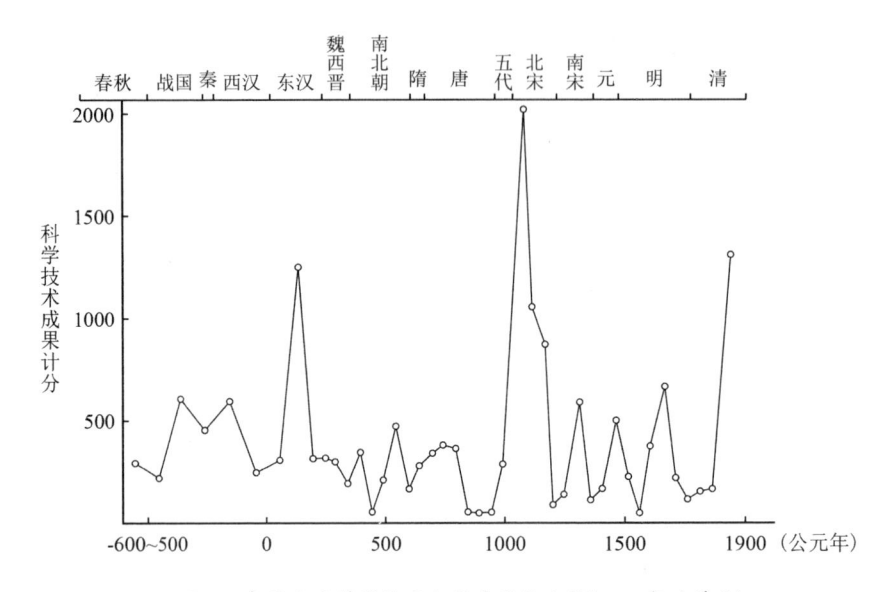

图9.5 中国古代科学技术水平净增长曲线(以50年为单位)

图示出自：金观涛、刘青峰. 兴盛与危机：论中国社会超稳定结构[M]. 北京：法律出版社，2010:331.

● **商业的国度**

前面我们把工业革命的发生归因于俗人的崛起、市场经济与法治的形成，那么一种自然的联想是：古代中国没能率先出现工业革命，肯定是商业与法律环境差的缘故。错。在我看来，有一种环境在古代中国从开始就不差，就是商业环境。

如果横向比较下古代世界中的市场，在大多数时段中的大多数区域都是分散的；只在少数时段、少数地区统一，比如常常被提到的是罗马帝国、波斯帝国、亚历山大帝国、阿拉伯帝国、古印度帝国、古代中国等，它们之所以被提到，恰恰是因为罕见的缘故。即使与这些统一帝国建立的统一市场相比，古代中国的统一市场还有两个额外的优势：

一是相对持续。秦始皇在统一中国后，在北边兴建了对付北方游牧民族的屏障，长城。以今天历史知识的后见之明来看，这是非常有远见的举措。要知道，在火器发明之前，定居文明拿游牧民族真没办法，后者或者趁虚而入，或者抢了就跑。秦始皇用一堵墙把麻烦挡在外面，简单、粗暴而有效。在抵御外敌的同时，秦始皇还统一了内部的行政、文字、道路、货币和度量衡，并在战国时期运河的基础上继续开凿水利工程，最终在隋朝时形成了纵贯南北的京杭大运河。这些——政权稳定、交通便利、地域庞大——都为统一市场打下了基础。秦始皇还做了长远规划：始皇帝，二世，三世，四世，乃至千秋万世，他的私心很快破产了。但从一定程度上讲，汉、魏晋、南北朝、隋、唐、宋延续了统一市场的计划，一个接一个的王朝完善了它。这中间经历了三国、南北朝、五代等分裂时段，但分裂时各区域内部也是统一的，而且分久必合，最终会回归一个更巨型的市场。到宋朝时，市场制度已经变得十分先进：从《清明上河图》可以看出内贸的繁荣；从沉没的宝船中可以看到外贸的兴旺；为了支持巨大的内、外贸总量，宋朝开始发行纸币（交子），数量达到了超过铜币的地步。[20-15]

只要对比下就会发现，在古代世界乃至古代帝国中，类似的市场很难找到。

比如西罗马帝国，如果加上前面的罗马共和国，总共存续了一千年左右，但地区差异、民族矛盾也从未消除，市场就谈不上彻底统一，并且最终因为地区差异与民族矛盾，帝国崩溃。在西罗马帝国瓦解后，欧洲进入了中世纪，蛮族割据、语言不通、交通不便，市场经济迅速衰退。

再如东罗马帝国，它比西罗马帝国还多存续了约一千年，但同样，帝国内部的语言、文化、民族、市场从未彻底统一过。在西罗马帝国灭亡后，东罗马帝国先与波斯交战、后与伊斯兰国交战，常常面临亡国风险。即使偶尔扩张，也还来不及整合当地资源，就重新丧失领地。最后，它干脆退居于人口有限的小亚细亚半岛上，市场变得十分有限。

再如中东地区，阿拉伯帝国和波斯帝国都曾在名义上实现过统一，但由于高山与沙漠的隔绝，各地也保持了半自治状态，从未彻底整合过。

又如古印度次大陆，它的面积与古代中国差不多大，但由于缺少长城之类的屏障，西北角又存在缺口，于是屡屡被游牧民族入侵，以至于长期处于支离破碎中。即使在少数统一的时间与地区，由于地理与气候环境复杂、道路与运河的缺乏，村落间也相互隔离，只能自给自足。

古代中国的统一市场还有另一个独特优势，就是生产要素的相对流通。

春秋战国时期的商鞅变法废除了集体耕作的井田制，改为私人登记使用的"名田制"。从汉朝到唐朝基本承袭了秦朝的土地法，尽管历朝也在试图遏制土地兼并。这中间出现过两次土地公有制的尝试，都以失败告终：一次是新莽时期的王莽将所有土地收归国有，最终造成天下大乱；一次是魏晋南北朝到隋唐的均田制，最终造成唐末的财政危机。在经历上述教训后，宋朝之后的朝代都开放了土地使用权的流通。

土地之外，另一个生产要素劳动力也是相对流动的。这倒不是由于中国皇帝额外开明，而是由于历朝都努力消减贵族的私人武装，秦朝废除了奴隶制、唐宋削弱了氏族大户、清朝康熙年间"除贱为良"，次次都把劳动力投入市场。古代中国的知识分子也是流动的：孔子倡导"有教无类"，即教育的平民化，到了唐宋时期，科举制度更为平民打开了仕途的通路。

土地与劳动力之外，还有一个生产要素资本可谓发达。在古代中国，货币早就统一了，而汇票（飞票）与纸币（交子）的出现都早于时代许多。

如果对比下，在古代世界中，类似古代中国的市场，又难找出第二个来。罗马帝国盛行的奴隶制，中世纪欧洲盛行的农奴制，奥斯曼帝国的半军事奴役制，乃至古印度的种姓制度，都极大限制了劳动力的流动；除了罗马帝国，这些地区的土地交易都受限；在中世纪的基督教与伊斯兰教地区，资本又被宗教规则限制。

● 商业实用主义

这里我们有必要回应两种极端的说法，一种说法夸赞古代中国具备了"某种现代经济制度的特征""世界上第一个市场经济"（李约瑟、伊懋可、麦克尼尔等）。另一种则把轻视商业当作古代中国的弊端乃至不可能产生工业革命的根源。其实，这两个极端都可以解释为同一种实用主义态度，它贯穿了古代中国社会的上上下下。

先看官员。《吕氏春秋》开了重农轻商的先河，"士、农、工、商，以农为本，以商为末"。[20-16]但相反的说法出现得更早，《管子》曰："聚者有市，无市则民乏"。[20-17]想找哪种依据都能找到，这是执行层面的实用主义。

再看圣贤。儒生们讲道理正气凛然："君子喻于义，小人喻于利"，可谈治国实际很多，"富与贵，人之所欲也。贫与贱，人之所恶也"。（《论语》）。正反两面都有理，这是知识层面的实用主义。

更特殊的是古代中国商人对本职业的态度，一边挣钱，一边以商业为跳板，买地、捐功名、送儿子考科举，这是精神分裂式的实用主义。古代百姓对商业的态度，则可以从世界上其他地方人的评价中略见一斑，"天生的商人""最精明的讨价还价者""对于贸易有着独特好感的人群"。这些都只是对最朴实的实用主义的描述。[20-18]

最后看朝廷。它在动荡的乱世，往往因为求稳定而抑商；在繁荣的盛世，又往往因为税收而重商。商业只是管控的工具，随时拿得起，也随时放得下，这是政策层面的实用主义。

为什么说在古代，实用主义的态度总体上对商业是有利好的呢？因为它的反面是教条主义，比如《圣经》和《古兰经》中都有部分教义否定世俗利益，于是只要信奉天主教与伊斯兰的社会在任何时段都轻商，在原则问题上没有变通余地。而古代中国不存在教条主义，在大多数持续统一的时间里，商业利益与政治利益一致；只是在少数时段，政治利益才压过了商业利益；于是加起来，王朝重商的时期远远多于轻商的时段。这就解释了为什么古代中国的商业环境较中世纪其他地区为优。

但又该如何解释中国古代早期没有发生工业革命呢？因为古代社会的普遍情况是皇权凌驾于法律之上，而官员凌驾于普通人之上。实用主义在本质上也是因人而治，为"治"而不是为"人"服务，为短期而不是长期服务，调动不了人的长期积极性。事实也证明，秦始皇动用了大量人力修建长城、阿房宫、秦始皇陵等工程，却没听说这些人中谁留下了什么发明，只留下了孟姜女哭长城的故事。

总结下古代世界早期的情况，在法律环境上，相比起其他文明普遍得"零分到半分"的情况，从汉到宋的中国提供了稳定的秩序、严格的律法，能得"半分"、并列最高。在商业环境上，相比起其他文明普遍得"零分"的情况，从汉朝到宋朝的中国的市场统一而流通，能得"半分"、唯一最高。由于早期中国人的心态是相对积极的，所以古代中国的早期技术成果丰硕并领先于西方，只是还没达到工业革命的地步。这是故事的前一半。

【20-1】转引自贡德·弗兰克.白银资本[M].刘北成，译.成都：四川人民出版社，2017：112.

【20-2】孟德斯鸠.论法的精神[M].许明龙，译.北京：商务印书馆，2012：28.72.

【20-3】戴维·S.兰德斯.国富国穷[M].门洪华，等，译.北京：新华出版社，2010：57.

【20-4】马克斯·韦伯.中国的宗教：儒教与道教[M].康乐，简惠美，译.桂林：广西师范大学出版社，2016：151."在一个被根深蒂固且具有神圣性的传统所盘踞的王国，一个帝王具有绝对裁量权与恩宠的王国中，产业资本主义发展所必需的、理性的、可计算的行政与法律制并不存在"。

【20-5】以中国古代技术为论据、追问古代中国科学落后原因的追问，包括：
A、李约瑟.文明的滴定[M].张卜天，译.北京：商务印书馆，2016：176."当时我认为最重要的问题是：一，为什么现代科学没有在中国（或印度）文明中发展，而只在欧洲发展出来？不过随着时光的流逝，我终于对中国的科学和社会有所了解，我渐渐认识到还有一个问题至少同样重要，那就是二，为什么从公元前1世纪到公元15世纪，在把人类的自然知识应用于人的实际需要方面，中国文明要比西方文明有效得多？"

B、本杰明·艾尔曼.中国近代科学的文化史[M].王红霞,等,译.上海:上海古籍出版社,2019:92."假如到1800年时,中国已经能够制造出供三亿五千万中国人口使用的书籍、纸张、瓷器、丝绸和棉纺织品,那么,科学史家们为什么会认为欧洲人在现代技术科学的兴起过程中占主导地位呢?"

C、何兆武,柳卸林.中国印象:外国名人论中国文化[M].北京:中国人民大学出版社,2011:70.法国诗人、评论家、思想家保尔·瓦莱里写道:"欧洲人发问:他们发明了指南针之后怎么没有延伸这一才干,继续努力,一直到有磁性科学呢?而有了指南针之后,他们怎么没有想到率领舰队到远洋去认识并征服大洋彼岸呢?中国人还发明了火药,但没有进而研究化学,进而造出大炮,而是把火药滥用于烟火和晚间无聊的娱乐之中"。

【20-6】仅举一例。帕尔默在《世界史》中追问道:"为什么中国没有像欧洲在那几个世纪中那样,产生出最终能导致现代科学和工业社会的各种力量呢?客观事实是,像马可·波罗这样的欧洲人到过中国,而不是中国人去过欧洲。发明印刷的是中国人,但通过印刷书籍而引起变革的却是欧洲人。中国人发明了火药,而欧洲人在此基础上发明了枪炮。"

【20-7】肯尼斯·斯科特·拉图雷特在《中国人,他们的历史和文化》中的一段话:"中国人是如此工业化,在发明创造中表现得如此心灵手巧,而且借助经验主义过程,在农业发展和医药知识上如此遥遥领先于西方世界,因此他们,而不是西方国家,在理解和主宰人类的自然环境的科学手段上,可能曾经被视为先驱和领导者。一个率先发明了纸张、印刷术、火药和指南针的民族(这只是他们最著名的发明中的一部分),却没有率先发明纺织机、蒸汽机,以及其他在18世纪和19世纪出现的革命性机械设备,这不能不让人惊讶。"转自马歇尔·麦克卢汉.古登堡星汉璀璨[M].杨晨光,译.北京:北京理工大学出版社,2014:101-102.

【20-8】查尔斯·辛格(Charles Singer)在《技术史》中所述,从公元500年到1500年,"在技术方面,西方几乎没有传给东方任何东西,技术的传播是沿着相反方向的。"查尔斯·辛格.技术史:第Ⅱ卷[M].潜伟,译.上海:上海科学教育出版社,2004:540.

【20-9】林毅夫教授也曾强调同一个答案应该能解释这两种趋势。

【20-10】关于四大发明的争议及解决,参考科学史家江晓原先生的著作。

【20-11】关于汉代的技术成就,请参考:瓦茨拉夫·斯米尔.能量与文明[M].吴玲玲,李竹,译.北京:九州出版社,2020:92-93.399."在农业的根本变化方面,没有任何朝代能与汉朝相比(Xu and Dull1980)。汉朝之后的农业发展逐渐趋缓,公元14世纪以后,农业技术几乎停滞不前"。"如果要挑选一个古代社会,说明它在燃料使用和原动力发展方面的显著进步,就必须选择汉代中国(公元前206—公元220年)。它的创新在几个世纪,甚至一千多年后才被其他地方采用,汉朝人最显著的贡献是用煤炼铁、钻探天然气、用铸铁炼钢、广泛使用带弯曲耳板的铸铁犁、开始使用项圈挽具以及多管条播机。在接下来的一千多年里再没有出现这样的大规模重要进展"。

【20-12】詹姆斯·E·麦克莱伦第三,哈罗德·多恩.世界科学技术通史[M].王鸣阳,译.上海:上海教育出版社,2020:142.

【20-13】关于鼓风机最早使用的时间,它大约从十四世纪开始出现于欧洲,这点争议不大。

但它从中国开始的时间不明确，有说中国比欧洲早700年的，有说早1000年的，也有说早1500年的。

【20-14】南宋庄绰所著《鸡肋篇》中记载："汴都数百万家，尽用石炭，无一家燃薪者"。另外，元代来华的马可·波罗（1254—1324）也记载，由于煤炭应用之广，中国人可以在冬天每天洗热水澡。请参考宫崎市定.宫崎市定亚洲史论考.下卷.宋代的煤与铁[M].张学锋，马云超，译.上海：上海古籍出版社，2017：965-1012.

【20-15】《梦溪笔谈》中记载："国朝初平江南，岁铸钱七万贯；自后稍增广，至天圣中，岁铸一百余万贯；庆历间，至三百万贯；熙宁六年（1073）以后，岁铸铜铁钱六百余万贯"。

【20-16】明朝的《牧民心鉴》中分得更细：官、军、医、筮、士、农、工、商，商人再次名列最后。

【20-17】另外，姜子牙曰："王者之国，使民富；霸者之国，使士富；仅存之国，使大夫富；无道之国，使国家富。"

【20-18】马克斯·韦伯.中国的宗教：儒教与道教[M].康乐，简惠美，译.桂林：广西师范大学出版社，2016：106-319."中国的小店东是分文必争、锱铢必较的，并天天检点其现金盒。据可靠的旅行者的描述，本土中国人日常交谈中谈钱与金钱事务的程度，显然是少有他处能及的"。

第二十一章　四大发明之后发生了什么

故事的前一半很精彩，后一半则乏善可陈，只是，没结果的结果更有待解释——在元明清三朝长达七百多年的时间里，再没有出现过能与四大发明相媲美的任何重大发明；在同一时期，西方出现了一波波新技术浪潮；今天我们熟知的火车、飞机、冰箱、彩电、电报、电话、化纤等，大多是从西方传播到世界其他地区的。一个未必准确但可以参考的统计是：中国在世界重大发明中的占比，从六世纪到十七世纪的54%，降低到19世纪的0.4%。不管从横向比较，还是从纵向比较，这都与古代早期形成强烈反差。

一种混淆的描述是说清朝晚期的中国"一直在缓慢的进步""缓慢的创新变化"（李约瑟、牟复礼），这指的是原有技术的普及与海外技术的应用。比如，明朝的大型工程，如郑和下西洋的宝船、紫禁城等，用的是宋朝就有的技术。明清大面积推广的"新"作物，玉米、土豆等，则是从南美引进过来的。明朝的"四大技术名著"也印证了这样的趋势：徐霞客的《徐霞客游记》、宋应星的《天工开物》、徐光启的《农政全书》、李时珍的《本草纲目》，这些著作均属于实用信息的汇集，而全新与自主的重大发明，则踪迹难觅！

另一种混淆的说法是所谓"洪武盛世"或"康乾盛世"，那只是人口爆炸的结果。明清的经济总量看似很大，但只要平均到"人均"——人均财富、人均产量、人均收入、人均摄取的能量、人均休闲时间、人均发明量、人均工具用量、人均从土地上得到的回报——就少得可怜。人口爆炸加剧了与土地的紧张关系，在缺乏重大发明支撑下，明清不得不采取精耕细作的方式来应对，于是在小农经济的道路上越走越远。【21-1】

上述再次证明我们以重大发明来定义技术进步的必要性：因为从单位面积的

土地养活了更多的人口看，技术总量与旧技术的普及都增加，如果将此视为技术"进步"的话，那么，小农经济愈演愈烈就很奇怪！反之，用重大发明的匮乏来衡量技术的"倒退"，就清楚解释了上述事实！横向比较也同样说明问题：世界其他地区受限于小农经济是因为连续性不够造成技术水平之低，而元明清三朝在数百年间超级稳定，技术水平仍然低，其瓶颈就不在于旧技术，而在于新发明！

● **缺乏保障的繁荣**

要解释中国古代后期重大发明的枯竭，又会出现想当然的联想：一定是商业环境与法律环境倒退的缘故，错！古代中国的商业环境从开始就没问题，到明清时更成熟；古代中国的法律环境从开始就专制，到明清也变本加厉。两者都在沿着既有的轨道前行，并各自达到了各自的极限。

元朝的情况可以带过，因为在介绍蒙古王朝的时候已经介绍过：它无意中加速了东西方的交流，但其统治者视人如牲畜，官员想的是如何掠夺，老百姓想的是如何逃亡，少有人关心生产、建设、技术、投资等正常的事情。再加上，蒙古入侵还造成了文化水平的退化，被占领区在很长时间内都找不出几个识字的人，那自然，在经济、技术、文化，乃至人口等各方面，元朝都差了宋朝一大截——它在科技发明上仍有少许优势，那仅仅是因为它在飞速消耗宋朝留下的"技术余粮"的缘故。

明、清两朝的情况大致可以合并起来讲：两朝恢复了中国自古以来就有的市场机制，并加以完善。尤其在两朝中晚期的统治者看来，商业对税收有利，何乐而不为。于是，那时出现了统一市场下的劳动力、土地、资本流通的繁荣景象。在统一市场走向完善的同时，王权也走向无限；清朝把所有人都名正言顺地当作"奴才"，谈何权利！王朝一般不干涉俗人的事情，但随时有权介入；王朝一般按照律法办事，但可以随时改变；王朝给了百姓一定的产权承诺，但随时征用。既然头上永远悬着王朝的剑，那"富不过三代"绝非虚言！

这样就好理解明清的投资者：精神加剧分裂。对比一下普通人在几种社会中的选择：在古代乱世中，没机会也没保障，躺平即可；在现代社会中，有机会也有保障，努力即可；而明清的环境是分裂的，繁荣的市场意味着改善物质生活的机会，专制的法律意味着没有安全的保障，于是，理性经济人只能选择追求短期利益，既没必要做长远打算，也没必要放弃眼前利益，如果赚到钱的话，就及时行乐吧，还有剩余的话，就买地、买功名吧。事实也证明，在明清巨大的社会资本中，周转的多、投资的少；在投资中，短期的多，长期的少！

这样也好理解明清时期的工匠们的地位大不如前。明初把工匠们固定户籍为匠户、织工、陶工、木匠、泥瓦匠，一半时间要完成政府的劳役，因此也被称为"工奴"。工奴们成天想着逃跑或耗时间，哪有激情去发明？[21-2]劳役制度到明朝中期解禁，原因实属无奈，开小差的人太多，朝廷也就接受了既成事实。但即便工匠有全部时间经营手工制品，在缺乏对技术与产权的法律保障下，他们也面临与商人同样的困惑：没必要不靠手艺吃饭，但也没必要搞费时费力的发明，最合理的选择是利用"现成技术"。产品质量也没必要太好，因为顾客也没那么长远的预期，短期能用、价格便宜就行。[21-3]

这里我们同样要排除自己给自己埋下的一个雷：既然商业环境的优势在古代中国晚期始终存在，为什么它不足以支撑后期的技术创新？答案还是"相对而言"。相对于古代早期的中国，明清的中国沿着既有的轨迹前行，注意，前行而非转型。其商业与法律环境，大致从过去的"0.5分"缓慢上行到"0.6分"。市场更成熟，对现有技术的推广有利，而王朝更专制，又极不利于新发明。

相比之下，1500年后的欧洲经历了商业革命、文艺复兴、大海航行、宗教改革、宪政革命、启蒙运动等一系列转型，注意，是转型而非前行。其商业与法治环境从最落后的封建农奴制一跃接近了现代的雏形，从过去的"零分"跃升为"0.9分"。市场经济与法治的雏形激励了普通人的创造，而与此同时，明、清则步入了压制人性的死胡同，就这样，一个曾经创造出四大发明的伟大文明的伟大国度，在近现代的科技浪潮中沉寂下去了。

● 为什么中国没有率先产生工业革命？

总结古代中国的情况，它同样印证了之前的结论：没有良好的商业与法律环境，就没有俗人的崛起、工业革命的发生。但在这两种环境中，古代中国的例子尤其提醒我们法治的必要性。这样说是因为中国的商业环境从来超前，但法律环境从来严苛。具体到工业革命，还有下面的例证作为补充：

一个不太明显但足以致命的细节是古代中国的山林制度。第一次工业革命被称为煤铁的革命，其前提是民间被允许开采煤矿与铁矿，而古代中国历代都限制百姓对山林沼泽的开采权，那何谈煤矿、铁矿的大开发，何谈动力机器的大发展？仅此一条，就将极大降低了古代中国发生工业革命的可能性。《大唐六典·杂令》规定：诸知山泽有异宝、异木及金玉铜铁彩色杂物处，堪供国用者，皆奏闻。《大明律例》里规定："盗掘金、银、铜、锡、水银等项矿砂，每金砂一斤折钱二十贯，银砂一斤折钱四贯，铜、锡、水银等砂一斤折钱一贯，俱比照盗无人看守物准盗窃论。若在山洞捉获，分别轻重治罪。"清朝皇帝从康熙到乾隆也多次诏令禁止私人采矿。[21-4]

另外一个工业革命难以发生在古代中国的原因，还要回到工业革命中重大发明的特殊性。相比起造纸、火药、指南针、印刷术等发明，构成的部件及需要的人较少，工业革命中出现的火车、蒸汽机、轮船等都具有组件多、参与人多的特点，这就离不开普通人的参与，既然古代社会的法律环境难以调动老百姓的积极性，那就只能看皇帝的积极性。在现代蒸汽机持续改进的一百年中，预计要换四五代君主，每位君主都有自己的主意，很难想象他们都能坚持开发蒸汽机；即使哪位明君下令制造这种机器，这主意本来就太超前，有数不清的免费奴工可以征用，何必要发明节省人力的机器？于是，继任者很难有同样的雅兴，郑和宝船被终止又是例证。

● 洋务运动为何失败

那么，近代中国是如何实现工业化的呢？谨此，我们可以列举失败与成功的例子各一。失败的例子就是洋务运动。那段历史我们不需要详细讲,因为它太惨痛。但为什么洋务运动会失败,恐怕不能简单地把责任推到"腐朽的清政府"或"丧权辱国的李鸿章与慈禧太后"身上,因为清政府与历朝相比非昏庸的朝代,他与她也绝非糊涂之士。清政府之所以启动"洋务运动",正是出于"自强"的目的,所以也被称为"自强运动"。

从1860年开始,洋务运动如火如荼地展开起来,历时三十多年,时间不可谓不长;其负责人是清四大名臣:曾国藩、左宗棠、李鸿章、张之洞,级别不可谓不高;其兴办的产业涉及军械、造船、纺织、矿山,声势不可谓不大。让我们看看这张庞大的清单:1861安庆军械所,1862上海洋炮局,江南制造局,1865金陵制造局,1865,福州船政局,1866,天津机器局,1867,西安机器局,1869,兰州机器局,1871—1872,广东机器局,1874,湖南机器局,1875,山东机器局,1875,四川机器局,1877,吉林机器局,1881,旅顺海军兵站,1881—1882,威海卫造船厂,1882,北京神机营机器局,1883,山西机器局,1884,云南机器局,1884,杭州机器局,1885,台湾机器局,1885,台湾制造局,1895,大冶铁矿,1890,汉阳铁厂,1890,汉阳兵工厂,1892,浙江机器局。只是最终的结局不尽如人意:在1894年至1895年甲午战争中,北洋水师覆灭,此后,李鸿章被罢免直隶总督兼北洋通商大臣职务,北洋水师遭受重创,洋务运动逐渐走向衰落。[21-5]

上述事实告诉我们,洋务运动的失败也不能怪坚船利炮,因为洋务运动本身就成功引进并制造出了大量的坚船利炮!可以说,它的方法是正确的,工业化乃富国强兵之路,但方向值得商榷:"中学为体、西学为用""师夷长技以制夷",即,体制不变而引进西方技术,用西方技术打败西方。这两句话的前提是,首先,清政府的体制与工业化不矛盾,其次,技术足够解决技术本身的问题。很遗憾,两个前提都不成立:技术背后是人,人的背后是体制。洋务运动中的企业不是官办,就是官督商办,或者官商合办,都是"官"字开头,可想其市场度之低、公平度之低、与普通百姓关系之远。[21-6]慈禧太后将纺纱机器的专卖权授予李鸿章，本意是想借鉴纺织技术在英国工业革命中的作用，而李鸿章从1882年到1895年下野前无暇顾及，别人也无法涉足，就这样把中国纺织业耽误了十几年。[21-7]

用旧体制来搞新技术，不仅效率低，还随时可能流产，因为新技术只要带来一点点隐患，就面临无可抗拒的封建皇权威压。火车进入中国就是例子，清王朝明知火车正在改变世界，但也因此，视其为"隐性的侵略"。当一名中国商人在北京修建了一公里的铁路试运行时，清政府以"影响龙脉"为由勒令拆除。当英国商行怡和洋行修建了吴淞到上海的铁路，清政府花钱收购后拆除。我们听到的詹天佑造京张铁路的故事，已经是1905年、距离清政府倒台不远的事。晚至1911年，清政府依然霸道不变，它将通过股份制的方式筹集民间资金修建的四川铁路，在不退款的情况下收归国有，由此引发了四川护路运动，由此引发武昌兵力被抽调到四川去镇压，由此引发了武昌起义！

● 改革开放为何能成功？

成功的例子当数中国的改革开放，更不用多讲，因为我们都是它的见证者、参与者、受益人。1978年后，先是贸易活跃起来，内贸开始满足民间的需求，外贸开始连接我国与世界；同时，农村的联产承包责任制将土地的使用权充分分配给个人，乡镇企业开始出现，多余的农民进城打工；接着，一波波的工业化、城镇化、科技化浪潮来临。与此同步，政府开始放权于市场，人民代表大会通过了物权法，每个公民得到前所未有的财产保障与前所未有的机遇，劳动者的积极性空前高涨，由此创造出改革开放的"奇迹"。

● 归根到底是环境

我们的成功来得那么快，但摸索的时间又那么长，这就引出一个遗留问题：如果说在漫长的古代，各民族都在摸索中，所有发展路径有快有慢，还好理解，但在18世纪之后，工业革命震惊了整个世界，并把全世界各民族拉回到同一信息的起跑线上，那么在接下来的两百多年间，为什么有些国家最早就快速地实现了现代化、成为发达国家；有些国家后来崛起、晋级到发达国家的行列；更多还没有达到现代化的标准、仍属于发展中国家？【21-8】

最不负责任的说法是认为人种不同：某国现代化进程较快，被归因于该国人民的智慧和勤劳；而另一些国家进展较慢，则被归咎于其人民的所谓愚笨和懒惰。但现代科学已经反复证实，所有人类的DNA基本相同。再从历史看，人类作为整体花了那么长时间才实现工业化，每个民族都显得那么愚笨，但最终又都聚拢到工业化的方向上，显得那么聪慧。我们的民族更同时提供了反例与正例。说到底，全世界的人都向往更好的物质生活、都具备实现工业化乃至现代化的潜能；至于如何将理想化为现实，还是在于环境。

比人种说更理性的关于追赶现代化速度的解释，还有先发优势说、后发优势说、小国优势说、大国劣势说等。——先发优势指的是发达国家在制造、流通、仓储上的规模优势，让发展中国家竞争，典型的例子是在十九世纪的英国纺织业、瓷器业、机械工具、船舶制造等基于机器制造的品质与价格优势，很快占领了殖民地国家市场，迫使后者只能从事较低端的原料与农业生产。与之相对应的是后发优势，即落后国家可以照搬领先国家的既有模式，从而避免错误、加速现代化的进程。日本及俄国的工业化，都是沿着这条途径，快速赶上了发达国家的步伐。【21-9】——小国优势指的是像韩国、新加坡等，在几十年间因为某个领袖的决策而迅速转型，就像一艘小船看准风向就可以掉头。形成鲜明对照的是，清政府、奥斯曼土耳其、印度的莫卧儿王朝等大国背负了沉重的历史与体量的包袱，都曾在转型的过程中步履蹒跚，像一辆巨型卡车明知方向错也难转弯，但最终，这些国家也都在新体制下走上工业化的道路。

在我看来，所有上述优势与劣势，都归结为"环境"二字。如果一个国家尽早实行法治与市场经济，就会快速激发普通人的积极性、开始工业化的进程，即先发优势。如果一个国家错过了第一班车，但能很快转变体制到市场经济与法治，那么同样会激发普通人的积极性、及时跟上工业化的进程，即后发优势。反之，如果一个国家迟迟拒绝市场经济与法治，那尽管它在时间上已经进入现代，在结构上却仍然停留在古代，于是，只能在"现代的古代"中继续摸索。

【21-1】易劳逸. 家族、土地与祖先[M]. 苑杰, 译. 重庆：重庆出版社, 2019：146. "中国人的财富大部分都集中在农业方面，但他们因此得到的回报却很低。人们每年种地的收入只能达到土地价值的5%-6%，而人们通过商业活动得到的年度回报却能达到他们投入的10%-20%，而放贷通常会带来30%-40%的回报。不过，人们还是把大部分财富都投入到购置田产上了，因为他们觉得这是财产保值较为安全的方式。"

【21-2】关于明朝工匠境遇，请参考：

A、赵冈, 陈钟毅. 中国经济制度史[M]. 北京：中国经济出版社, 1991：262. "政府对他们的管制十分严格，平日匠人不离局，没有行动之自由，其家人与儿女也没有婚姻之自由。这种身份是世袭的，不得更改，事实上已超过前朝的征役制度下的工匠。故有的学者认定系官人匠是工奴"。

B、谢和耐. 中国社会史[M]. 黄建华, 黄迅余, 译. 南京：江苏人民出版社, 2010：345. "酬金低于市价，有时甚至要长途跋涉赶往南京或北京，自由支配时间甚少"。

【21-3】对明清工艺的评价，请参考：

A、利玛窦. 利玛窦中国札记：两卷[M]. 何高济, 等, 译. 北京：中华书局, 1983：19-20。"中国的手艺人并不为了获得更高的售价而在他创作的物品上精益求精。他们的劳作是被买主的需求所引导的，而买主通常满足于不太精美的东西。结果，他们常常牺牲产品的质量，而只满足于表面好看以便吸引买主注目。这在他们为官员们做活时似乎特别明显，因为官员们根本不管所买物件的实际价值而只凭一时好恶向工匠付钱。有时候，他们还强迫工匠们去设计他们并无此聪明才智去做的东西"。

B、卫礼贤. 中国心灵[M]. 北京：国际文化出版社, 1998：381. "商品在欧洲人看来不牢固，一是出于经济考虑，万世不坏显然不是经济考虑，二是世事难料，未来充满了太多不确定性。结果，房屋建造时就买没人想让它屹立千年不倒，三五十年就已经够本了"。

【21-4】皮尔·弗里斯. 从北京回望曼彻斯特：英国、工业革命和中国[M]. 苗婧, 译. 杭州：浙江大学出版社, 2009：99. "政府对大规模的采矿活动喜忧参半，因为它对年轻人的聚合深感不安。为此，有时政府对煤矿开采征收重税。"

【21-5】洋务运动进展详见搜索门户网站。

【21-6】对洋务运动只引进技术，不改变本质的做法，请参考如下评价：

A、理查德·H. 托尼. 中国的土地和劳动[M]. 安佳, 译. 北京：商务印书馆, 2014：139. "把近代工业看作一种设计精巧的发明品，就好像英国伦敦珠宝商人制造并献给清朝皇帝们的玩意儿——北平故宫里的镀金钟表一样，任何国家都可以随心所欲地从外国输入，完全不顾及使用这种新技术所要求的社会环境，这种想法实在是幼稚到荒谬的程度，仿佛西方人要学习中国的书法，只需进口中国的笔墨就可以了"。

B、梁漱溟. 东西方文化及其哲学[M]. 北京：商务印书馆，2012：60. "我敢说：如果欧亚的交通不打开，中国人的精神还照千年来的样子不变，那中国社会的经济现象断不会有什么变迁，欧洲所谓'工业革新'（Industrial Revolution）的，断不会发生"。

【21-7】严中平. 中国棉纺织史稿1289-1937[M]. 北京：科学出版社，1963再版。摘自科大卫. 近代中国商业的发展[M]. 周琳，李旭佳，译. 杭州：浙江大学出版社，2010：115.184.

【21-8】根据经济学家麦迪逊的数据，从1500-1820年人均产值年增长率为0.04%，西欧与撒哈拉以南的非洲的差距为3：1，从1820-1992年，人均产值年增长率提高到了1.21%，但富国与穷国的差距也拉大到20：1.

【21-9】亚历山大·格申克龙. 经济落后的历史透视[M]. 张凤林，译. 北京：商务印书馆，2018：55. "一个国家的工业发展越晚，其工业化的大爆发在实际来临时所具有的爆炸性程度就越大。"

不妨读的附录：科学魅影

至此，我们还没有提及科学。理论上，科学技术也属于环境要素中的一种，虽然我们说了，一切环境要素都要通过人来发挥作用，因此，人的作用永远比环境更直接，但我们今天生活在一个"科技是第一生产力"的时代中，而且，在工业革命前约一个世纪，恰好发生了一次名为"科学革命"的历史事件，于是，要证明这两件事之间没有直接关联，怕是不能简单带过，我们只能在本书的最后，来更细微地审视那段历史。

科学革命与工业革命，常常被认为是共同开创现代世界的两件大事，【附1-1】这只是从结果上看。而从历史进程来看，它们属于时间、空间、性质不同的独立事件。

科学革命发生在17世纪，一般认为其高峰期是从1543年到1687年（以1543年哥白尼发表《天体运行论》为开始的标志，1689年牛顿发表《自然哲学的数学原理》为结束的标志）。而第一次工业革命则发生在1760—1830年间，中间间隔了约一个世纪。

在空间上，科学革命发生在欧洲大陆，后来才波及英国，其主角也以欧洲大陆人居多：哥白尼是波兰人，第谷是丹麦人，伽利略是意大利人，笛卡尔是法国人，莱布尼茨是德国人，当然，培根与牛顿是英国人。而第一次工业革命发生在英国，有人把工业革命误说成是欧洲/西方事件，那是混淆了两次工业革命的缘故。

在性质上，科学革命中的哥白尼日心说、开普勒三大定律、牛顿定律无不属于抽象的理论，开启的是精神层面的现代。而工业革命中的珍妮纺织机、

蒸汽机、火车、轮船、海军装备，都属于具体的现实，开启的是物质层面的现代。【附1-2】

好，科学革命不等于工业革命，但一前一后的两件事，是否正好构成因果关系呢？按照因果性的要求，我们说甲是乙的原因，不仅需要乙紧接着甲发生，还需要甲对乙直接促进的机制。关于这点，欧洲大陆提供了反例：科学革命对欧洲大陆的影响更早、范围更广，假如科学革命对工业革命有直接促进作用，那工业革命应该发生在欧洲大陆早于英国才对，而事实正好相反。

但显然，要说服人们这两次革命之间无关，绝不会像到此为止那般简单。接下来，人们会说：科学革命产生了科学家、科学知识、科学文化，这些算不算酝酿工业革命的机制呢？关于这些，反例又来自英国工业革命本身。

● 科学家的缺席

首先是科学家缺席。如果科学家是第一次工业革命的决定因素的话，那么英国工业革命的主力军应该是科学家才对，但情况不是这样。英国工业革命的主导者是工匠和商人，不是贵族，不是知识精英；而在发明者中，工匠居多、贵族较少、科学家则不见踪影。【附1-3】并且，也不存在他们同时身兼工匠的可能性，罗伯特艾伦形容第一次工业革命中的工匠为"文盲发明家"，达比、斯蒂文森等都没有受过基础教育，更不用提科学教育。【附1-4】

这背后的不利因素在于，直到18世纪中叶，普通人阶层的教育水平尚未普及。但这背后的有利因素在于，第一次工业革命中的重大发明主要在动力机械领域。不论机械，还是动力，都高度依赖于直觉，靠反复摸索就能走通，甚至，反复摸索比原理来得更直接。于是不奇怪，无数工匠、几代工匠通过试错法，而不需要什么教育基础，就足以完成纺织机、焦炭、蒸汽机、火车等伟大发明。【附1-5】

● 科学知识关系不大

有人会说：科学家缺席工业革命，不等于科学知识也缺席。但其实，科学与技术原本就分属不同的界域：科学属于精神的、形而上的范畴，技术属于物质的、形而下的范畴；形而上的理论可以通过逻辑演绎，形而下的东西可以通过机械传导，但在古代，跨界间的转换并没有明确的机制。再加上，古代思考科学的与搞技术的也是两拨人：科学是僧侣和贵族的事，技术是工匠的事，分属不同的阶层。这些都造成古代的科学与技术的发展始终类似两条平行线。[附1-6]

这种情况持续到科学革命之后，那时，牛顿力学已经解释了宇宙的运行，却"与技术运用基本无关"。[附1-7]在从科学革命到工业革命之间的一百年间，工业"非常缓慢且不稳定"，更意想不到的是，"革命"后的科学居然自己陷入了很长的低谷期。[附1-8]

这种情况延续到第一次工业革命期间。——18世纪的冶金行业都起飞了，达比发明了焦炭炼铁法，科特发明了熟铁搅炼法。然而当时现代化学尚未诞生，直到19世纪，化学家们才发现碳元素和氧元素，显然，达比与科特并不需要这些知识。[附1-9]——18世纪的蒸汽机都改进了三代并安装到各行各业了，而那时现代热力学还没诞生，直到19世纪的法国物理学家卡诺（Sadi Carnot）才基于对蒸汽机的热效率分析提出了原理。[附1-10]显然，萨弗里、纽卡门、瓦特，没有也不需要这样的原理。[附1-11]

直到19世纪中期，情况才发生转变。在第二次工业革命中，科学与技术成熟到了能跨界转换的程度，两条平行线拧成了一股绳；与此同时，科学家开始走向社会、工匠的教育水平普遍提高，两拨人合并成了一拨人。从那时起，"科技"才成为改变世界的力量，这是十分现代的事情。[附1-12]

● **科学文化的模糊影响**

有人说，科学家与科学知识缺席工业革命，不等于它们的影响缺席。比如学者莫基尔提出所谓"工业启蒙"的说法，即，近代科学的启蒙，加上印刷术、翻译、百科全书等知识工具的普及，由此形成的科学氛围潜移默化地影响了几代英国人，让技工阶层的"智力发展状况"整体改善，这就可以解释工业革命的发生

及持续。[附1-13]

但氛围之所以是氛围,就在于它说不清有,也说不清没;无法被证实,也无法被证伪。因此合理的评价是,就像所有文化影响那样,科学文化对工业革命的影响即使存在也未必直接。

尽管如此,寻找科学影响工业革命的努力仍在继续,只是找到的"线索"大都经不起推敲。退一步讲,假设"线索"真成立的话,那科学家缺席于第一次工业革命就更难解释:他们自己有手、有脚、有知识,与其影响别人,为什么不自己发明呢?他们错过了焦炭的发明,错过了纺织机的发明,错过了蒸汽机的发明,错过了火车与轮船的发明,错过了转床、铣床、车床、压机的发明……唯一合理的解释是,人们在追逐一个本来就不存在的影子。让我们来分析下具体的"线索"。

说法一,"萨弗里的蒸汽机受到科学家帕潘的蒸汽泵的启发"。

有些学者把蒸汽机的发明归功到帕潘身上,因为考虑到帕潘算科学家、发表过科学文章。但其实,帕潘原本是学医的,只是半路出家才搞起了机械。而且,他发明的蒸汽泵和高压锅与现代蒸汽机差距很明显,不仅缺少做功的效果,还缺少真空的环节。而英国人萨弗里发明的"大锅",第一次把蒸汽、真空、机械组合起来做功,现代蒸汽机由此诞生,很遗憾,萨弗里仅仅是个技工。

说法二,"纽卡门的发明与科学家胡克的交流有关"。部分学者把纽卡门的发明归功到胡克那里,因为纽卡门只是技工兼五金店主,而胡克是当时知名的科学家,两人之间有过书信沟通,那自然的联想是,前者的主意一定来自后者!

但注意,胡克与纽卡门,除了书信外,没有工作互动、没有日常交流、没有过节串门,"纽卡门基本是一名活动范围很小的锻工,不是科学家,也没有周游四方去交流访问"。[附1-14]更重要的是,纽卡门对蒸汽机所做的改进实在不需要指导,杠杆是已经存在了数千年的普通机械,所以纽卡门在原来的"大锅"边上伸出了一根横梁作为杠杆。很遗憾,这靠一个技工的聪明即可实现。【附1-15】退一步讲,就算胡克真对纽卡门有帮助,在之前,萨弗里已经把蒸汽机发明出来了!显然,萨弗里没经过也不需要胡克的指导!

说法三,"瓦特受布莱克的潜热理论启发"。

部分学者把瓦特的发明归功到大学教授布莱克那里,因为瓦特在大学当技工修理蒸汽机时,曾经接触过大学教授布莱克,而布莱克曾经向瓦特介绍了潜热的概念,联想又油然而生:瓦特一定受了潜热的启发!

但首先,记录这件事的罗比森就有自吹自擂、吹捧老师的嫌疑,他是布莱克教授的学生,而他的"记录"是在瓦特成名之后,他宣称是自己将瓦特引荐给导师布莱克,是自己向瓦特勾画出蒸气的前景……即便他说的都是事实,也不能证明瓦特的发明就受布莱克潜热理论启发,因为老款的蒸汽机因冷热交替而浪费燃料,如果分离冷热将节省燃料,这是烧过水的人都知道的常识,所以瓦特发明了"一种减少火力发动机中蒸汽和燃料的新方法"。至于"潜热",古人也知道物质形态改变(如结冰或汽化)时与热密切相关,用个新名词"潜热"来形容老现象当然形容得更好,但现象还是那种现象。我这么说的证据是,在瓦特与布莱克前,萨弗里早已把蒸汽机发明出来了,而纽卡门已经把蒸汽机投入使用了!显然,萨弗里与纽卡门都没听过也不需要"潜热"的概念!

说法四,"瓦特发明了'马力'的定量概念,'瓦特'又被当作功率单位,因此瓦特是科学家"。

这又是部分学者一厢情愿地改变了瓦特的身份。瓦特出身于技工家庭,从来以工匠为职业。他口中的"马力"只是"一匹马的力量"。这样的类比在古代也存在,因为马匹是古代最常见的运输工具。瓦特沿用了这样的类比,是为了说明一台蒸汽机的功率能顶上多少匹马的功率,从而证明一台蒸汽机能顶上多少匹马的价值。至于被当作功率单位的"瓦特"(1马力=746瓦),那完全是科学界基于瓦特贡献的追认，与其生前的身份无关。

说法五，"真空是意大利科学家伽利略的学生托里拆利发现的，而真空是蒸汽机的一部分"。

古希腊的亚里士多德曾留下一句名言："自然厌恶真空"，显然，那时的人已经知道真空的概念，如果说发现了真空就等于发明了蒸汽机，那就要把发明蒸汽机的功劳归于古希腊人，这显然是荒谬的，因为亚里士多德的"真空"没有蒸汽，也没做功，与"蒸汽机器"无关。在科学革命中，意大利人托里拆利通过实验发现倒立的水银柱上会有一段空隙，这证明了真空确实存在，但同样没蒸汽、没做功。直到工业革命中，萨弗里的蒸汽机才第一次用真空、蒸汽、机械的组合来做功，这是名副其实的第一台现代蒸汽机。而且话说回来，真空出现于英国工业革命中的蒸汽机之中，不等于必然如此。今天普遍使用的汽轮机，由帕森斯（Charles Parsons）于1884年发明，就是用蒸汽推动汽轮旋转、直接将蒸汽能转化为电能，越过了真空环节！

说法六，"博尔顿与瓦特在协会认识，而月光协会里有很多科学家"。

从17世纪开始，英国的民间俱乐部如雨后春笋般出现。据统计，1750年左右，伦敦有大约1000家民间俱乐部，一般都以地区为中心、由知名人物发起。[附1-16]其中几个以知识为话题的著名俱乐部包括：位于曼彻斯特的"文学与哲学会"，位于爱丁堡的"择优学会"，位于伯明翰的、每逢满月时聚会的月光俱乐部等等。它们讨论的话题包括科学、技术、时政、经济、奇闻逸事等。这些都告诉我们，月光俱乐部是一个地区性的俱乐部，而非"学会"。

作为地区性的俱乐部，它当然为本地区提供松散的社交功能。到工业革命时期，陶器制造商韦奇伍德、铁器制造商威尔金森，以及蒸汽机的发明者博尔顿与瓦特等都成为月光协会的会员。据说瓦特和博尔顿也是在协会认识的。据说瓦特的行星齿轮装置专利也受到了月光俱乐部讨论的启发。但这样的作用是笼统的，而且肯定没到达到非有不成的程度。理由很简单：飞梭、珍妮纺织机、达比炼铁法等革命性的发明者，都没加入月光协会，但完成了同样伟大的发明！

● 俗人的壮举

真正的困惑不在于历史，而在于今天的人们执着地寻找一种历史上本不存在的科学与技术的关联。对普通人来说，这大概来自一种"时空错置"的心理假象。今天我们生活在一个"科技是第一生产力"、科学指导技术的时代，会想当然地把现实投射到过去。这就好像因为现代人喜欢洗澡，而想象猿人也如此；因为现代的欧洲讲求平等，而想象中世纪的欧洲也如此。这当然不符合历史事实。

与普通人相比，专业的学者会有意识地避免"时空错置"，这是优势，但也有一个劣势，就是他们生长于科学体制下、生活于学术团体中，难免把对自己的职业与团体的自豪感融入自己的潜意识：像工业革命这样重要的历史事件，怎么可能是由非专业、非科学人士完成呢？不，背后一定有科学体制与科学团队的作用！即使现在没证据，那只是没找到，还要继续找！这就像在牛顿出生之前，苹果已经落地几百万年了，但牛顿迷会坚持说，"不，没有牛顿，苹果就不可能自己落地！"

历史是成功者写成的，学者是今天的成功者。尽管少数科学史家已经在还原历史的原貌，但混淆论调仍然占据着舆论的主流且层出不穷。工匠们创造了工业革命，却无法为自己代言，作者不得不代为发声：正是这些身份最普通、目的最世俗的人，开启了工业革命，乃至一个新的时代！

【附1-1】斯塔夫里阿诺斯. 全球通史：从史前史到21世纪：下册[M]. 吴象婴，等，译. 北京：北京大学出版社，2006：479.
斯塔夫里阿诺斯在《全球通史：从史前史到21世纪》中写道："这一伟大变革都源自科学革命和工业革命；这两大革命是西方文明对人类发展的杰出贡献。回顾历史，似乎这两大革命比新石器时代的农业革命具有更大的意义"。

【附1-2】关于科学革命与工业革命无关，请参考：

詹姆斯·E·麦克莱伦第三，哈罗德·多恩. 世界科学技术通史[M]. 王鸣阳，译. 上海：上海教育出版社，2020：285-286，344. "总的来说，在16和17世纪的欧洲，在进行科学革命的同时并没有发生技术革命或者工业革命。那时尽管也有印刷机、大炮和炮舰一类的发明起到了划时代的影响，然而它们的发展并没有用到科学或者说自然哲学……总之，欧洲的科学和技术在那时基本上仍然是互不相干，无论在智识上还是在社会学意义上，两者仍停留在自古以来的那种状况上"。"科学革命不管对工业革命产生过什么文化影响，却终归未曾深入到能够把学理论应用于技术发明的程度。欧洲各国政府虽然抱有培根式的理性主义观点希望科学能够帮助社会，但是它们关注的还是局限于科学如何帮助进行国家管理。至于工业革命技术层面上的问题，则仍然留给没有受过学校教育的技师工匠和企业家们去解决，而他们却又未掌握理论知识或受过任何科学训练。那时，这样的理论知识还没有被编进教科书中，大学也没有工程科学方面的计划甚至课程。那时也不存在职业的工程学会，直到1771年斯密顿土木工程师协会才成立。那时能够用来把抽象的数学原理转换成工程公式的物理学常数和参数表也没有确定下来，更没有编纂成册。同样，那时也没有任何一所工程研究实验室。要出现这些发展以及出现应用科学，还得再等待一些时日"。

【附1-3】关于工匠是科学革命的主力军，请参考：

A、内森·罗森堡，L·E·小伯泽尔. 西方致富之路[M]. 刘赛力，等，译. 三联书店（香港）有限公司，1989：22. "在西方经济增长最初的几个世纪里，西方的工匠发明者和企业的大多数技术都是由他们自己创造的。在1800年以前，西方科学的发展几乎与西方的工业无关。科学对工业技术的贡献在19世纪初仍然很少，以后才逐渐多起来"。

B、阿瑟·刘易斯. 经济增长理论[M]. 周师铭，沈丙杰，等，译. 北京：商务印书馆，2016：201. "事实是18世纪和19世纪的伟大发明都不是出于科学家之手——如蒸汽机、纺织机的发明，新的农业轮作制，熔炼矿石的新方法，机床——所有这些都是做实际工作的人发明的，他们并不懂科学或知之甚少。只是到了20世纪，科学教育才对未来的发明家成了至关重要的，或者说只是到20世纪，科学发现才成为推动技术不断进步的主要泉源"。

C、T. S. 库恩. 必要的张力：科学的传统和变革论文选[M]. 纪树立，等，译. 福州：福建人民出版社，1981：142. "直至19世纪末，重要的技术革新几乎从来不是来源于对科学有贡献的人、机构或社会集团。虽然科学家有时也做试验，虽然他们的代言人常常宣称他们的成功，但有效的技术改革者主要是手工匠、工头和灵巧的设计者"。

【附1-4】关于工匠的教育程度，请参考：

A、罗伯特·艾伦. 近代工业革命揭秘：放眼全球的深度透视[M]. 毛立坤，译. 杭州：浙江大学出版社，2016：379. 397. 407. 67位重要发明家家庭出身分类统计表、重要发明家所属行业统计表、发明家是否借助试验来推动研发进程按照所属行业统计表。

B、托马斯·索维尔. 财富、贫穷与政治[M]. 孙志杰，译. 杭州：浙江教育出版社，2021：93. "开创工业革命的人大多没有接受过正式教育，他们都是有实际工作技能和经验的人，而非精通科学的科学家或系统研究过工程的工程师。在正式的科技研究普及之前，工业革命已经在进行中了。甚至后来的工业先驱如托马斯·爱迪生和亨利·福特接受的正式教育也很少，怀特兄弟高中就退学了。"

C、罗杰·奥斯本. 钢铁、蒸汽与资本[M]. 曹磊, 译. 北京: 电子工业出版社, 2016: 11. "纽科门曾经是一个铁器店的学徒工; 约翰·凯伊是个织布机械制造工; 亚伯拉罕·达比是个卖麦芽酒的人; 理查德·阿克莱特是个理发师也是个做假发的; 理查德·特雷维西克是个矿井工程师; 哈格里夫斯和克隆普顿都是纺纱工; 亨利·科特是个铁匠, 而詹姆斯·瓦特是个造船工人的儿子。这些人的背景惊人地相似: 学徒或技工出身, 都没有大学学历, （备注: 除了织布机的发明者埃德蒙·卡特莱特）"。

【附1-5】关于工匠的试错法导致第一次工业革命的发明，请参考，特伦斯·基莱. 科学研究的经济定律[M]. 王耀德, 等, 译. 石家庄: 河北科学技术出版社, 2010: 15. "熟练工人为了提高劳动生产力，为了增加利润，在反复试验的基础上有了一次又一次的新发明，他们只是以技术为基础的技术专家，所发明的技术与纯理论研究没有关系"。

【附1-6】关于历史上科学与技术的分离，可参考：

道格拉斯·C. 诺思. 经济史上的结构和变革[M]. 厉以平, 译. 北京: 商务印书馆, 1992: 186. 182. "从历史上看，在科学知识与人类已应用的工艺之间总是脱钩？确实，只有在现代，新知识的系统发展对人类取得巨大进步才是必不可少的。只有在最近一百年，基础知识的进展对于技术的不断变革也才是必不可少的"。"工业革命时期的技术事件大体上与基础科学的发展无关。另一方面，最近的过去的技术事件都需要科学上的重大突破。边干边学可以解释工业革命时期技术的发展，但只有科学实验才能说明原子能或石油化学工业的发展"。

【附1-7】易劳逸. 家族、土地与祖先[M]. 苑杰, 译. 重庆: 重庆出版社, 2019: 255.

【附1-8】关于科学在科学革命到工业革命间的低潮，请参考：

A、菲利普·鲍尔. 好奇心: 科学何以执念万物[M]. 王康友, 等, 译. 上海: 上海交通大学出版社, 2017: 377.

B、斯蒂芬·F. 梅森. 自然科学史[M]. 周煦良, 等, 译. 上海: 上海译文出版社, 1984: 240. 波动可以从英国皇家学会会员数反映出来: 英国皇家学会创立时有100名会员，到1670年增加到约200名会员，到1700年的时候又减少到100出头的会员，之后经过逐渐提升到1800年达到500名会员。

C、约翰·德斯蒙德·贝尔纳. 历史上的科学: 卷一[M]. 伍况甫, 等, 译. 北京: 科学出版社, 2015: 389. 391. 1690—1760年即科学革命到工业革命之间的时期，"毋宁是科学的死水"，"在文艺复兴时期创造科学并带着十七世纪中叶大爆发的那股原始冲动，到了十七世纪末似乎举步不前而濒临死去。"

D、T. S. 库恩. 必要的张力: 科学的传统和变革论文选[M]. 纪树立, 等, 译. 福州: 福建人民出版社, 1981: 144. 工业革命前后一个世纪的英国科学为"普遍落后"，并由此推断，当时的科学不可能对技术革命发挥重要作用，因为科学与技术在那时都尚未成熟到直接彼此转化的程度。

【附1-9】关于科学知识与工业革命无直接影响，请参考：

A、I. 伯纳德·科恩. 科学中的革命[M]. 鲁旭东，赵培杰，译. 北京：商务印书馆，2017：262. "工业革命（Industrial Revolution）并非科学中发生的一次革命，甚至也不是直接或主要以科学的运用为基础的一次革命"。

B、詹姆斯·E·麦克莱伦第三，哈罗德·多恩. 世界科学技术通史[M]. 王鸣阳，译. 上海：上海教育出版社，2020：221. "欧洲的发展产生了如此广泛而又深远的影响，科学思想在其中起到了什么作用呢？答案是基本上没有什么作用……当时的炮兵、铸造匠、铁匠、造船工人、工程师和航海家在从事他们的工作的时候，在进行发明创造的时候，没有靠别的东西，凭借的只是他们的经验、技艺、直觉、大致的估算和勇气"。

C、特伦斯·基莱. 科学研究的经济定律[M]. 王耀德，等，译. 石家庄：河北科学技术出版社，2010：123. "从总体上回顾一下工业革命，我们很难看出科学给技术提供了什么东西，因为当时的科学本身尚处于未成熟阶段。从19世纪情况来看，科学家们总是慌慌忙忙地追赶技术人员，也就是说，不是科学促进技术，而是技术促进和推动科学"。

【附1-10】卡诺定理：热机效率=1-T2/T1

【附1-11】关于蒸汽机与科学知识的无关，请参考：

A、罗伯特·斯图尔特·米克尔姆于1824年的《描述蒸汽机史》（Descriptive History of the Steam-Engine）中写道："我们现在已经不得而知，是谁散播这样的说法：〔蒸汽机的〕发明是科学历来奉献给人类的最贵重的礼物之一。事实是，科学或科学家在这件事上始终什么也没有做。诚然，在今天，理论家给任何机器或机构所做的那点工作并不比过去更形无益。然而，这发明是实际工作的机工——而且仅仅是他们作出的，也是他们加以改良和完善的。"转自亚·沃尔夫. 十八世纪科学、技术和哲学史：下册[M]. 周昌忠，等，译. 北京：商务印书馆，2012：786，及郑延慧. 工业革命的主角[M]. 长沙：湖南教育出版社，2009：176.

B、特伦斯·基莱. 科学研究的经济定律[M]. 王耀德，等，译. 石家庄：河北科学技术出版社，2010：119.123. "不是工业革命时期的技术人员依赖于科学家，而是科学家依赖于技术人员。丹尼斯·帕平是世界一流的研究空气的科学家，他常常说，正是因为纽卡门的成功促使他研究真空蒸汽机"。"蒸汽机是最能体现工业革命成果的典型机械，但蒸汽机的不断改进过程表明它与科学没有任何关联，而是源于已经存在的技术。而且蒸汽机都是由一些没有受过正规教育的孤立的个人创造出来的，这些没有什么文化的发明家不过用最清楚明白的道理处理一直困扰他们的机械问题，当然他们的这种解决办法能带来明显的经济效益。"

C、詹姆斯·E·麦克莱伦第三，哈罗德·多恩. 世界科学技术通史[M]. 王鸣阳，译. 上海：上海教育出版社，2020：309："蒸汽机是一项改变了工业发展进程的技术创新。蒸汽机的最初出现甚至同传统技艺都没有太大关系，靠的是直觉和试试改改，还有一点运气。纽卡门和他的管子工助手考利（John Cawley）偶然发现，把压缩蒸汽通入一个圆筒能够产生局部真空，于是大气压力就可以推动圆筒里的活塞。即使连大气压力是一种潜在动力的想法，在当时也可以说是不明确的，所以，蒸汽机的实际设计同科学毫无关系。"

D、乔尔·莫基尔. 富裕的杠杆：技术革新与经济进步[M]. 陈小白，译. 北京：华夏出版社，2008：97. "虽然有一门学科（热力学）用公式表示了蒸汽机所依据的原理，但是蒸汽机的成功却先于这门学科的建立"。

E、T. S. 库恩. 必要的张力：科学的传统和变革论文选[M]. 纪树立, 等, 译. 福州：福建人民出版社, 1981：102. 科学文献中关于能量转换的讨论，在1760年以前很少；在1800年（蒸汽机启动）后，才开始增多。这说明，在蒸汽机的发明中，科学是被带动的而非前置的。

【附1-12】科学与技术交叉于十九世纪，可见任何一本科学史书，这个时间点争议很小。

【附1-13】关于科学启蒙的概念，只是科学史家乔尔·莫基尔提出并诠释的：

一方面，他承认科学革命与工业革命之间没有明确的证据，"即使在1800年之前，只有很少的一些重要发明可以直接归功于科学发现"。"我们今天称之为科学知识的东西在1850年之前很少成为对技术进步有约束力的阻碍"。见乔尔·莫基尔. 富裕的杠杆：技术革新与经济进步[M]. 陈小白, 译. 北京：华夏出版社, 2008：29. 186. 252. 另一方面，莫基尔又争辩说："在英国，各个科学研究领域的专家与不同行业的制造者之间交流极为便利，无形中也就取得了丰硕的交流成果。一种新发明投入工业应用以后，在英国显然能够获得更为丰厚的利润，这也是在实际操作层面英国能够胜出的原因所在。""在1850年之前，不存在技术与科技的结合，因而技术进步缺乏持续的动力"。"1850年后，科学与技术的协同进化才明确"。见乔尔·莫基尔. 雅典娜的礼物[M]. 段异兵, 唐乐, 译. 北京：科学出版社, 2010：98. 283.

另见，科学史家玛格丽特·雅各布. 科学文化与西方工业化[M]. 李红林, 等, 译. 上海：上海交通大学出版社, 2017：149. 他一方面承认，"18世纪英国的土木工程师或技师几乎都不是专业人士，他们通常是在像让·德萨吉利埃、约翰·斯密顿和詹姆斯·瓦特这样的先锋的影响下自学成才和自我塑造的"。但又在前言中写道，"一种全新的科学的自然观引导了工业化"。

【附1-14】乔尔·莫基尔. 雅典娜的礼物[M]. 段异兵, 唐乐, 译. 北京：科学出版社, 2010：47.

【附1-15】亚·沃尔夫. 十八世纪科学、技术和哲学史：下册[M]. 周昌忠, 等, 译. 北京：商务印书馆, 2012：788. "纽可门发明的功绩不在于发现了有关科学原理。因为，这一、二条原理简单而又平常：平衡的组合；蒸汽冷凝产生真空；以及活塞在汽缸中作用。他应得的声誉维系于他的技能和才智。他凭借这些，根据这几条简单原理，利用原始工具，花费使用生疏材料和器具时所必须付出的体力，制造出了一种设备，它成功地完成了繁重工作，而以往试用的动力都已证明无法胜任这类工作。这样，纽可门便解决了深矿井排水这个紧迫问题"。

【附1-16】詹姆斯·弗农. 远方的陌生人[M]. 张祝馨, 译. 北京：商务印书馆, 2017：113.

（可不读的）附录：关于工业革命为何发生的太多答案

我认为，本书已经回答了问题：人的作用永远比环境更直接，一切环境要素都要通过人来发挥作用。但显然，这不是对此问题的唯一回答，环境、经济、技术、市场、制度、人口、文化等因素都曾被不同的学者当作工业革命的直接原因。公平地讲，它们可能都对工业革命有某种促进作用，但都未必直接；于是，它们有时发挥作用，有时又不发挥作用；这让支持的学者很容易找出论据，也让反对的学者及作者很容易找出反例！为了给穷究其因的读者提供完整的背景资料，作者还是将这些之前的破案"卷宗"一一列出。作者的评述未必公允，仅供最终的评判者（您）参考。

● 正确到无意义的答案

1　综合因素、合力说

这些学者认为，历史事件是众多因素"合力"的结果。从这种视角来解释工业革命的发生，那它就应该归因于技术、经济、军事、文化、制度、自然环境等诸多因素的相互作用。【附2-1】

2　路径依赖说

"路径依赖说"可以视为"综合因素说"的变种之一，因为"路径"一词涵盖了过去的所有因素。有学者指出，任何历史都是连续的，后一个历史状态取决于前一个历史状态。以这种视角来解释工业革命，为什么它在英国率先发生、又为什么没在其他地方发生，就都可以归因于不同的文明路径。

评：窃以为，如果不加分析地列出所有可能的理由，大概等于把工作原封不动地交还给了读者自己。再深究"合力"间的关系，恐怕还有循环论证的嫌疑，哲学家罗素不无讽刺地评论道，"工业制度源自现代科学，现代科学源自伽利略，伽利略源自哥白尼，哥白尼源自文艺复兴，文艺复兴源自君士坦丁堡的陷落，君士坦丁堡的陷落源自突厥人移民，突厥人移民源自中亚的干旱，因此，寻求历史原因的根本在于研究水文地理学。"【附2-2】著名的历史学家卡尔则从正面指出，历史分析应该考虑最多的可能性，然后筛选出最直接的因果关系，"如果仅满足于一个接一个，罗列十几个俄国革命原因并仅止于此，或许他得到二等成绩，但几乎不能得到一等成绩；"知识渊博，但缺乏想象"，可能是老师的评语。真正的历史学家，当他面对这堆收集的原因时，会有一种职业的冲动，把这些原因归类，并梳理为某种顺序，确定这些原因在这种顺序中的彼此关系，或许也会决定将哪一种原因或哪一类原因当作主要的原因或全部原因中的原因来'穷究到底'或'归根结底'。"【附2-3】

对综合因素说的批判也适用于路径依赖说：它可以轻易地解释正和反两面的结果，而这样的解释等于没有解释。比如，我吃了早饭，是因为八点钟起床的缘故；我没吃早饭，也是因为早上八点钟起床的缘故。再如，古代中国早期发明明显领先于西方并向西方输送，如果严格按照早期路径发展下去，中国应该永远领先、西方应该永远落后，但事实相反。我们只能说，过去是死的、当下是活的，路径是死的、人的选择是活的！

在排除了上述"正确到无意义"的答案后，剩下的答案才有批判的价值。根据其随时间的可变性，分为偶然因素、固定因素、可变因素三大类。

一、偶然因素类，即，单次出现、已经过去、再也无法重复的因素。

特殊人物与事件很容易来解释历史的特殊性。从这种视角解释工业革命的发生，历史上的英国学者们常常提到英国文化、国民性、某位国王、某任首相、某位天才、英语、民族性、特殊资源、特殊地理位置等因素。而关于工业革命为什么没在古代中国发生，加州学派则归因于恰好在十九世纪前出现的某种偶然情况：如煤炭资源的位置、殖民网络、【附2-4】欧洲的持续战争、【附2-5】白银供应、【附2-6】新大陆的发现、【附2-7】煤铁资源【附2-8】，乃至大炮、钟表与啤酒。【附2-9】

评：偶然因素说可以轻易解释历史事件的特殊性，却无法解释历史跨度的连续性。从俗人在工业革命中的崛起，到现代变为"俗人"的社会，这是一种愈演愈烈、不可逆转的趋势，其背后必然存在着某种结构性的支撑。工业革命发生在18世纪的英国，意味着那时那地具有某种特殊性，但工业化浪潮迅速席卷全球的事实，又说明背后的原因不可能那么特殊，相反，它应该是全人类可以共享的元素。这并不意味着偶然因素可以忽略，而只是说，我们有必要从中提取出更通用的元素，因为这样的因素才能解释历史的延续性，并且，为今天的读者带来可以借鉴的启迪。【附2-10】

二、固定因素，即，在人类文明存续的时段内变化很小的因素。

自然环境因素，包括气候、海陆、植被、动物等，常常被用来解释不同区域间文明形态的不同。【附2-11】用这种视角来解释工业革命的发生，它的发生就往往被归因于英国的岛国环境：因此，英国海军发达；因为岛国难以入侵，英国远离了欧洲大陆的连绵战争，处于相对稳定的政治经济格局中；因为岛国经不起长期战争、因此国王与贵族只能妥协共治，才有1215年形成的《大宪章》。因为该岛的面积不大不小，于是采用半农、半牧、半渔、半手工的混合型经济，并商业发达。

评：自然环境决定论可以很好解释人类早期的文明形态，因为越往前，自然环境就在越大程度上制约不同地区早期文明的发展轨迹。但越近现代，受益于科学与技术的进步，人类越来越把命运掌握在自己手中，如果自然地理因素仍然对历史起决定性作用的话，那么各文明的发展轨迹应该从一而终才对，但我们能看到无数的反例。最极端的反例来自古代中国：它在古代早期出现了发明潮，又在古代晚期出现了发明荒，又在今天实现了发明潮的复兴。如此跌宕起伏，显然不是任何不变因素可以解释的。

具体到工业革命，它发生在两百年前，但英国的自然环境在几百万年前就已经形成了，从时间看就不可能直接。从机制看也不太可能，因为与英国类似的岛屿，（尽管在欧洲不多见）在世界其他地区并不少见：日本、台湾地区、马达加斯加、马尔维纳斯群岛、新西兰岛、印度尼西亚群岛、菲律宾群岛等。英国国土面积类似的情况也类似，它面积居中，比荷兰、意大利城邦的面积大，又比法国、西班牙小，但这样的类型也恰恰是最常见的类型。

三、可变因素，即，短期相对稳定、长期看可能改变的因素。

技术、制度、市场及经济要素决定论

1830年，丹麦考古学家C. J. Thomsen将历史按工具划分为：石器时代（远古）、青铜器时代（古代）、铁器时代（中世纪），开始了以技术作为历史断代的方法。从这个视角来解释工业革命的发生，则蒸汽机、火车、铁路、纺织技术、冶金技术、动力机械、发明、工厂制度等都曾被作为其发生的直接原因。【附2-12】

制度对一个国家的经济、技术、军事等各方面的影响毋庸置疑，从这个视角来解释工业革命的发生，综合制度、【附2-13】经济制度、【附2-14】法律制度、【附2-15】宗教制度、【附2-16】政治制度【附2-17】等都曾被当作答案。另外，制度的缺失也常常被作为中国没有发生工业革命的原因。【附2-18】

市场整体【附2-19】及各经济要素，包括劳动分工、【附2-20】生产力水平、【附2-21】工资水平、【附2-22】海外殖民地网络、【附2-23】农业改革、【附2-24】专利法、商业改革、行会解体等，从这些视角来解释工业革命，是它们的改变直接刺激了财富增长与技术进步。

评：本书认可技术进步的意义，并把重大发明的空前涌现作为工业革命的核心。只有鉴于技术进步与工业革命在时间上与机制上都重合，因此，前者更适合作为后者的核心，而非原因。本书也完全认同市场与制度的意义。但与一般的市场决定论、制度决定论不同，本书认为，它们并非工业革命发生的直接原因，而顶多是间接原因，因为它们唯有通过人，才能作用于历史事件。并且，本书认为，市场经济与法治是不可分的，因为它们加起来，才赋予了现代公民完整的经济与法律权利。

人口决定论

人口多或少都可能被当作对经济与技术进步的有利或不利的因素，具体到工业革命中，人口的变化也是混淆的：在之前的几个世纪，英国人口还仅仅在缓慢增长，直到工业革命时期才开始加速，在工业革命之后更是迅猛增加。于是，有学者解释说，工业革命发生在18世纪的英国是那时英国人口增长的缘故；也有学者解释说，那是之前的英国人口控制好的缘故，"仿佛劳动力的充足和匮乏都成为英国的优势"。【附2-25】

评：人口数量对古代社会影响的机制异常复杂。一方面，人口多意味着发明者的数量多、成功概率大，也意味着市场需求大，也意味着劳动力充足；但另一方面，纸张、火药、印刷术、指南针都不是人多就可以发明出来的，劳动力便宜还降低了机械化的动力，马尔萨斯循环下的人口增长还会降低人均收入水平。【附2-26】即使在今天的世界经济中，对应关系也千奇百怪：人口多如美国、日本、中国等是创新大国，但印度、印尼、巴西等又不是。人口少如以色列、新加坡也是创新强国，但太平洋的岛国又不是。这些都暗示，人口总数与重大发明之间，似乎没有绝对而必然的关联。

人口质量决定论，前面已经多次评述过，不再赘述。【附2-27】

文化决定论

文化是把人类社会与动物社会区别开来的主要特征。以此来解释工业革命，答案就包括不同精神要素的出现，包括现代观念、[附2-28]个人主义、[附2-29]创新精神、[附2-30]勤俭奋斗精神、[附2-31]宗教精神[附2-32]等。儒家精神也常常被作为中国没有产生工业革命的解释。

评：人类互通的精神特质屡见不鲜，而某一民族独具、其他任何民族绝无的精神气质，恐怕一种也找不出来。比如，个人主义、宗教宽容、冒险精神、新教精神、宗教精神等，在18世纪的英国存在，也在那时的西欧普遍存在。再如，勤奋、勤俭、自强、讲求实际等词，常常被英国人用来赞誉本民族，也常常被中国人用来赞誉中华民族。

总之，回到人、回到俗人，人创造了历史，而俗人创造了现代，这是本书的主旨。

【附2-1】A、尼尔.弗格森.文明[M].曾贤明，唐颖华，译.北京：中信出版社，2012：前言Ⅵ.列出了西方于1500年以后领先世界其他地区的六个要素：1.竞争，2.科学革命，3.法治和代议制政府，4.现代医学，5.消费社会，6.工作伦理。

B、塞缪尔.亨廷顿.文明的冲突与世界秩序的重建[M].周琪，刘绯，张立平，王圆，译.北京：新华出版社，2018：49."什么是西方文明？个人主义，政教分离，多元社会，代议政府，欧洲的语言，基督教，希腊哲学和罗马法律的传承。"

C、约翰·R.麦克尼尔，威廉·H.麦克尼尔.全球史[M].王晋新，宋保军，等，译.北京：北京大学出版社，2017：321.是英国的各种内部特征，各种社会发展，以及世界网络导致了工业革命的发生。

D、罗杰·奥斯本.钢铁、蒸汽与资本[M].曹磊，译.北京：电子工业出版社，2016：18.历史上从未有一个时间和地点能同时使四个条件同时存在并持续一点时间，即，没有阻碍制度创新的制度，劳动分工，经济要素，发明家本人。

E、杰克·戈德斯通.为什么是欧洲?世界史视角下的西方崛起（1500-1850）[M].关永强，译.杭州：浙江大学出版社，2010：181.193.西方崛起源于技术、农业、工业、人口城市化、海外贸易、宗教等综合因素。

F、阿尔温·托夫勒.第三次浪潮[M].朱志焱，等，译.北京：生活·读书·新知三联书店，1983：170."任何对工业革命原因的探索都是徒劳的，因为它没有一个简单的和主要的原因。技术本身并不是推动历史的力量。意识形态或价值观念本身也不是。阶级斗争也不是。历史也不仅仅是生态变化、人口趋势统计或者交通工具发明创造的记录。单单用经济因素也不能说明这个或其他任何历史事件。这里没有超乎相互依赖的可变因素之上的其他'独立的不变因素'。这里只有相互联结的可变因素，其复杂性深不可测"。

G、阿克顿.自由史论[M].胡传胜，等，译.南京：译林出版社，2001：43."英格兰的解放应该归功于它把大陆上这些事物史无前例地结合起来"。

H、马克斯·布特.战争改变历史：1500年以来的军事技术、战争及历史进程[M].石祥，译.上海：上海科学技术文献出版社，2011：108."（工业革命）首先出现在英国，英国拥有以下有利条件：长期的和平，稳定的政府，个人自由，财产权和专利权注重契约的法庭，商业文化和大量资本"。

I、戴维·S·兰德斯.国富国穷[M].门洪华，等，译.北京：新华出版社，2010：299.工业革命之前的英国普通的特殊性体现在技术领域和社会政治体制，他各列出了12条：1.它懂得如何操作，管理和制造生产工具，如何创造，调整并且掌握技术先进的新技艺；2.它能够向年轻一代传授这种知识和技艺，不管是通过正规教育还是通过收徒的方式；3.它根据才干和相关优点为工作岗位选择人才：根据实际表现提拔和降职；4.它为个人和集体发挥企业精神提供机会，鼓励首创，竞争和向别人学习；5.它允许人们享有自己的劳动和创业成果；6.它保障私有财产，鼓励储蓄和投资；7.它保障个人自由，即保障不受暴政虐待，也保障他们不受私人骚扰；8.它执行契约权利，包含明确的和含蓄的；9.它提供稳定的行政管理，不一定是民主的，但是按照法规进行的。如果是民主的，即建立在定期选举基础上的，那么多数获胜，但不侵犯失败者的权利；而失败者则接受失败，着眼于下一次的选举；10.它提供顺应民意的行政管理，即听取意见，改进工作；11.它提供正直廉洁的行政管理，因此经济角色不会心生邪念去寻求好处和特权。用经济术语说，没有寻租收益。12.它提供稳健高效的行政管理。其效应是减少税负，减少政府对社会的索取和特权。"首先是体制和文化，其次是钱，但从头看起而且越看越明显的决定因素，是知识"。

【附2-2】尼尔·弗格森.未曾发生的历史[M].丁进，译，南京：江苏人民出版社，2001：19.序言，P19.

【附2-3】E.H.卡尔.历史是什么[M].陈恒，译.北京：商务印书馆，2020：189.

【附2-4】彭慕兰.大分流：欧洲、中国及现代世界经济的发展[M].史建云，译.南京：江苏人民出版社，2003：261.他认为，英国的煤炭资源恰巧接近工业区，并恰巧发现了新大陆，建立了殖民网络，从而避免人口陷阱。中国虽然有煤矿，但煤矿距离中心城市过远。他遐想，假如中国长三角地区也能同样幸运的话，完全可能产生资本主义；如果同样幸运的话，日本、印度也能产生资本主义。

【附2-5】王国斌，罗森塔尔.大分流之外[M].周琳，译.南京：江苏人民出版社，2021：105-106.他们认为，欧洲战争恰好在近代把制造业推向城市，城市中的资本投入导致机器增加，从而实现了从农村手工业到机械化工厂的转型，走出了传统的"斯密型"经济模式。中国的情况相反，长期和平使制造业在农村，农村的低资本投入维持了手工劳动，因而始终停留在传统的"斯密型"经济模型中。

【附2-6】贡德·弗兰克.白银资本[M].刘北成，译.成都：四川人民出版社，2017：265-324.

247

他认为，东方恰好出现混乱而西方正好出现转机。在1750年之前，印度的莫卧儿帝国，波斯的萨法维帝国，草原上的乌兹别克汗国，奥斯曼土耳其帝国不是已经瓦解了，就是自行衰落了，碰巧之后欧洲变强了。这里的一个特例是衰落晚了一个世纪的中国，但弗兰克仍然认为是偶然原因：南美白银供应的中断造成中国明朝出现经济混乱，而西方恰好在那时出现了技术革新。

【附2-7】布劳特的解释是欧洲在地理上比东方更接近新大陆，于是恰好发现了新大陆，并形成了殖民地经济大循环，而东方则没有。

【附2-8】杰克·古迪.金属、文化与资本主义[M].李文锋，译.杭州：浙江大学出版社，2018：365.他认为，是铁与煤资源导致了工业革命的发生。

【附2-9】英国历史学家西蒙·谢弗认为大炮、钟表与啤酒恰恰是十八世纪英国领先的，促进工业的技术。萨利·杜根，戴维·杜根.剧变：英国工业革命[M].孟新，译.北京：中国科学技术出版社，2018：24.

【附2-10】E.H.卡尔.历史是什么[M].陈恒，译.北京：商务印书馆，2020：111-116.

【附2-11】如孟德斯鸠、杰拉德·戴梦得、埃尔斯沃斯·亨廷顿、斯塔夫里阿诺斯、莫里斯等。

如莫里斯写道："生物学法则和社会学法则决定了全球的历史形态，地理法则决定了东西方差异"。见伊恩·莫里斯.文明的度量：社会发展如何决定国家命运[M].李阳，译.北京：中信出版社，2014：前言.36.374."如果有足够的时间，东方人也可能会有同样的发现，也会有自己的工业革命，但是由于地理的原因，西方人更容易发现美洲——这意味着西方人会首先开始工业革命"，见伊恩·莫里斯.西方将主宰多久[M].北京：中信出版社，2014：374.

【附2-12】技术决定论，可参考：

A、里格利认为：英国工业革命的原因在于，史无前例的矿物能源，以煤和蒸汽的形式，成为了通用机械的动力，从而提高了生产力。

B、怀特海在《科学与现代世界》中写道："工业革命最重要的发明就是发明本身"。

C、乔尔·莫基尔.富裕的杠杆：技术革新与经济进步[M].陈小白，译.北京：华夏出版社，2008：120.技术积累导致了文化进步。

D、伊恩·莫里斯.西方将主宰多久[M].钱峰，译.北京：中信出版社，2014：328.技术进步导致西方的霸权。

E、伊懋可：古代中国在宋朝陷入了经济上的马尔萨斯陷阱，唯一走出这个陷阱的可能就是从手工劳动转向石化能源；而由于没有发展出这种技术，工业革命没有发生。

【附2-13】综合制度，请参考：

A、沃勒斯坦在《现代世界体系》中指出，现代国家机器的综合体系的形成，造成西方在十七世纪后优于东方国家体系。

B、赫德逊.欧洲与中国[M].李申，等，译.北京：中华书局，2004：前言9."在封建地主和资产阶级的结合中，两个机制发挥了重大的作用：议会代表制和合股特许公司"。

C、艾立克·沃尔夫.欧洲与没有历史的人[M].贾士蘅，译.台北：麦田，城邦文化出版，

2013：356. "一连串相关的必要变革确保了新的秩序。①去除国家对于生产资源的垄断，降低统治君主对于国家机器的控制；②国家投资必须重新引导至交通与运输等基础建设，有利于资本而毋庸额外的支出；③还有法令的翻新，一方面保护私有财产积累的权利；④另一方面推行的新的劳动契约。必须动用国家的干预以去除国境内限制资本，机器，原料与劳工流通的藩篱；⑤要国家的支持保护初萌的工业免于外部竞争，或打开外销市场；⑥提升商人和工程师的社会地位"。

【附2-14】关于经济制度，布罗代尔指出：城市贸易及远距离贸易离不开政府支持，只有在一种非常稳定的社会秩序中，所有权被认为神圣不可侵犯，资本家才能历经很多代人积累财富。只有欧洲具备这种条件。在中国和伊斯兰教社会，政府的权力太大了；在印度，种姓制度对商人既有保护，也有限制。

【附2-15】关于法律制度，请参考：

A、道格拉斯·诺斯，罗伯特·托马斯.西方世界的兴起[M].厉以平，蔡磊，译.北京：华夏出版社，2009：4. "一个有效率的经济组织在西欧的发展是西方兴起的原因所在"。其中，有效率的经济组织被定义为通过法律对所有权进行安排，从而刺激个人的经济努力、缓解了人口压力，进而促进了创新，教育，投资，甚至技术进步。

B、罗素认为，西欧率先实现现代经济增长，是知识产权及财产权的原因。

C、赫尔南多·德·索托.资本的秘密[M].于海生，译，北京：华夏出版社，2017：84. "政治家最终意识到，问题不是人，而是法律。法律打消了人们的积极性，限制了他们的创造性"。

【附2-16】关于宗教制度，请参考：

A、伏尔泰.哲学通信[M].高达观，等，译.上海：上海人民出版社，2014：28. "要是在英格兰只有一种宗教，怕的是可能要闹专制；要是在那里有两种宗教，它们自己相互之间可能要互相扼杀；但是那里有了三十多种宗教，而它们却都能和平地与幸福地生活着"。

B、弗雷德里克·L.努斯鲍姆.现代欧洲经济制度史[M].罗礼平，秦传安，译.上海：上海财经大学出版社，2012：82. "几乎所有英国工业都是在外国移民的影响的基础上建立起的。爱德华三世带回了佛兰德斯的纺织人（14世纪），亨利六世（1452年）允许撒克逊、波希米亚和奥地利的矿工进入本国，亨利八世几乎是在外国工人的帮助下引入了武器制造。像普鲁士一样，英国也在《南特敕令》废除后接纳了无以数计的法国手艺人"。

C、维尔纳·桑巴特.犹太人与现代资本主义[M].安佳，译.上海：上海人民出版社，2015：178.12. "英国资本主义的成长，很大程度上与来自西班牙和葡萄牙的犹太人的迁入相呼应"。

【附2-17】关于政治制度，请参考：

A、帕特里克·阿利特在《工业革命》中评述道："古希腊、波斯、埃及和罗马帝国无法克服严重的技术瓶颈。他们从未将技术创新和改进的过程制度化……工业革命始于18世纪中叶的英国，当时纺织制造业、炼铁业和煤矿业都有所发展。英国之所以能够带头，是因为到了18世纪初，它已经达到了稳定的政治保障。"

B、罗森伯格.探索黑箱[M].王文勇，吕睿，译.北京：商务印书馆.2004：106.中指出，"进行实验的自由对于任何致力于技术革新和提高生产效率的社会都至关重要。"

【附2-18】关于古代中国的制度障碍，请参考：

A、马克斯·韦伯.世界经济简史[M].李慧泉，译.上海：立信会计出版社，2018：257."只有西方了解现代意义上的国家，它有专门行政机构、专职官员以及以公民权概念为基础的法律。在古代或东方的发端，这种制度绝不可能获得发展。"

B、黄仁宇.现代中国的历程[M].北京：中华书局，2011：14."所有这些（发明），在中国都比欧洲更早出现，有些要早很多，毫无疑问，它们都没有获得原本应该做到的充分利用，因为对一个官僚体制竭力要保护和维持的农业社会来说，没有应用它们的需求"。

C、皮尔·弗里斯.从北京回望曼彻斯特：英国、工业革命和中国[M].苗婧，译.杭州：浙江大学出版社，2009：103.19世纪的中国并不缺少"工业化的萌芽"，问题在于它们没有获得更多的机会茁壮成长。

D、尤瓦尔·赫拉利.人类简史[M].林俊宏，译.北京：中信出版社，2017：263."中国和波斯其实并不缺乏制作蒸汽机的科技（当时要照抄或购买都完全不成问题），他们缺少的是西方的价值观、故事、司法系统和社会政治结构。"

【附2-19】关于市场与工业革命，请参考：

A、亚当·斯密虽然没有意识到工业革命的发生，但他指出英国在工业革命前经济增长的原因在于，英国的内贸自由而发达，海外贸易又有庞大的殖民网络支撑，这决定了市场规模庞大，而市场规模庞大引发了劳动分工的细化，细化又促进了市场的进一步发展，市场的发展又促进了劳动分工的进一步细化……如此循环演进。

B、马克斯·韦伯.世界经济简史[M].李慧泉，译.上海：立信会计出版社，2018：256."这一时期的所有发明者都受降低生产成本这一目标影响，把持续运动作为能量来源的想法仅仅是这一非常普遍的运动的诸多目标之一"。

C、詹姆斯·E·麦克莱伦第三，哈罗德·多恩.世界科学技术通史[M].王鸣阳，译.上海：上海教育出版社，2020：108."把利润当作合理追求目标的资本主义观念完全不符合那个时代人们的心态，这种观念在当时简直是不可理喻的。因此，为了那样的目标而可以或者应该去掌握大规模生产的技术，也是不可能有的想法。在古代，根本不可能想到要进行工业革命"。

D、威廉·麦尼尔.竞逐富强：公元1000年以来的技术、军事与社会[M].倪大昕，译.上海：上海辞书出版社，2013：139."（在英国）市场行为的高度灵活性为技术革新提供了宽阔的余地"，而在其他国家，发明创造或传播新发明的动力只会间歇出现。

E、戴维·S·兰德斯.国富国穷[M].门洪华，等，译.北京：新华出版社，2010：60."创新的兴趣从何而来？归根到底，我强调市场的价值。欧洲的企业是自由的。发明能见效并得到应有的报酬。统治者和既得利益阻碍创新的能力受到限制"。

F、保尔·芒图.十八世纪的产业革命[M].杨人楩，陈希秦，吴绪，译.北京：商务印书馆，2009：68."商业发达走在工业变化前面，而且，它也许决定着工业的变化。"

【附2-20】关于劳动分工的作用，请参考：

A、亚当·斯密亚列举了生产大头针的例子。劳动分工导致了市场扩大，市场扩大导致储蓄增加，这解释了英国从1500年到亚当斯密所在的1760年之间的经济连续增长。

B、马克·贝维尔在《历史语境中的市场》中指出，市场经济导致了劳动分工，劳动分工进而导致了第一次工业革命。

【附2-21】关于生产力水平的作用，马克思把人类历史划分为原始社会、奴隶社会、封建社会、资本主义社会、社会主义社会。他指出，生产力发展的客观规律决定了人类社会的发展，欧洲只是先行进入了资本主义社会；而古代印度和古代中国仍然停滞在一种僵化的"亚细亚生产方式"。

【附2-22】关于工资的作用，传统的说法是，技术引进只有工资相对于资本较高时才变得有利可图。这正是欧洲中世纪晚期的情况：由于黑死病造成人口大量死亡而造成劳动力短缺，工资上涨。火上浇油的是，由于土地空闲造成土地价格很低，有限的劳动力还很容易购买土地变为自耕农。高工资的好处是增加消费需求，增加人口自由流动和土地流动，促进技术改进和机械化。罗伯特·艾伦.近代工业革命揭秘：放眼全球的深度透视[M].毛立坤，译.杭州：浙江大学出版社，2016：34.中指出，英国工业革命的原因在于英国高工资及低煤矿价格的组合。"在劳动力成本较高而能源资本成本较低的地方，使用这些机器才有利可图"。尼尔·弗格森.文明[M].曾贤明，唐颖华，译.北京：中信出版社，2012：188 中重复了上述分析。

【附2-23】关于海外殖民地的作用，请参考：

A、埃里克·霍布斯鲍姆.工业与帝国[M].梅俊杰，译.北京：中央编译出版社，2017：9. 工业革命发生的原因"没有任何内在的东西"；原因在于海外：英国海上军事霸权所掌控的庞大殖民地，让英国拥有了其他国家所没有的工业原材料供应和工业产品的海外市场。

B、布劳特的解释，欧洲在地理上比东方更接近新大陆，于是恰好发现了新大陆，并形成了殖民地经济大循环，而东方则没有。

【附2-24】关于农业生产率提升对工业革命的作用：

A、尼尔·弗格森.文明[M].曾贤明，唐颖华，译.北京：中信出版社，2012：232. "不同于多数其他国家，英国的农业不是保守主义的强大基地，它是一种促进经济变革的力量"。

B、费尔南·布罗代尔.文明史：人类五千年文明的传承与交流[M].常绍民，等，译.北京：中信出版社，2019：401.

C、罗杰·奥斯本.钢铁、蒸汽与资本[M].曹磊，译.北京：电子工业出版社，2016：276.

D、罗伯特·布伦纳：英国的圈地运动中，形成了大规模的农业和有自由无财产的城市劳动力；从此形成工农分开的经济结构。相比之下，法国的改革形成了有自由和财产的小农经济，工业难以兴盛。

【附2-25】大卫·兰德斯.解除束缚的普罗米修斯[M].谢怀筑，译.北京：华夏出版社，2007：114-116.

【附2-26】A、亚当·斯密.国富论[M].郭大力，王亚南，译.南京：译林出版社，2011：79. "劳动者人数越多，他们分工就越精密，想发明优秀机械的工人越多，机械越容易发明"。

B、马尔萨斯.人口论[M].郭大力，译.北京：北京大学出版社，2008：131-132. "在主要经营农业的国家，农民将度过较丰富的生活，从而人口增加迅速"，这又将带来贫困。

C、范赞登、李伯重等都强调，劳动力过于便宜是对经济及技术发展的阻碍因素。

【附2-27】A、O.盖勒.统一增长理论[M].杨斌，译.北京：中国人民大学出版社，2017：43.
盖勒指出：欧洲从古代的重人口数量转变为近代的重人口质量，高质量的人口推动了技术进步，进而推动人类社会走向持续增长。

B、格里高利·克拉克.告别施舍[M].洪世民，译.桂林：广西师范大学出版社，2020：6-7.241.
见第六章与第九章的标题。克拉克教授进而把欧洲人的变化归因于生育政策：欧洲人独特的生育决策，导致了从古代的重人口数量到近代重人口质量的转变，高质量的人口推动了技术进步，进而推动人类社会走出了马尔萨斯陷阱。

【附2-28】关于现代观念的意义，请参考迪尔德丽·N麦克洛斯基.企业家的尊严[M].沈路，等，译.北京：中国社会科学出版社，2018：446.27."常规的贸易盈亏不可能引发在1700-1900年发生的突如其来、独一无二、规模巨大的经济大飞跃。恰是人动机里的非功利部分让奇迹成为可能。" 即，企业家的自由与尊严激发了市场与创新，从而导致了工业革命。

【附2-29】关于个人主义精神的意义，请参考艾伦·麦克法兰.英国个人主义的起源[M].管可秾，译.北京：商务印书馆，2018：215."至少从13世纪始英格兰的大多数平民百姓就已经是无拘无束的个人主义者了，他在地理和社会方面是高度流动的，在经济上是'理性'的、市场导向的和贪取的，在亲属关系和社交生活中是以自我为中心的"。

【附2-30】关于创新精神的意义，请参考：
A、熊彼特指出，工业革命来自技术创新及企业家精神。
B、戴维·S·兰德斯.国富国穷[M].门洪华，等，译.北京：新华出版社，2010：278."发明的发明"即一种有利于创新的文化、交流、自主权以及对新事物和进步的崇尚。

【附2-31】关于勤俭奋斗精神的意义，请参考：
A、斯密指出，新商人有"长时间勤勉、节约和小心经营"的习惯。
B、简德弗里斯指出，英国在工业革命之前或与之同时，还发生了一次名为勤勉革命，即人们的生活态度改变为勤劳+投资+消费。

【附2-32】关于理性精神的意义，请参考：
A、韦伯在《新教伦理与资本主义》中提出：现代经济中所体现的经济理性来自新教。新教倡导用勤奋性、平等、实用性、工作、积蓄来证明对上帝的信仰，这是资本主义诞生的关键，因为勤俭保存财富与勤奋创造财富的结合只会导致财富积累，对资本主义有利。马克斯韦伯.新教伦理与资本主义精神[M].陈平，译.西安：陕西师范大学出版社，2007：234.
B、经济学家桑巴特与托尼修正了上述观点：资本主义的源头在于犹太教的逐利欲，而非新教。是资本主义产生了新教，而非反之。
C、雅克·勒高夫.试谈另一个中世纪[M].周莽，译.北京：商务印书馆，2018：91.资本主义的源头在于获利的欲望，而非宗教，"一种精于算计的精神，一种吝啬的虔诚发展起来，是按照金钱的模式，是通过对商人的模仿。"

致　谢

很高兴，能把最希望写的东西留到最后写。

我清晰地记得下面的场景：十五年前的某个春节晚上，大概与刚刚看完电视节目有关，我在床上辗转反侧、难以入眠，突然间，一股莫名的冲动从胸中涌起，让我一跃而起，跃到桌边的电脑前写下了一行标题：为什么工业革命没能来得更早、没能发生在古代中国？

关于对此话题的冲动，在序言中已有详述，不再重复，但总之，我在"春晚"之后，奋笔写下了七十多页，就写不下去了。因为我很快意识到，不管搞工业，还是写作，光凭冲动是不足的，尤其是这个标题牵涉面异常之广：一场名为"工业"的"革命"必然涉及技术，技术又涉及产生它的经济及法律环境，经济与法律环境又涉及社会、文化、军事等现代的各个方面；谈及现代，我们又须讲清楚它与古代之不同：古代何以为古代、现代何以为现代，如此下去，将不得不延伸到人类的整个历史⋯⋯

好在，关于人类这个奇怪物种的种种历史，始终在本人的阅读书单上，从小就陆陆续续读过几百本不止，在"春晚"后的几十年间，更读了所有能找到的、带"工业革命"标题的书籍，又几百本不止。通过阅读，我越发感谢上天阻止了本书的过早成型，如果那样，我写的东西只会冲动有余，而今天，我愿以更谦卑、谨慎的心态来面对这个话题：事实是，无数同我们一样深爱这片土地的先贤们，早就发出过类似的追问，而随着时间的沉淀，任何新的回答都有必要在回应之前答案的基础上，给出更新的视角，才有意义。因此，首先需要感谢之前就对工业革命沉思过的先哲们，本人虽非牛顿，但本书无疑站在巨人的肩膀上所成。

在完稿后，我的朋友及同事赵景阳、毛丽君、蒋莉等，及朋友甄进明博士、谢邵成博士、朱衡博士、靳小川学长、徐兵先生、周群先生等，阅读书稿并给予宝贵反馈，深表谢意。清华大学的吴国盛教授在百忙中为此书作序，在此致敬并致谢。我与江苏凤凰文艺出版社是第一次合作，感谢张婷编辑的慧眼识书和高效审校，感谢发行部王青主任及其同事的鼎力相助。最后，亲爱的读者您，如果本书也能让您彻夜难眠、拍案而起，那感谢，我们相遇相知！

作者，2024年底，于旅途中